集人文社科之思 刊 专业学术之声

集 刊 名：中华文化海外传播研究

主办单位：大连外国语大学中华文化海外传播研究中心

主　　编：刘　宏　张恒军　唐润华

副 主 编：芦思宏

Chinese Culture Overseas Communication · Autumn (2020)

2020 · 秋之卷

集刊序列号：PIJ-2018-254

中国集刊网：www.jikan.com.cn

集刊投约稿平台：www.iedol.cn

中华文化海外传播研究

CHINESE CULTURE OVERSEAS COMMUNICATION AUTUMN (2C20)

二〇二〇·秋之卷

刘宏　张恒军　唐润华　主编

大连外国语大学中华文化海外传播研究中心　主办

社会科学文献出版社
SOCIAL SCIENCES ACADEMIC PRESS (CHINA)

目录

Contents 2020（全两卷）

秋之卷

"一带一路"与中国文学海外传播研究

老舍与中国文化的世界性视野

老舍研究与中外文化比较

卷首语

老舍的世界与世界的老舍

张恒军

文学是讲故事的艺术形式，而讲故事是国际传播的最佳方式之一。当代文学图书最受海外馆藏青睐，世界影响力最大，是展现中国当代社会发展面貌的一个重要窗口，是传播中国精神和中国价值的有效载体。

老舍（1899–1966年），是新中国第一位获得"人民艺术家"称号的作家。代表作有小说《骆驼祥子》《四世同堂》，剧本《茶馆》《龙须沟》等。老舍是中国现当代文学史上具有世界性影响力的著名作家。他的足迹不仅遍布中国各地，还留在了英国、新加坡、美国等国。作为一位具有世界性文化视野的中国作家，其作品被翻译成多种文字，在全世界获得了广泛的传播。老舍作品是中国文学作品海外传播的典范。

聚焦老舍作品海外传播，探寻中华文化海外传播的理论创新与提质增效之道，是本期集刊的主题。本期稿件有一部分来自"老舍与世界"国际学术研讨会。2019年是老舍先生120周年诞辰，社会各界举办了一系列纪念活动，反响热烈。在纪念老舍120周年诞辰暨第八届老舍国际学术研讨会上，我与谢昭新会长、老舍的女儿舒济等商议，从交叉学科的角度召开一次老舍作品的国际学术研讨会。于是2020年，大连外国语大学主办了第四届中华文化海外传播大连论坛暨"老舍与世界"国际学术研讨会。中国老舍研究会会长谢昭新教授，中国新闻史学会全球传播与公共外交研究委员会会长吴飞教授，中国文字著作权协会总干事张洪波先生，国际儿童读物联盟主席、中国儿童文学研究会常务副会长张明舟先生，著名科幻作家韩松先生，日本老舍研究专家布施直子女士，中国老舍研究会常务副会长李玲教授，中国老舍研究会副会长石兴泽教授，大连外国语大学校长刘宏教授、副校长常俊跃教授等海内外从事中华文化研究的近 400 位专家、学者集聚云端，围绕"中国文学 全球传播"这一时代课题进行了深入交流和探讨。布施直子女士代表日本老舍研究会宣读了贺信。

为聚焦"老舍的世界与世界的老舍"这一主题，我们也进行了广泛征稿，以及有针对性的约稿和访谈。感谢谢昭新会长、何明星教授、张明舟先生、李玲教授接受我们的访谈，感谢谢昭新、石兴泽、刘增林等著名学者惠赐稿件。最终，形成了这样一期丰富的集刊内容。

《中华文化海外传播研究》以中国文化的海外传播为研究对象，由大连外国语大学中华文化海外传播研究中心和社会科学文献出版社联合编辑出版发行，是我国中华文化海外传播领域唯一的学术集刊，集中推出当前中华文化海外传播领域最新的研究成果。自 2018 年起，《中华文化海外传播研究》已被 CNKI（中国知网）中国期刊全文数据库全文收录。我们努力将集刊办好，让它有特色，有聚焦，更专业！

名家专访

老舍作品的"世界"与"现实"

——谢昭新教授访谈

张　路　冯晓雪[*]

嘉宾介绍：

谢昭新，教授，博士生导师。安徽师范大学文学院院长、中国老舍研究会会长、中国现代文学研究会理事、中国当代文学研究会理事、安徽省文学学会副会长、安徽省文艺评论家协会副主席、安徽省张恨水研究会副会长、安徽省陈登科研究会副会长、安徽省社会科学院特约研究员。

张路（以下简称"张"）：谢教授您好，很荣幸能邀请您来参加本次会议并在会后接受我们的访谈。由于疫情，本届的中华文化海外传播大连论坛采用了"网上相见"的方式。请问您对本次年会有什么感受和寄语呢？

谢昭新（以下简称"谢"）：这是中国老舍研究会第一次与中华文化海外传播大连论坛进行合作。希望大连论坛能够越办越好，越办越精彩。也祝大连外国语大学以及大连外国语大学新闻与传播学院越办越好，走向辉煌。

张：谢谢教授。之前阅读您的文章时，看到您持有这样一个观点——老舍的写作是一种经验主义的写作。您认为，老舍不仅在创作中融合了传统中国古代文学的气质，而且在作品的结构、语言基调和倾向性上深受西方文学的影响。进一步来说，这种基于经验主义的创新性创作，正是其在生活和写作中积累的国际视野所带来的；同时，无论是从时间的长度还是传播的广度上看，老舍的作品在中国现代作家的作品海外传播中都名列前

---

* 张路，大连外国语大学新闻与传播学院讲师，研究方向为媒介符号学；冯晓雪，大连外国语大学新闻与传播学院硕士研究生，研究方向为中国当代文学的海外传播。

茅这一事实不可否认。请问谢教授，老舍作品在海外传播的可能性是什么？

谢：老舍作品受到海外读者的喜爱，主要有以下原因。首先，从老舍作品文本中所反映的生活观来看，老舍受到海外受众喜爱的重要原因之一是他作品中所突出表现的市民、中下层人物的生活状况和精神面貌，这些市民的生活状态能够迎合广大海外读者的趣味。这是老舍作品所反映出的"人情"基本价值——无论是国内读者还是国外读者，在生活体验上，都能够与老舍作品中所描写的中下层人物引起共鸣。其次，国外读者喜欢阅读老舍的作品，还在于老舍是一个善于表现幽默、讽刺写作技巧的文学家。他在作品中使用的幽默、讽刺的艺术表现形式为国外读者所喜爱。最后，老舍的语言技巧也值得一提，尤其是其作品中北京话的运用，北京话一出现，作品的"京味儿"就跃然纸上，这种浓郁的地方色彩和"京味儿"能够使国外读者在陌生化的视点下感受到中国文化的特色，从而引发读者的关注和喜爱。以上这三点大概是老舍作品能够走向世界、为世界读者所喜爱的主要原因。

张：看您之前的文章里有提及，国外的一部分读者是"从陌生化的视角出发"，透过老舍的作品来审视中国。

谢：国外的读者想要了解中国，尤其是想要了解老舍所描写的那个时代社会生活中的中下层人物朴实的生活状况和精神面貌，就可以通过阅读作品，体会老舍作品中的角色形象，在老舍作品中找到感兴趣的、有情感认同的方面。

张：阅读老舍作品所产生的"趣味化"阅读体验，确实是老舍作品吸引人的重要原因。不但对于外国人来说是这样，对于中国人来说也有同感——我最早接触到的老舍作品是上小学的时候所读的《骆驼祥子》，以及高中语文《茶馆》选段。我还清晰地记得彼时同学们对《茶馆》的分角色朗读，在"趣味化"之后展现出的"市民化"的语言魅力。对于那时作为学生的我来说，或许对文本蕴含的思想性体会不深。不过，老舍作品中展现出的那个时代的北京生活与民俗文化跃然纸上，作品字里行间的生动性与趣味性令我记忆犹新。能不能请谢教授谈一谈，除却"小人物"这一命题，在跨文化传播的视角下，老舍作品又能给异文化受众带来什么样的其他形象？其中又蕴含着哪些带有民族生命力的内涵？

谢：老舍作品中所蕴含的民族生命力的内涵是非常明显的，具体表现为其深刻的爱国精神和民族复兴精神。我们知道，老舍本人就是极具爱国主义精神的作家。在老舍作品的文字背后，蕴藏着的爱国情感和家国情怀非常浓郁。爱国主义、民族情怀也是世界各国人民共同的心理情感追求。

毋庸置疑，家国情怀是任何一个国家的公民都应普遍拥有的，这种情怀在老舍的作品中体现得特别鲜明——尤其是在老舍20世纪40年代的作品《四世同堂》中，其爱国主义精神和民族复兴精神表现得极为深沉。老舍小说除了通过一些具有爱国精神、民族精神的人物来塑造中国民族形象，还通过塑造国民精神匮乏、民族性缺失的人物形象与之进行对比和批判，以"哀其不幸，怒其不争"的表现手法加以反衬，从而突出作品中具有时代意义的中国民族形象。我们可以看到，在对国民精神弱点的描写方面，老舍继承了鲁迅开创的改造国民性的主题，这显然应是"世界的老舍"所展现出的文本背后的中国民族价值。

张：鲁迅先生讲，民族的就是世界的。这种共通的爱国情感，包括在特定时代背景下的民族反抗精神，可能也是老舍作品所透露出来的能让世界人民都共同感受到的中国文化形象。

谢：是的。家国情怀这种体验，无论读者个体的政治观点如何，都能引起我们每个公民、每个民族个体的情感共鸣，这不会因国境相隔而产生区隔。

张：接下来我想向您请教"老舍研究在海外"的相关问题。就《骆驼祥子》而言，美国的书评认为，从祥子身上反映出中国旧社会的真正问题不在于政治和军阀势力，而是体制正当性下长期以来的社会"不公"；苏联的书评则不然，他们认为骆驼祥子艰辛勤奋的一生，能够折射出一个社会的现状和命运；新加坡的评论者却从社会结构出发，认为祥子个人的奋斗失败与他所处的微观环境有关——祥子由"想改变政府环境的欲望"到"最终被环境征服"，不得不由激情满满向最终的堕落转变，祥子所处的微观环境是导致他悲剧命运的根本原因。简而言之，虽然老舍作品能够传达出跨越国境的共同情感，但在价值的解读和分析上，不同国家的批评者又做出了不同的理解。请问谢教授，您是如何看待海外受众在不同文化背景下所产生的阐释偏移倾向的？

　　谢：我们来进行具体分析。苏联对于老舍的研究及对老舍作品的评价，主要是从社会学、阶级分析的角度出发，这受到苏联的政体和当时国际环境的影响。我国在 20 世纪 50 年代初期和中期，与苏联的关系友好。得益于这样的外交氛围以及与之形成的文化交流风潮，彼时苏联国内关于老舍的研究成果比较多。同时由于苏联学界的研究习惯与中国不同，在苏联对老舍的评论文章中，对老舍作品所涉及的社会批判认同相对较多。

　　美国的问题主要在于，美国与我们的政治观念不一致。如美国文学评论家夏志清在《中国现代小说史》一书中，对《四世同堂》的评价并不高。这种并不积极的评价取向不只存在于美国学界的研究语境中，也广泛存在于大众文化的反映上——如在译者伊文·金（Evan King）所翻译的《骆驼祥子》的封面上，拉车的祥子被画上一个尾巴，就像一个动物。显然，这里带有丑化中国国民形象的意味。导致这种评价偏向的根本原因显然与美国传统的政治观、美国读者的政治直觉是分不开的。有些美国研究者对中国、中华民族带有一些固执的偏见，从而导致他们在从事文学研究时，也多带有"歧视的味道"。以至于直到今日，在美国话语对中国的再现中仍然存在"污名化"的固有习惯，这是延续下来的价值问题。他们（西方批评者）不去看中国"光彩性"的一面、中国民族精神中优良传统的一面，而是专挑国民性弱点去做一些丑化工作。

　　对于新加坡来说，按照老舍本人的说法，新加坡这一"南洋"本就是由中国人开发建设的。因为新加坡是中国人用辛勤的劳动和汗水，以不怕辛苦、不怕牺牲的坚韧精神建设出来的，所以到了新加坡，老舍就感受到中国人、中华民族精神的伟大。许多新加坡的学者，如王润华在从事老舍作品的研究时，主要还是从比较文学角度或者作品的立意和内容上挖掘一些有价值的东西。在这些尊崇学术规范的研究下，学者本身保持了一种客观心态、遵守学术研究的基本价值要求，因此学术成果较为客观。比如新加坡学者王润华所著论文《从李渔的望远镜到老舍的近视眼镜》中以"李渔与老舍这两位来自两个不同时代的作家，都在利用源于西洋的科学仪器透视中国"① 这一有趣事实为切入点，指出彼时的国民在走向现代、走向

---

　　① 王润华：《从李渔的望远镜到老舍的近视眼镜》，《中国现代文学研究丛刊》1993 年第 3 期。

世界的过程中，由于自己主动或被动地锁在病态的环境中不得不堕落的时代悲剧。

张：美国的研究者对于我们的文学研究，在所谓政治价值的影响下确实存在这样一种"污名化"的倾向。这也要求我们在学术上更多地去取得话语权，更多地传递正确的声音。

日本的老舍研究大体可以分为三个阶段：首先是相对早期的研究，集中在新中国成立前后的四五十年代这一时点；其次是"文革"后到改革开放的时间节点；最后是 90 年代之后的新时期。在之前的史料阅读中我也发现，不仅是日本，美国对老舍的研究在不同阶段也各具特色。美国民众在 20 世纪 40 年代开始接触老舍的作品。此后，伴随着老舍作品在美国的译介，美国的研究者也开始对老舍的作品进行集中研究，进入新时期以来，美国汉学界的"老舍热"再一次兴起。可见，海外的老舍研究在不同时期也呈现不同的特点。您对老舍研究的世界趋势又有什么预测和期待？

谢：在美国，不同阶段确实有不同阶段的情况。抗战胜利后，老舍受美国国务院邀请到美国讲学。在美国期间，老舍正在创作《四世同堂》的第三部《饥荒》，同时和美国的一些汉学家一起进行《四世同堂》译介到美国的工作。所以在这一阶段，美国学者对于老舍作品的认识与评价，还是更多从文化和文学交流的角度，以文化传播为出发点做一些具有实际价值的工作，即便存在我们刚刚所讲的美国学界与大众对老舍作品的误读，但这种作品引进工作还是应该予以肯定的。此外，老舍在美国期间也看了一些美国的电影与话剧，这其中包括旅美德国戏剧家布莱希特的作品，除了观看，老舍还与布莱希特有一些深入交流，当然，这样的一些跨界交流也给他日后的创作带来了有益的影响。对于一些其他的阶段性变化，还是需要站在当时的时代背景中进行思考。像在 20 世纪 60 年代中苏关系不太融洽的时候，苏联对于老舍作品的传播与研究也就平淡下来，不像 50 年代初中期那样"火热"。总的来说，海外对于老舍研究的倾向还是受到了政治因素的影响。

张：也就是说海外老舍研究这种断档和趋势的改变，受国际关系变化的影响较大。

谢：是的。那么谈到对老舍研究未来的展望，总体上看还应该是走向"世界老舍"，即在研究与传播上都向世界性、全球化的方向发展。现在国内外的老舍研究情况与 20 世纪 80 年代、90 年代大有不同。彼时老舍研究名家辈出。而时至今日，"专门吃老舍研究这碗饭"的研究者确实寥寥。所以这就要求我们继续培养中青年，尤其是在老舍研究领域有专长的青年研究者。总的来说，虽然仍然有一部分中年学者对老舍保持了较高的关注，但当下确实缺少关注老舍的青年研究者。真正在老舍研究上崭露头角的青年学者也比较少，尤其是 30－35 岁年龄段的青年学者，做出比较有价值的成果的并不多见。

如果希望今后老舍研究更上一层楼的话，关键还是要培养年轻的老舍研究专家。同时，对老舍的研究不应限于国内，在国际上也应该是向前发展的。

张：您在会议上做的报告介绍了日本学者伊藤敬一对于老舍的研究。毫无疑问，日本学界对老舍的研究是海外老舍研究具有代表性的一支。根据我个人的一些浅见，日本的人文学科研究，尤其是文学研究比较注重文献和考据的研究方法论，具体来讲，即日本学界专于意象的解读和考察。比如在日本的鲁迅研究中，许多日本的鲁迅研究者会选择"亲历现场"，真正站在鲁迅生活过的空间，揣测他可能的生活视角。研究者本人试图融入作品，对作品创作的彼时进行重现，进而在主观体验上更进一步启发自己对于作品思想内容的理解。当然，这种研究方式和中国文学研究的话语体系存在一定差别。请问您怎么看待日本的这种研究方法？日本的研究方向、方法论对我们的研究工作有何借鉴与启发？

谢：日本学者在研究中重资料、重考据的传统确实是存在的，他们有这种通过实证的方法进行研究的习惯。比如在对老舍年谱的整理工作中就可以发现日本学者的这种实证与考据习惯，从横向来看，对于研究资料收集的贡献最为突出。一个具体表现是，日本早些年就已完成了对于老舍年谱的处理，而那个时候我们国内还没有一个像样的年谱。另外，除了对作家本人、作家的时代与环境这一外部角度的详细考证外，日本研究中对文本细读的执着也值得我们借鉴。虽然在当今的现当代文学研究、老舍研究中我们也强调文本细读的作用，但终究没有日本的文本细读工作那样系统化和精细化。就像我刚才在发言中谈到的伊藤敬一对老舍《微神》文本的细读研究那样，伊藤敬一正是通过对老舍作品进行了文本细读，才产生了超越普通读者、其他研究者的更深刻的体会。他以文本细读的方法去挖掘老舍文本的内蕴、发掘老舍情感命运最深层的内容，这种研究方法比较可贵，值得我们借鉴学习。在伊藤敬一或者其他日本学者出版的有关老舍的专著、论文中，尽管也涉及宏观视点下的框架研究，但这些研究并不像我们刚才所谈到的苏联老舍研究界的整体氛围那样，集中于宏观的视野，而是把文本细读、重考证、重考据、重资料收集整理放在了研究的主体地位。

你也讲到，日本在对作家的研究上更喜欢追寻作家的足迹，到作家生活过的各种地方进行考察。同样，在老舍研究中，日本研究者也进行了不少实地考察，把老舍生活过的那些地方以及作品中涉及的北京的街道都走访了一遍。这种实地考察后的切身体验，也增添了研究中由故事考察而来的亲切感与人文特性。

张：对于这一点我也深有同感，我了解过一些日本学者对川端康成《雪国》的研究。有些日本研究者甚至在冬天前往雪国中实存的铁路线进行观测，进而揣测其文本中的深层意义。我个人觉得，日本学界的这种文学研究手段，可能更突出的是研究本身的逻辑性，而文本在个人体验、理论观照之下的主观臆断较少。换言之，日本学者更强调事实和社会环境的作用。

谢：对，是这样的。

张：接下来想与您讨论一些关于老舍作品的"新的生命力"问题。刚才您提到了"社会环境"，老舍对市民的关注和城市情调也是其作品特色所在。您最近发表的一篇文章提及，老舍作品易于改编为戏剧和电影，是因为其文本中所具有的空间感和民俗生活内涵丰富等特点，与电影媒介的表达方式有着较好的相融性。正因为如此，老舍的作品在生产与再生产中，随着时代而迭代，不断焕发新的生命力①。我也注意到，诸如北京师

---

① 谢昭新：《老舍文学经典的生成及其当代意义》，《首都师范大学学报》（社会科学版）2020 年第 1 期，第 117～124 页。

范大学第二附中将《茶馆》的作品结构和人物搬到了现代中学生活的校园舞台上，诞生了如《茶馆2.0》等偏离原著的"戏谑化"特殊改编现象。这些文学作品的改编显然与传统创作语境之下的改编有所不同，对此，社会评价毁誉参半。请问谢教授如何看待这类经典作品生活化、趣味化的改编？在大众文化的语境中，一些脱离原著内涵的特殊改编现象，是否也存在当代消费文化之下，对经典作品"亵渎"的隐忧？

谢：老舍作品中的市民文化，使得老舍作品被改编为戏剧、电影的案例比较多，甚至可以说，老舍是作品被影视化改编最多的作家之一。为什么老舍作品的改编数量如此之多？是因为他的作品创作本身就有符合戏剧、影视文本的戏剧化因素存在，这些因素容易引起剧作家与影视创作者的兴趣，同时，正因为这些因素，这些创作者在改编老舍作品时相对容易。再者，在对读者的呼应这一方面，老舍作品的生活化和经典化为人们所喜爱，这样的受众需求与改编呼声，从侧面推进了老舍作品的改编进程。

另外，改编当中的作品类型有所不同，我们也应对此进行具体分析。有些是属于民族化的、本土化的，像人艺版的《茶馆》，是民族化视角下忠实于原著的、对于《茶馆》的经典化改编，包括演员对《茶馆》的演出，仍然遵循老舍作品的原文描述。当然，现在也出现许多具有现代性特征的改编。比如你提到的《茶馆2.0》，它是一部由中学生参与改编的作品，在《茶馆2.0》中，《茶馆》的故事场景被置换为中学课堂的空间，成为反映青年生活的时代剧；还有孟京辉以《茶馆》为代表的一系列剧作改编实践，从中我们可以看出孟京辉对于经典作品的改编态度完全基于西方现代意识的视角。尽管评论界对他们做了一些批评，但是我认为这些改编是有意义的，并且应该允许这种改编现象持续存在和发展。因为《茶馆》不应该只有人艺改编的版本。对经典作品的改编应该呈现多样化的特色——民族化的、具有西方现代意识的，以及体现当代生活情趣的。只有多样化才能显示出经典作品"经典化"的演进过程。

张：也就是说，这些改编也是使老舍作品生命力旺盛的一种形式。对这些作品进行戏说式改编，也是引起年轻人对经典作品的关注的可行手段。

谢：非常对。刚才从你的提问当中，我发现你对日本的文本细读这种方法还是比较欣赏的。现在的一些研究者，包括我给研究生上课的时候也曾强调，"文本细读是真本事、真功夫"。作为现当代文学研究者，要在文本细读上下功夫。不能总是用形而上的、宏观研究框架去套老舍的作品，这样就不实在。在文本细读以后，研究者就能够挖掘出老舍作品中真切、真实的价值。

张：我个人感觉，在当今现当代文学研究中也确实存在文本阅读不精细的问题。具体到现当代文学作品、戏剧影视文本的研究中，有时我们可能过于强调西方理论本身的权威性，这限制了我们的思维进路与研究手段。在这种趋势下，研究者往往把作品套入既有理论框架中进行解读，却忽略了文本自身所蕴含的、要揭露的现实意义。

谢：对，是有这样的问题。

张：在采访的最后，我想向谢教授展示一些关于中国作家作品"出海"情况的调查。《出版人》杂志记者走访了位于欧洲3座城市的8家书店，实地考察了中国图书在这些书店的销售情况[1]：德国读者当前最喜欢的中国作家是刘慈欣、小白和阎连科，可见中国当代文学也在时代演进中展现出自己的魅力。不过从另一个侧面来讲，我们也看到了经典文本在海外受众中的关注度似乎在下降。那么，为了让海外读者更多地接受中国经典文学作品中的宝藏，从对外传播的主题出发，我们又需要做些什么呢？

谢：在我看来，经典作品的海外传播，主要还是要回到经典的翻译这一命题中去。这虽然说是一个朴素的问题，但是目前在这方面我们仍然做得不够。要使中国现代文学中的经典作品、当代的经典作品为国外读者所了解和进一步认同，最终产生价值观上的理解，就必须把它翻译出来。只有通过翻译出去的工作，才能使海外受众关注这些作品。

我认为对经典的翻译，是中国经典作品走向世界的当务之急。从中国作品的翻译工作现状来看，最主要的问题是翻译不一定跟得上作品的出版，经典作品翻译所涉及的广度也不够。尽管我们看到流行作品的商业价

---

[1] 《哪些中国作家在欧洲受欢迎，我调研了这8家书店》，多彩贵州网，http://culture. gog.cn/system/2017/11/08/016202788.shtml，最后访问日期：2020年9月24日。

值被关注，但现当代仍有许多知名作家的经典作品并没有被译者所发现，比如历年获得茅盾文学奖的作品，这些优秀作品需要尽快被翻译出去；另外是经典的传承问题。除了翻译，我们刚才谈到的改编也是促进作品走向世界的有力手段，更多经典作品被改编成电视剧、电影等新形式后，或许更容易被西方受众所接受。显然，老舍的作品就属于易于改编的作品，而在老舍作品的海外传播实践中，正是得益于这种改编的优势，才取得了良好的效果。

关于老舍作品的海外传播，你可以找一下老舍大女儿舒济在《中国现代文学研究丛刊》中发表的《国外翻译研究老舍文学作品概况》这篇文章，她具体谈到了当下海外对老舍作品的翻译情况和国外对老舍作品的评论，可以作为参考进一步阅读。

张：好的，咱们今天采访就到这里。感谢谢教授。

儿童文学的世界传播者

——国际儿童读物联盟主席张明舟先生访谈

于立极　金道嫄[*]

嘉宾介绍：

张明舟，1991 年毕业于上海外国语学院外事管理专业，曾任职于外交部亚洲司和中国少年儿童新闻出版总社有限公司，现任国际儿童读物联盟（IBBY）主席、中国儿童文学研究会常务副会长、中国出版协会理事，主要从事公共外交和儿童文学国际交流活动。他曾策划推动了国际儿童读物联盟与国际出版协会（IPA）的合作，设立了 IBBY-iREAD 爱阅人物奖，推动中国人获得"国际安徒生奖"等奖项。2020 年初，在全球新冠肺炎疫情突袭而至之时，2 月 29 日在全球倡议发起抗疫童书互译共读项目，创立生命树童书网，为孩子们带来了温暖和力量。2020 年 9 月 12 日，张明舟再次当选为 IBBY 主席，成为该组织最高领导岗位上连任的首位中国人。

2020 年 9 月 26 日，张明舟先生受邀以腾讯会议的形式参加了大连外国语大学举办的第四届中华文化海外传播大连论坛，并在会上做了题为"中国儿童文学在世界的传播"的主旨发言。会后，笔者有幸采访了张明舟先生。

在此次访谈中，张明舟先生用热情洋溢的语言向我们介绍了国际儿童读物联盟组织、中国儿童文学海外传播的历史与现状，指出了儿童文学国际传播存在的问题及意义。

于立极（以下简称"于"）： 张先生，您好！非常感谢您在百忙之中抽

---

[*] 于立极，大连外国语大学新闻与传播学院副教授，研究方向为儿童文学创作与译介。金道嫄，大连外国语大学新闻与传播学院硕士研究生。

出时间来参加我们的这次访谈。因为疫情原因没有办法与您进行面对面的交流，只能通过线上的形式，实在有一些遗憾。首先祝贺您再次当选国际儿童读物联盟主席！

张先生，您长期从事公共外交和儿童文学、少儿出版及阅读推广的国际交流与合作工作，有着丰富的外交经验和儿童文学国际传播经验，更是连任两届国际儿童读物联盟主席，是 IBBY 的首位中国掌门人，也是在该组织最高领导岗位上连任的首位中国人。在 IBBY 工作多年，您对于 IBBY 这个国际组织是怎样认识的？支撑您一直在这个岗位上工作的原动力又是什么呢？

张明舟（以下简称"张"）：国际儿童读物联盟是在对第二次世界大战的反思基础之上建立的一个隶属于联合国教科文组织的非营利性国际组织，它的创始人是德国的杰拉·莱普曼夫人（Jella Lepman）。莱普曼夫人是德国犹太人，长期从事青少年文学研究和图书馆事业。二战期间她被迫从德国流亡到英国。战后，她重新回到德国，并且开始致力于妇女和儿童问题的研究。战争的伤痛使莱普曼和一批有识之士认识到促进国际之间相互理解的重要性，他们相信儿童读物能够将不同国家和民族的人们联系起来，于是纷纷将目光集中到儿童读物的推广工作上来，最终于 1953 年在瑞士苏黎世成立了旨在"通过高品质书促进国际理解，维护世界和平"的公益组织——国际儿童读物联盟。

我和 IBBY 的初次结识是在 2002 年，当时 CBBY（国际儿童读物联盟中国分会）组团去参加 IBBY 世界大会，因为我的英语比较流利，所以在会议中负责与 IBBY 方的联系和交流。会议当中，日本皇后美智子的演讲让我非常震撼。美智子谈到在二战期间自己还是个小女孩的时候，跟随家人四处逃难，逃难途中她看到了来自"敌国"的书，她发现书中的人物和她一样，有笑、有泪、有爱、有感动。有着无数共通情感的人类为什么要有战争呢？世界难道原本不该是一家吗？美智子发出了这样的感叹。正是因为童年的这段经历，使得美智子意识到童书对于促进世界理解的重要性，长大之后她便立志从事文化事业，积极支持国际童书事业，将日本儿童诗人窗满雄的作品译成英文出版，甚至自己创作了图画书《第一次登山》。IBBY"通过高品质书促进国际理解，维护世界和平"的宗旨让我非常感动，我本人也是从小受益于儿童文学，才有机会对阅读、学习产生浓厚的兴趣，一路过关斩将，通过各种考试，最终走上了职场。当时我的启蒙童书是一本叫作《小种子旅行记》的童话书。这本故事书的主人翁是一粒小小的柳树种子，它对未来有着美好的期待。它飞跃高山、大河，跨过彩虹，经历重重阻碍，终于来到了广阔的地角天边，长成了一棵柳树，实现了自己的愿望。看着这本童书，幼小的我便萌发了去山的那边看看的愿望。后来，我考入上海外国语学院，进入外交部，真的去过了许许多多的"地角天边"。漫步在陌生遥远的城市，我常常不由自主怀念起那本《小种子旅行记》，心中的感慨油然而生，心想自己莫非就是那粒喜欢游历的小种子？每念及此，就对那位作者和画家十分感激，感谢所有为孩子创作优秀作品的艺术家。所以，当我听到美智子扣人心弦的演讲，看到国际儿童读物联盟的成员们那一双双饱含理想、真诚、善意的眼睛时，我就被这个组织迷住了。从那时起，我就立志要为这个组织贡献自己的力量。

对于我来说，IBBY 是一个充满人文关怀、时时处处都能感受到爱与温暖的国际组织，它致力于推广儿童读物，呵护儿童，守护童心，为孩子们幼小的心灵撑起一把大伞，替他们遮风挡雨、保驾护航。工作这么多年以来，IBBY 的宗旨已经融入我的血肉，不可分割。

于：张先生，刚才您提到 IBBY 最初的成立是因为创立者意识到儿童读物能够将不同国家和民族的人们联系起来，儿童读物对于促进世界理解具有十分重要的意义，这让我们看到了儿童文学隐藏在表面之下的巨大作用。自党的十八大以来，习总书记所提出的"中国梦"概念深入人心，成为我们全体中华儿女为之奋斗的目标。您认为儿童文学如何才能助力实现中国梦呢？

张：首先要明确"中国梦"的概念，究竟什么是"中国梦"，我们儿童文学界又能为"中国梦"做些什么。在我看来，儿童文学助力实现中国梦需要做好两个方面。一是要创造出我们本国的优秀儿童文学作品，专注于高质量童书的创作和出版。二是要加强中国儿童文学国际交流与合作，做好阅读推广，讲好中国故事，让世界听到我们的声音，了解一个善意、真实、立体的中国。

2002 年至今，我看到了中国图书市场繁荣发展的 18 年，但也确确实实感受到我们的童书创作正面临瓶颈。这是一个不断加速的过程，也是中国童书市场一个必经的过程。中国有 3 亿多未成年人，每年出版约 4 万种童书，拥有巨大的童书市场。然而，在这种看似繁荣的市场背后，我们无法忽视的是，中国国内的原创童书依然存在创作乏力的问题，与近年来我国引进的一些外国童书相比，我们的原创童书整体质量还是偏低，我们还需要不断向国外的同行汲取经验，好好创作，好好打磨我们的作品，这样才能满足国内儿童文学市场的需求，为孩子们提供高质量的童书作品。其实国外市场也非常期待中国好的原创作品，期待引进中国优秀的原创故事，但是这样的作品实在是太少了。我想，出现这种现象的原因，首先可能是我们对真正高品质、优秀童书的研究还不够。其次，我们对中国文化元素的理解不够丰富。作品中有一些中国元素是挺好的，但是这并不意味着把一些中国元素东拼西凑起来就是一部好的作品。一部好的作品，总得有中外共通的价值观，要有情感的立足点，若我们不能站在世界的角度给予诠释，就会导致外国的孩子不一定能够看懂，我们中国的孩子不一定喜欢的尴尬局面。最后，这也和我们的作家在创作过程中缺乏儿童视角有关系。创作需要真正的童心和儿童视角，不是基于成人视角的喋喋不休。我们的儿童文学创作者需要贴近儿童生活，更加深入地去理解儿童心理，这样才能创作出真正高质量的儿童文学作品。

中国童书"走出去"，最核心、最根本的还是在内容的把握上。原创作品在选题、装帧、设计、翻译等方面都必须要全方位、高质量地精雕细刻，才能往外走。东西不好，使劲叫卖，外方买过一次，下次也不会再合作了。因此原创水平要提高，但如何提高，就要充分利用国际书展、研讨会，抓住与国外出版社、画家、作家合作的机会，好好提升自己的水准，做出好东西，到那时才能"酒香不怕巷子深"。比如国际书展，以博洛尼亚童书展为例，实际上，版权经理、图书编辑、作家、插画家、翻译家都应该去博洛尼亚童书展看看。版权经理可以去做版权贸易；编辑可以开阔眼界，了解全世界最新的图书编辑、设计和发展趋势，在看到很多世界各地插画家的作品后，为自己的选题选择合适的国际插画家，这是一个很好的机会。作家和插画家要去参加国际书展，把视野打开，睁开眼睛看世界，看看别国的书是怎么样的，国外优秀的作品是怎么做的，回头在创作的时候才能避免闭门造车。一定要用开放的心态、交流的心，去和全世界的同行接触，把最有用的信息、最先进的经验和做法带回来，在这种多方配合之下，我们才能向国外推出优秀的作品。

于：张先生，您刚才谈到"要做好中国儿童文学走出去的任务，做好阅读推广，讲好中国故事，让世界听到我们的声音"。中国儿童文学在国外传播的起步是否非常艰难？现状又是怎样的呢？

张：开始确实是有些艰难的，让陌生的国家逐步接受我们的作品，需要合适的契机和一段过程。我记得最开始的时候，有外国朋友甚至问我中国是否也有儿童文学。当时听到这个问题的时候我非常惊讶，特别是向我提问的人是国际安徒生奖评委会主席——2006 年上任的伊朗儿童文学史研究会会长佐拉丹妮女士。当时我非常诧异，甚至有一些不快，他们怎么都不知道我们有儿童文学？2006 年国际儿童读物联盟世界大会在澳门召开，佐拉丹妮当选为国际安徒生奖评委会主席，并与出席大会的中国童书作家、图书编辑、插画家、出版商、学者面对面交谈。她非常吃惊地表示，在此之前她真的不知道中国还有儿童文学，更不知道中国有那么多人在从事专业的儿童文学工作。我们在这场大会上的交谈引起了她对中国儿童文学的浓厚兴趣。2007 年她应时任国际儿童读物联盟中国分会主席海飞先生邀请，在北京、上海、南京、济南等地进行了长达两周的考察访问，并与当地儿童文学作家、插画家、学者、出版人进行了深入的交流。之后她颇有感触地向国际安徒生奖评委和她的伊朗同事介绍了蓬勃发展的中国儿童文学，激发了大家对中国儿童文学的浓厚兴趣。

中国当然有自己的儿童文学，而且中国儿童文学的诞生本身就与世界儿童文学关系密切。百年前，也就是 19 世纪与 20 世纪之交，随着新文化运动和西学东渐，绵延数千年的传统儿童观发生了改变，人们开始发现儿童，儿童不再只是等着长大的小大人，而是有着独立人格和特殊心理、生理特征的平等的人。在这样的背景下，世界经典文学作品，包括安徒生童话等的引进和译介，终于催生了以叶圣陶《稻草人》为代表的中国原创儿童文学，从此，世界儿童文学的花园迎来了中国儿童文学之花。

随着中国原创儿童文学的发展，中国儿童文学逐渐与世界儿童文学有了零星的交流。2004 年来访的日本图画书之父、著名出版家松居植先生对中日之间的童书交流做出了很大的贡献。20世纪80年代初，他把年轻的中国人唐亚明先生邀请到他所在的福音馆出版社担任童书编辑，唐亚明先生也是日本第一位外国人编辑，在中日童书和儿童文学之间搭建了沟通的桥梁，发挥了非常积极的作用。松居植先生不仅帮助培养中国编辑人才，如唐亚明等，还用自己的稿费在中国设立了一个推动中国原创童话书发展的奖项——"小松树奖"。除此之外，在他的大力支持下，中国和日本之间进行了许多童书创作方面的交流，1986年国际儿童读物联盟世界大会在东京召开，他邀请了严文井先生、陈伯吹先生出席大会并发言。之后，他还写信给当时的中国总理，建议中国设立国际儿童读物联盟中国分会。时任中国总理非常重视并且责成有关部门落实，1990年，国际儿童读物联盟中国分会（CBBY）正式成立，从此，中国儿童文学界就在国际儿童读物联盟的大舞台上开始参与世界儿童文学的交流。中国儿童文学与世界儿童文学交流的新时代也拉开了序幕，严文井、海飞、李学谦等历任CBBY主席，努力争取中国儿童文学在世界上被了解和认可。特别是在海飞担任CBBY主席期间，中国积极组团参加国际儿童读物联盟的历届世界大会，全球各地的儿童文学作家、插画家、编辑、学者等汇聚一堂研究儿童文学发展的趋势，推动世界儿童文学的交流。2021年的IBBY世界大会在莫斯科举行，俄罗斯联邦副总理塔季扬娜·戈利科娃担任大会的组委会主席，这又是全球儿童文学的一次盛大聚会。届时将有六七位国际安徒生奖得主莅临大会，中国的曹文轩还有朱永新先生都将莅临大会并做主旨发言。中国分会还多次邀请国际儿童读物联盟的历届主席、副主席、国际安徒生奖的评委会主席等到中国访问，向他们介绍中国儿童文学作家和插画家的发展现状，并积极推荐秦文君、张之路、金波、曹文轩、黄蓓佳等作家和王晓明、陶文杰、熊亮、朱成梁等插画家。此外，为使国内更好地了解国际安徒生奖的评选标准，2012年开始，安徽少年儿童出版社翻译引进了国际安徒生奖获奖者书系，同时还出版了《走进国际儿童读物联盟》和《走进国际安徒生奖》等图书，系统介绍了国际儿童读物联盟和国际安徒生奖的评审标准，为2016年曹文轩获得国际安徒生奖和2018年熊亮进入国际安徒生奖插画家奖短名单做出了特殊贡献。曹文轩获得国际安徒生奖成为中国儿童文学走向世界、在世界范围内传播中国儿童文学的标志性事件。从此中国儿童文学获得了世界同行的正式认可，中国也从一个童书大市场逐渐成为一个越来越引人注目的原创儿童文学的输出地。

2018年春天，在世界最大的童书展——博洛尼亚童书展上，中国作为主宾国参加了展览。中国的作家、插画家在现场向全世界展示了自己的魅力。同年9月，我被选为国际儿童读物联盟的主席，中国儿童文学与世界交流的步伐在加快。除了国际安徒生奖，还有一个世界性的国际插画大奖对中国儿童文学走向世界意义重大，这就是布拉迪斯拉发国际插画双年展（BIB）。BIB是全世界最早、最大、非商业的一个插画大奖，是由联合国教科文组织和斯洛伐克文化部联合设立的，在世界童书界、儿童文学界、插画界和美术界影响巨大。1993年，中国插画家蔡皋获得BIB的金苹果奖；2013年，郁蓉获得金苹果奖；2015年，黑眯获得金苹果奖；2019年，朱成梁获得金苹果奖。除了曹文轩外，许多中国儿童文学作家如高洪波、金波、张之路、秦文君、白冰、梅子涵、杨红樱、汤素兰、薛涛、黑鹤、殷健灵、童喜喜、于立极和插画家九儿、蔡皋、朱成梁、郁蓉、黑眯等人的作品也都被陆续翻译成多国文字出版，中国正逐渐成为令世界同行瞩目和期待的原创儿童文学基地。

于：张先生，您在从事儿童文学国际传播的过程中有没有遇到过一些问题？您认为儿童文学海外传播的最大阻碍是什么？

张：问题是绝对存在的。中国儿童文学向世界的传播，每一年都有进步，但是并没有完全发挥出潜力。中国童书的引进数量远远多于我们向外输出的数量。如何使我们的童书真正走出国门、传播到国外是一个难题。我想，有时候我们有些太急了，新书不经过沉淀就急急忙忙地推出去，缺少一个酿造的过程。首先，我们的原创童书作品并没有形成规模；其次，我们缺乏原创品牌，没有好的口碑；最后，对外传播儿童文学作品，作品质量是最为根本的。在上个问题中我提到，我们缺乏真正高质量的原创童书作品，我们的创作者缺乏真正的童心和儿童视角，某些中国童书的价值观也存在一些问题。我在国内的童书中看见过孩子拿对方的生理缺陷开玩笑，显示自己很聪明的内容，这是非常让人痛心的。我认为中国童书应该有尊严地"走出去"，因为童书代表了国人的心灵世界，我们首先应该自己把好关。拿残疾人、弱势儿童开玩笑这种价值观，是绝对不能被接受的。

中国儿童文学国际传播还面临一个问题。虽然中国儿童文学正在加快步伐走向国际，同时引进了大量世界优秀的儿童文学作品，但是翻译问题非常突出。儿童文学的读者主要是不同年龄段的儿童，因此，翻译语言在信达雅的基础上，还要符合目标语言、儿童读者的心理特点和语言习惯，不同于一般的文学作品的翻译。同时，儿童文学也是文学，译者对于目标语言的文学性把握极其重要，儿童文学翻译是有着更高难度和更高要求的特殊类别的翻译，绝不是外语流利就可以的，高质量儿童文学译文的完成需要对译者进行语言、文学、儿童文学和成长心理学等方面的培训，同时，要尽可能使译者多一些与当下儿童接触的机会和条件。

于：您认为儿童文学传播在中华文化海外传播中处于怎样的地位，具有哪种作用？

答：我认为儿童文学传播在中华文化海外传播中处于非常重要的地位。我和在世界各地的同行都这样认为，儿童文学是最重要的文学样式之一。因为它是人之初就接触到的最早的文学，又因其以儿童视角写作，深入浅出，举重若轻，很容易被儿童接受，而且由于先入为主，儿童文学对读者的影响伴随其一生。儿童文学写作，有相当一部分是作者根据本人的童年记忆，从儿童视角记录自己真实的人生经验，凝练着对生命的独特理解和感悟，把从内心深处喷薄而出的有独特美学价值的故事和感悟传达给读者，特别是小读者。世界各国各地的儿童文学，由于创作者所处的地域、环境、年代、写作经验和人生经验各不相同，作品也就有了各自独特的气质和特色，共同构成了五彩斑斓的世界儿童文学全景。国之交在于民相亲，民相亲在于心相通，心相通应始于童年。儿童文学特别是高品质儿童文学，也是跨国家、跨民族、跨文化交流，促进国际理解，从小培养人类命运共同体意识的重要载体。

如果不同国家和民族的儿童不了解彼此的文化和历史，不了解彼此实际上都是一样的人，有着共同的情感、共同的人类价值，长大以后就难以彼此理解，很难成为维护世界和平的力量。因此，向世界各国儿童传播我们国家和民族的优秀儿童文学作品，有利于促进各国儿童对中国文化的理解和认同，促进人类命运共同体建设，推动包括中国在内的各国儿童文学向更高水准发展，实际上这也是在推动构建全人类的美好未来。因此，儿童文学的国际传播，具有特别重要的意义。

于：2016 年 4 月 4 日，中国儿童文学作家曹文轩荣获国际安徒生奖，成为取得这一世界儿童文学领域最高荣誉的中国人。您认为曹文轩能够获奖的原因是什么？继曹文轩获安徒生奖之后，您认为后继者还要做出怎样的努力，才能接二连三获得此奖。

张：我一直认为，曹文轩的获奖，是各种因素合力作用的结果。首先，是由于曹文轩个人优秀的创作。在过度商业化和消费主义泛滥的当代世界，曹文轩坚持现实主义创作，坚持每一部作品都是艺术品，高质而多产。他的作品从儿童视角出发，饱含悲悯情怀，既坚持现实主义手法，又有丰富的想象力，有极高的文学价值和艺术价值。其次，他以特有的审美语言和自然清新的笔调，书写中国的地域特点、时代特征和文化特质，以儿童视角，塑造出一个个真实、鲜活、悲悯、智慧、内涵丰富的人物形象；他还以行云流水般的故事讲述，走进了中国读者的心里，同时也走进了千千万万外国读者的心里，毫无疑问，曹文轩凭借他的全部作品已经成为讲好中国故事的典范。国际安徒生奖评委会非常看重的是，曹文轩的作品在中国广受欢迎，有庞大的读者群，是最具有代表性的中国作家。最后，曹文轩的获奖也与中国出版界在 IBBY 等国际组织的话语权增强有关，国际执委会是 IBBY 核心领导层，共有 10 位执委，决定包括选定安徒生奖评委会委员在内的所有重大事项。那时任职中国少年儿童新闻出版总社国际合作总经理的我出任执委，吴青（冰心之女、原北京外国语大学教授）获选国际安徒生奖评委，使这一重要奖项首次有中国人出任评委。这些都有力增强了中国少儿出版界和儿童文学界在 IBBY、国际安徒生奖评委会的话语权，使上述国际组织能够面对面倾听中国声音，更加全面深入地了解并客观公正地对待中国少儿出版和儿童文学。这也是曹文轩能够获奖的一个重要原因。

其实除了曹文轩先生，中国还有很多优秀的儿童文学作家。秦文君、张之路、高洪波、金波、梅子涵、白冰，以及薛涛、殷健灵、童喜喜等都是优秀的儿童文学作家。他们中的一位或几位，获得更多和更高的国际奖项，都是迟早的事情。

于：对于此次连任国际儿童读物联盟主席，您有什么感受？在第二个任期内您有哪些工作计划和希望达成的目标呢？

张：非常荣幸也非常高兴能够继续担任国际儿童读物联盟主席的职务。在其位司其职，看到的越多，想做的就越多，责任也就越大。在未来的工作当中，我希望能重点推动亚洲、非洲、拉丁美洲国家和地区的原创童书发展，给当地的作家、插画家、童书编辑和出版人带去国际水准的专业培训。鼓励儿童文学作家们创作出既有人类共同情感、价值，又有本国特色的高质量童书，满足儿童阅读本土原创作品的需求，同时，也使全球优质原创童书创作来源地更加多元化。

在我的第二个任期，国际儿童读物联盟将继续坚守"通过高品质书促进国际理解，维护世界和平"的宗旨，带动高品质童书的创作和推广，向世界各地的儿童传递优秀的童书作品，促进儿童间的相互理解，推动人类命运共同体的建设，为维护世界和平、促进人类文明的进步做出自己的贡献。

同时，作为一个中国人，我也将致力于推出本国的高质量儿童文学作品，在做好本职工作的同时，继续努力推动、扩大和加深中国儿童文学出版界与世界的合作和交流。

从"阐释中国"到"中国阐释"
推动中华文化"走出去"

——中国文化走出去效果评估中心执行主任、
北京外国语大学教授何明星访谈

刘明阳　张明慧*

供图：何明星

嘉宾介绍：

何明星，北京师范大学文学博士，北京外国语大学国际新闻与传播学院教授，中国文化走出去效果评估中心执行主任，是中宣部、国家新闻出版署等多个对外文化资助工程、项目的评审专家。研究方向为中国书刊史、对外出版传播史、中国文化海外传播效果评估研究。他所开创的"馆藏数据"被媒体评价为与学术论文引文索引具有同等理论价值。曾在新闻

---

* 刘明阳，大连外国语大学新闻与传播学院讲师，研究方向为汉语传播；张明慧，大连外国语大学新闻与传播学院硕士研究生，研究方向为中国当代文学海外传播。

出版系统工作 20 多年，历任国家民委直属的中国民族音像出版社副总编辑、中国人民大学出版社事业部主任、高等教育出版社分社社长等职。著有《著述与宗族——清人文集编刻方式的社会学考察》（中华书局，2007）、《新中国书刊海外发行传播 60 年（1949—2009）》（中国书籍出版社，2010）、《从文化政治到文化"生意"——中国出版的"革命"》（广西师范大学出版社，2013）、《中国图书与期刊的世界影响力研究》（国家行政学院出版社，2013）、《中华人民共和国外文图书出版发行编年史》（学习出版社，2013）、《中国文化翻译出版与国际传播调研报告（1949 - 2014）》（新华出版社，2016）、《中国图书的世界影响力年度研究报告（1949 - 2015）》（新华出版社，2016）等多部著作。近五年来发表论文 100 多篇，主持国家社科基金重点项目"毛泽东著作的域外传播研究"、国家社科基金后期资助项目"中华人民共和国外文图书出版发行编年史"、国家新闻出版广电总局"一圈两线国家新闻出版走出去策略研究项目"、北京市社科联"北京现代对外传播体系建设研究项目"等十多项国家级、省部级课题，有多项内部调研报告获得中央领导的批示并被相关机构采纳。自 2012 年开始主持"中国图书海外馆藏影响力"评估研究项目，每年在北京国际图书博览会（BIBF）期间发布研究报告，获得业界、学界的积极响应和广泛关注。

一　利用专业数据平台，助力中国图书的世界影响力研究

刘：何老师好，感谢您作为嘉宾参加了我们主办的"2020 中俄文明对话"论坛，您在论坛上的发言给所有老师和同学都留下了深刻的印象。因为疫情，我们今天用这种线上视频采访的方式跟您进行一些交流。作为新闻出版业界和学界知名的专家，您能不能先介绍一下学习工作经历，分享一下您是如何进入这一领域的呢？

何：我先在新闻领域工作了 10 年时间，又在出版领域工作了 10 年时间，大概有 20 年的实践经验。2011 年到了北京外国语大学。因为有 20 年一线的实践经验积累，所以在国际传播、中国文化的对外传播，还有新闻

出版这个领域，积累了一些经验，对一些关键的痛点、要点掌握得比较清楚，比较了解。我刚到北京外国语大学（以下简称北外）的时候，北外当时应该只有70多个语种的课程，现在已经有102个语种课程。北外有个好处，就是语言的优势，对外面资源也比较了解。我自己在业界20年积累的学术优势，与北外的语言优势一结合，开启了我个人的国际传播研究或者是对外传播研究道路。

我主要的研究方向是做中国图书的世界影响力研究。我从2012年就开始做这项研究，当时是为了解决业界的问题。记得我在高等教育出版社工作的时候，中国的出版界每年出书约35万种，后来逐渐增加到2015年的40万种，每年都在增加。高等教育出版社负责的教材出版很多，我们销量最高的一本教材发行量上百万册，有的也有七八十万册。所以说我们经常有个疑惑，就是我们这些书到底给谁看，到底是谁在用呢？我之前工作的出版社，比如中国人民大学出版社，也出版一些中国比较有影响力的学术图书。我一直有这样一个疑惑，就是出版者跟读者之间好像有一个隔阂，不知道我们的读者是谁，在哪儿，不是那么特别明确。所以怀着这样一个疑问，也利用北外的优势，从2012年开启了中国图书的世界影响力研究，主要目的是了解我们的图书的读者在哪儿，给谁看。

北外海外数据库资源比较多，我们现在常用的就是 OCLC （Online Computer Library Center，联机计算机图书馆中心）数据库，我看到大连外国语大学的很多同学也在用这个数据库。除了这个数据库之外，还有其他国家的数据库，比如日本国立情报学研究所开发的 CINII 数据库，其中可以看到日本1200多家大学图书馆的馆藏资料。日本的国会图书馆和塞尼图书馆，收藏的中文图书非常多，每年也采购大量的新书。现在我们北外还有一些数据库，比如阿拉伯语言大全数据库等。专业数据库平台的建立和完善，为我们开展中国图书的世界影响力研究打下了很好的基础。

这些年来，我看到有的媒体对馆藏数据的研究评价很高，因为馆藏数据代表了一本书的传播范围。我们做研究，判断一本图书影响力的大小，往往就是从思想性、创造性、作者的知名度、出版社的品牌这几个角度进行定性的研究，但是没有定量的研究。我们用馆藏数据给出了一本书在全世界图书馆收藏的范围，图书馆收藏数量越多，显然其传播范围越广。传播范围即一本书的"文化地理分布"。从 2012 年开始到现在，这个研究是学术界都认可并且都在用的。我们中国有 600 多家出版社，有 20 家上百亿的出版集团，大家都在用这个数据衡量自己的知识生产能力。你的创新层次越高、学术水平越高、品牌知名度越大，海外收藏图书馆的数量就越来越多，知识生产能力也就越高，所以馆藏数据在行业内也是很受认可的。这是比较幸运的事情。

目前除了馆藏数据之外，我们又开拓了一些专业媒体数据库。在传播学中，我们叫作"舆论领袖"的评价，其实就涉及一些专业媒体对于一本书的书评，这也是很重要的一个数据。在传播学里面，舆论领袖对线性传播的影响是非常大的。所以说，我们也把主流媒体的书评纳入进来。最近我们还在试验的一种方法就是读者评价。对于读者评价数据，我们主要是做国际的。一些公共互联网平台有大量的读者评价数据，所以我们从 2015 年开始，每年都与《人民日报》合作，每年都要选出几本书来，就是海外读者讨论最多的几本书，在《人民日报》上发表。整体上看，我们中国图书的世界影响力研究，依托专业数据库的馆藏（也叫文化地理分布和传播范围），从专业媒体数据库的主流媒体评价（即舆论领袖影响）再到读者评价，基本形成了"三个数据链"，来做中国图书的世界影响力研究。我看到很多学校的硕士生、博士生都在用这个链条做一些出版研究。这次2020 中俄文明对话，包括中华文化海外传播大连论坛，我看到几名学生都在使用这种方法，这是很好的。我觉得最主要的就是做研究要有问题意识，学术研究一定要为解决问题服务，这是很重要的。

二　拓展多种评价渠道，探索中华文化"走出去"效果标准

张：谢谢何老师，刚刚听到您说通过定量判断中国图书世界影响力，觉得受益匪浅，也很感兴趣。我们也了解到您一直都在主持中国文化走出去效果评估中心的建设和发展工作，之前看您提过中国文化"走出去"的规模现在是越来越大了，而且学界亟须对相关的渠道问题、策略问题、案例分析进行深入研究，所以说我们想继续了解一下，中国文化走出去效果

评估中心在这个领域都进行了哪些比较有前沿性的探索呢？

何：北京外国语大学在 2013 年、2014 年、2015 年都申请了教育部的协同创新中心。中国文化走出去效果评估中心是北外协同创新中心的一个重要组成部分，我们主要做的是中国文化"走出去"这一块，评估中心做的主要工作就是中国图书的世界影响力评估。

另外，我们还做了一些其他的工作，比如我们一直在致力于中国影视剧，尤其是电视剧的产业化。影视的产业化程度越来越高，我们中国电影、电视剧国际化程度也越来越高，比如好莱坞，我们中国的民营公司已经购买了三家好莱坞公司，合拍片也很多。那么现在就面临一个问题，就是我们中国电影、电视的影响力情况，其中最需要了解的就是观众层面。现在很多电影、电视公司对这方面很感兴趣，他们特别需要这种数据。

从政府层面上，党和政府提出通过融媒体以及原有的传统媒体共同讲好中国故事。可以说虽然政府有这样的号召，但是这方面一直没有量化的评估体系。我们和国家广播电视总局一直在商量尝试建立一套量化的评估体系。现在虽有些成果，但不是特别成型。主要原因在于虽然可以掌握海外票房数据，但就目前的情况而言，票房并不是代表性、决定性的因素。一部作品的影响力，在很大程度上可能还需要通过社交媒体和短视频等体现。目前，短视频平台多元化，我们最了解的海外平台就是 YouTube，当然还有一些其他的平台。在不同的语种里面又有不同的平台，比如阿拉伯世界的人用 YouTube 就不太多，拉美世界也是这样的情况。所以数据来源是面临的一个主要问题。另外一个问题就是短视频平台与读者评价数据，现在出现了一种我们称之为"国际互联网的语言文化区化"或者"语言分区化"的现象。"语言分区化"是什么意思？讲西班牙语的人习惯在西班牙语的文化区里面，用他们自己的平台进行讨论。尽管 YouTube 能覆盖一部分评论，但是我们要想找到真正的拉美人对中国影视剧的评价，通过 YouTube 是看不到的。所以说 YouTube 大部分还是基于英语世界。因为语言的影响导致互联网的区隔化（即每个不同的语言成为一个区域）。比如阿拉伯世界里大量的年轻人除了用 Facebook 比较多之外，他们还有一个自己的平台。如果我们想要收集他们对于中国影视剧的评价，就收集不到，透明度不高。我们现在大概能见到的，比如 IMDB、烂番茄网上的评论都反映了西方人的态度。比如真人版刘亦菲的《花木兰》上映，我们中国人在豆瓣上讨论，美国在烂番茄网或其他地方讨论，这些东西都需要整理。那么需要有一个相对公正的、准确透明的数据。对于这个方面，我们都在探索中。所以通过专业媒体数据库就能检索出对于某一本书的评价，这样也就能验证馆藏书，这是可以互相验证的。但是，对于中国影视剧世界影响力的评估，因为数据来源不专业，以及语言这种分区化、碎片化，因此我们虽然有些单独的研究成果，但是都是作为内部报告，还不适合公布。我们评估中心除了做影视评估之外，还有一些专业的调研等。评估中心2012年成立，将近9年时间，9年中比较成型的就是"中国图书的世界影响力评估"。我们做的主要是一些内部调研、内部报告，公开的产品还不太多。

刘：我们针对刚才的话题再深入一下，大连外国语大学的中华文化海外传播研究中心也是在像您这样众多前辈的启发下，聚焦中华文化海外传播的历史和现实问题展开研究。基于您团队深耕多年的经验，您觉得中国文化"走出去"的评估标准该如何进行顶层设计，包括哪些具体可操作的衡量标准呢？您有没有想到还有其他的，比如现在我们可能暂时还没有涉猎，但是也应该作为我们中华文化"走出去"的一种衡量标准，比如文学或者其他形式？

何：我们肯定还有其他的东西，需要做的东西特别多。我们大概要做的应该是几个大类。新闻出版是一大类，我们目前只做了图书这一类，影视我们正在探索。按照媒体分类，还有中国的报纸、期刊，尤其是学术期刊，我们现在做得比较少。中国社会科学院有一个社会科学评价中心，但这个评价中心侧重国内，不侧重国际。我们需要一个中国的学术期刊影响力评估体系，这方面还没有人做、没有涉猎。另外，比如汉语国际教育、汉语国际传播，涉及非常多的东西，这也是一大类。还有一类就是文化演艺，这就涉及影视剧团或是比较有影响力的剧目，这些我们都还没有一个相应的评估体系。文化部做过一些评估报告，我们也把《中国文化报》的一些专家请来，但现在研究只停留在票房（只有票房是正规的）层面。

文学的评估一般都需要通过载体。我们在做跨文化传播的过程中，从载体角度比较好介入。比如我们要评价一种思想，这个指标就不好界定。这种思想到底好不好，就流于定性研究了。我们只有通过载体介入才能进行定量研究。因为现在来看，大数据、互联网越来越发达，大数据下的中国文化走出去评估一定是定量跟定性的结合，单靠一种是不行的。比如《道德经》、中国文学（像莫言、麦家的作品），它们的世界影响力都很大。过去我们文学批评界往往采用一种定性研究，现在我们可以做定量研究，比如我在做莫言和麦家的世界影响力研究的时候，也有一些相关成果，就不是单单做定性研究。又如在 2012 年莫言获诺贝尔文学奖的时候，跟他有同样呼声的还有很多作家，如苏童、余华等，有些人的海外译本比莫言多，但是并没有获奖。很多作家对他产生了疑问。莫言在 2012 年获奖之后，我写了一篇文章《莫言作品的世界影响地图》，写出了他所有作品（在欧美世界里面的一些作品）的馆藏量。他作品的馆藏量当时是最高的，超过了苏童和余华。所以我这篇文章出来之后，有一次在文化部开会见到莫言，莫言特意上来跟我打招呼表示感谢。他说："何老师你是花了很多的功夫，这么多的图书馆，一定花了很多的功夫。"然后我就跟他介绍了我们是怎么研究的。现在看来，新闻出版它是一个筐，它是一个载体，它会把我们很多东西，比如文学、艺术、哲学、社会科学、教育、经济理论等装进去，我们通过定量研究，基本上能把握住定性研究的范围，再和定性研究进行结合，这样研究就比较科学和准确了。

我们刚才所说的其他媒体，比如影视媒体也存在这个情况。因为影视媒体必须要找到一个客观的数据来源，现在难点就在这里。所以我们特别高兴的就是在张院长领导下，包括唐老师（我们过去在新华社都是好朋友），你们可以多做点这方面的工作，也希望你们能在某些方面，比如说影视方面发挥你们的语言优势，共同合作做点项目。我们的项目非常多，需要做的东西和课题也非常多。

三 升级外译出版工程，关注当代中国文化精神的海外讲述

张：刚才何老师讲那么多，让我感受到中华文化"走出去"真的是一个很大的领域，对我们未来的方向也很有启示。在中华文化"走出去"这个方面，老师提到自己在新闻出版界已经有 20 年的工作经历，所以我就想

再追问一下，我们国家在推动文化"走出去"的进程中，启动了一些国字号的出版工程、翻译工程，您觉得我们当下中国出版或者是外译项目，可以称得上是成功走出去了吗？

何：这个问题很好，抓住了问题的核心。2005 年之后，国家新闻出版广电总局（现为"国家新闻出版署"）、中宣部等几个机构推出了很多工程，我们现在叫"八大工程"。最早的是 2005 年的"CBI 计划"，CBI 计划是由中宣部对外推广局主持的。2009 年又推出了"经典中国"，后来"经典中国"又扩展出"丝路书香"，中宣部文艺局又推出了中国当代文学对外翻译推广计划，还有国家社科基金学术外译项目，国家社科基金的学术外译项目影响比较大，调动了全国很多高校的积极性。还有一些项目，比如文化部的文化著作翻译工程、出版物拓展工程等，都是专门针对翻译领域的。

翻译领域的这些项目现在看来，我认为是非常成功的。在对外翻译层面，首先实现的是什么呢？以文学来讲，过去西方世界是按照他们的眼光来翻译中国的文学作品的。我们知道，中国文学在西方世界里，以西方中心主义视角来看是一种落后的文化、落后的文学，是比较蛮荒的，只是西方主流文化的一种补充。他们对中国文学的看法，长期是将其放在"共产主义文学"或者"落后文学"这个视野里。所以在莫言之前，中国文学都是西方主流文学的一种补充。所以我们讲小众化也是这个问题。在 2005 年国家大力推动中华文化"走出去"之后，世界翻译界、出版界关于中国的政治、历史、文化等的作品量逐渐增大。在翻译中国图书的内容方面，也不再按照西方的主流学术视野，按照西方中心主义视野来选择。这个影响改变是很大的，这是一个最重要的改变。比如荷兰 Brill（博睿）出版社，它一个具有 400 年历史、专门出版人文社会科学的出版社。它从 2007 年、2008 年前后就开始跟中国合作，现在合作的出版社有五六十家。都是用我们的翻译资助在西方出版高质量的中国学术图书（比如复旦大学葛兆光先生的《中国思想史》，还有北京大学的许多中国文学史图书）。这类书如果没有翻译资助的话，是很难进入西方学术视野的。因为荷兰 Brill 是西方比较有影响力的出版集团，所以我们的图书经过它的渠道在欧美发行之后，我们有几个重要的感受。第一是我们的图书在一些主流的图书馆都能看到了。第二是一些比较主流的研究中国的期刊开始有评价了。这是一个非常大的变化。从这个角度可以看出我们这些工程是比较成功的。过去西方的跨国出版集团，在翻译文学、儿童、艺术类图书的时候，完全按照市场化运作，就是"赚钱才做，不赚钱不能做"。2005年之前，也有一些作品被西方选择，而翻译得比较多的书比如卫慧的《上海宝贝》，都不是特别能反映、代表中国主流文学的作品，而是特别偏，按照西方文化思想从另外一种角度来解读中国社会。按照语言版本统计，《上海宝贝》的语言版本比《红高粱》外译的版本都要多。许多西方跨国出版集团进入中国，都把五大外语翻译资助项目作为一个热点、利润点来看，所以有更多的西方出版社跟中国出版社合作，引领中国图书走到世界主流市场上去，这是一个很大的变化。

另外还有一个变化是什么呢？过去我们中国出版业，有600多家出版社，20家上百亿的出版集团。我们所说的20家上百亿集团，包括一些新华书店，比如浙江新华书店、江苏凤凰集团。事实上中国出版业的资产与西方的出版集团相比，还是小老鼠和大象，差距很大。2005年，"CBI计划"要求凡是拿中国政府的翻译资助，都必须由一家中国出版社执行，跟一家外国出版社合作出版，同样也调动了中国出版社的积极性。对于国家社科基金的学术外译、五大出版工程，尤其是"经典中国"，中国600多家出版社差不多都来申请，大家积极性很高。中国出版业每年能申报三四千种，当然资源主要还是集中在比较好的前100家出版社。所以整体上调动了国内出版人的积极性，同时也调动了国际出版人的积极性。中国政府每年投入的翻译出版经费并不多，所以我们一直在呼吁，中国政府的外译规模和力度要加大。为什么力度要加大呢？因为这样我们就形成了买方市场。而且跟日本、韩国比，我国在投入上还差很多。比如，日本出版一本图书，如果是西方世界翻译日本的图书，翻译费全部由日本出版社支付之后，日本政府还要额外拿出一笔钱，一本书要给5000－10000美元。所以我们这"八大工程"（五大翻译出版工程加上三个营销项目），跟日本相比力度还不够。中华文化"走出去"经费资助对于中国主流图书"走出去"贡献还是很大的，它会形成示范效应。比如新闻出版领域的翻译资助带动了我们的"影视桥计划"，就是选择一些好的影视剧，把它配成多语种版，在海外放映和播出。最早的就是《媳妇的美好时代》翻译成斯瓦希里语。过去国家广播电视总局的国际司电视处专门在做这个工作。现在外译的作品已经有 200 多部，语种也很多，在阿拉伯地区、非洲、拉美世界及其他周边国家，影响都是不错的。所以说政府出台的这种对外翻译资助政策有很好的示范效应。

总结一下，国家的对外翻译资助工程第一个贡献是中国主流图书走向国际市场。第二个贡献是调动了中外双方出版机构的积极性。第三个贡献是示范效应，带动了整个对外行业用翻译这种方式来扩大国际影响力。

刘：刚才我们提到了国家的出版工程、翻译工程，但是国家级的渠道建设还相对薄弱，尤其是国际渠道。您也提到，拓展第三方市场是一个值得推广的中国图书进入拉丁美洲的合作模式。那么您觉得数字化时代给中国出版带来了哪些机遇和挑战呢？据统计，《道德经》堪称有史以来在世界上影响最大的一本中国图书，创造了外译语种最多、版本最多、专业评价与研究数量最多、读者评价数量最多等历史纪录，迄今为止尚未被超越。那您觉得《道德经》可以代表中华文化吗，中华文化究竟应该包含哪些特质呢？

何：你这个问题也很好，其实它是两个问题。第一个是我们中国新闻出版的海外渠道建设。第二个就是什么代表中国文化。

渠道建设涉及比较行业性的问题，主要是指我们新闻出版领域。渠道建设这些年来做得比较好，比如在数字化背景下，我们跟亚马逊平台合作，推出了中国书店。这是亚马逊第一次专门在自己平台上有"China.com"这样的域名，这是和全世界合作都没有过的。在这个域名下有中国的中外文图书 100 多万种，让全世界读者都可以通过这个域名一下子看到我们的图书。这是我们在数字化条件下做的一个渠道建设。

我们说的第三方渠道，主要指的是语言文化区，比如阿拉伯文化区、拉美文化区。我们现在特别需要在每一个语言文化区下有相应的专业渠道建设，然后基于数字化平台做些工作。也就是说需要为那些在语言文化区内接受并喜欢中国文化的读者，更精准化地提供一些中国文化、中国特色的产品。渠道建设方面有亚马逊的中国平台，中国出版机构也有一些专业数据库，如社会科学文献出版社的皮书数据库、人民出版社的红色经典数据库等，这类由出版社操作的数据库是很多的，所以说这些年渠道建设有些起色，当然也有不足，在点对点、线下服务方面还有一些差距。中国影响力越来越大，但是我们的文化交流、新闻出版工作与之完全不匹配，还需要做一些有针对性的工作。

张：谢谢何老师，在刚刚结束的 2020 中俄文明对话中，俄罗斯文化基金会杨娜·特尼科娃副会长提到像《孔子》这样致力于传播中国传统文化的高质量影片，其实海外观众是不能理解它其中的文化内涵的。

何：这个问题涉及俄罗斯的观众，说起来比较复杂。像《道德经》《孔子》这类书在海外影响非常大，它们已经进入老百姓日常生活中。现在很多海外读者，比如亚马逊平台上的一些读者，他们自发地翻译我们的唐诗宋词还有《道德经》。这表明什么？我们中国的传统思想，比如孔子、老子、管子的思想在海外的影响力非常大。这些东西是不需要我们现在做工作的。某一种思想的接受，受到不同宗教、语言、价值观、历史传统及文化的影响。中国还面临着国际社会不能正确认识当代中国社会制度、中国道路、中国特色，以及中国经济发展理念的问题。比如美国人特意出了 301 条款，表明他们对中国国企这种发展制度还有非议，甚至进行妖魔化。在文化领域，我们提倡文明互鉴、多元包容，但是美国认为这类东西是虚假的。

刘：就文化产品来说，不同的题材都有各自的特点，像科幻文学、儿童文学、红色文学等，还有新兴的动漫、网游等，这些都可能成为世界了解中国的一扇窗户。您在论坛中也指出，"除了文学作品和艺术作品的交流之外，双方的机构也需要有互相的了解"。那么，在中华文化"走出去"的战略中，这些机构有没有一种内在的角色分工？

何：这个问题非常好，说明你们在这方面的研究还是很深入的。其实国家政府层面上还没有这种定位和角色分工。我们这些年来也一直在向相关机构提建议，希望能动员社会力量，也就是国际传播的社会化。这就需要我们把整个中国文化国际传播的力量整合起来，这个力量有几个层面。第一，大型国企、很多民营企业，以及五六万家的海外机构。国企所雇用的外籍人员也很多，这是一个非常重要的群体，这本身就是中国文化对外传播的力量。第二，我们在海外有 6000 万名华人，虽然分布的地方不一样。除了华人之外，还有每年派出的大量留学生，无论是低龄留学生，还是成年留学生，都是传播中国文化非常重要的群体。第三，日益增长的国际学术交流队伍，比如你们召开的这种学术交流会议，在学术、知识文化层面上，与域外机构高层进行互动。所以说，层面是非常多元的。但是我们主管机构的整合能力还不够，不过这些年也有所改善，整体上看还是在进步的。

事实上像儿童文学、科幻、动漫等，都在不同层面上或多或少地在传播中国文化或者做国际沟通和信息传递工作。比如在 2012 年，我们在阿拉伯地区做过一次调研，调研对象是开罗大学的一些年轻人。这些年轻人都喜欢玩游戏，他们从日本任天堂的游戏中了解到中国的五行，这是非常有意思的。

探究老舍作品的文化传播意义

——中国老舍研究会副会长李玲教授访谈

芦思宏　汤　可[*]

嘉宾介绍：

李玲，文学博士，北京语言大学人文学院教授、博士生导师，主要研究方向为中国现当代文学。兼任中国老舍研究会常务副会长、中国茅盾研究会副会长、中国冰心研究会副会长、中国当代文学研究会女性文学委员会副主任委员。在《文学评论》《南京大学学报》《文史哲》《南开学报》《中国现代文学研究丛刊》等学术刊物发表论文近百篇。专著有《中国现代文学的性别意识》（人民文学出版社，2002）、《书生邓拓》（福建教育出版社，2015）、《李玲现当代文学研究文集》（北京语言大学出版社，2019）等。2004年曾在央视《百家讲坛》栏目做"想象女性——男权视角下的女性形象"和"作家笔下的婚姻生活"两场学术讲座。2009年在中国教育电视台做学术讲座"冰心与中国现代文化"。2015年录制了中国大学精品视频公开课《中国现当代女性文学专题》（共8讲）。

芦思宏（以下简称"芦"）：李老师，您好！感谢您拨冗参会，我们这次访谈的内容也将主要围绕您对老舍先生的研究展开。您能结合经历，谈谈您是如何与现代文学以及老舍研究结缘的吗？

李玲（以下简称"李"）：从我小学二年级迷恋小说算起，我与文学结缘已近40年了。这40年间，无论在乡村还是在都市，在南方还是在北方，在中国还是在外国，我始终是"生活在别处"。对于我所生活的世界，我

---

[*]　芦思宏，大连外国语大学新闻与传播学院讲师；汤可，大连外国语大学新闻与传播学院硕士研究生。

一直很茫然，因为我的激情总在现实之外的另一个世界。总之，文学以及文学研究自孩童时代至今一直是我的心灵栖息之地。任何时间，任何地点，只要拿起白纸黑字的书，拿起笔，我就有心安的感觉。而且，我只钟情于白纸黑字，电视、电影的世界太喧嚣，网络对于我来说只有工具的意义。

　　从八九岁到三十来岁的20多年间，文学一直是我自己的白日梦。我在如痴如醉的阅读中认识小说中的一个个人物、体验一首首诗歌的生命境界，在对他人命运的感叹唏嘘中逐渐形成了自己的人文立场。步入研究领域以后，我体会到文学首先是他人的白日梦。当了六年福安师范学校的文学课教师之后，1991年再回母校福建师范大学读研究生，我一下变成了同学中的老大姐。导师姚春树教授对学生寓爱于严，让我养成了刻苦用功、不敢懈怠的习惯。俞元桂教授上现代散文课，每次都逐篇检查我们的读书笔记，这培养了我以文本细读为根基的研究习惯。这一时期，冰心研究会委托我和中文系的姚向清老师选编冰心研究资料集，这不仅把我的硕士论文选题自然引向冰心研究，而且使我有缘拜见了苏州大学范伯群教授和中国社会科学院卓如研究员这两位冰心研究专家。

　　1994年我开始读博士。那一年导师范伯群教授和扬州大学的曾华鹏教授、山东大学的朱德发教授、福建师范大学的姚春树教授和庄浩然教授，五位先生共招了我们八位博士生。我觉得不只是导师们的学术境界令人高山仰止，就是其他七位师兄也都是我所难以企及的楷模，我唯有加倍努力才能跟上这个群体前行的脚步。

　　读博期间，导师范伯群教授在新文学研究领域取得丰硕成果之后，学术重心已经转向中国近现代通俗文学领域。我那时因在学术追求中投注了太多自我生命认同的需求，对通俗文学没有多少兴趣，但范先生从作品论到作家论，再到社团流派研究逐级拓展的研究方法深深影响了我。我至今铭记着研究要从文学现象出发，切不可简单套用任何一种时髦理论。在博士论文写作过程中，给我指导最全面细致的是副导师庄浩然教授。庄先生专攻中国现代戏剧研究，尤以中国现代喜剧及其理论研究见长。先生原本希望我能继承他的学术方向，但我因目力不济、不能多看影碟，思量再三，最终还是不敢涉入这个与舞台表演密切相关的研究领域。我的博士论文，从搭建大纲到最后成稿，包括文字的修订，处处都留有庄老师辛勤指导的痕迹。庄先生关于理论视野要广阔、做女性文学研究不能只从一个性别视角看问题的教诲，我至今不敢忘记。

我的博士后出站报告《想象女性——中国现代男性叙事中的性别意识》，紧扣鲁迅、巴金、茅盾、老舍、曹禺、钱钟书等经典作家的经典作品，通过对其女性形象的类型化分析，反思中国现代男性叙事中的男性中心意识，认为中国现代男作家以现代启蒙、革命思想为依托，对性别秩序进行重新言说，往往只看到旧阵营男性对女性的奴役、歧视，而对现代男性主体缺乏反思，在代现代女性立言的时候不免从现代男性自我需求出发歪曲异性生命逻辑、压制女性生命需求，而不能从女性视阈出发设想女性自身的生命逻辑，从而再次陷入男性中心主义立场。中国现代女性文学在有限度同情女性苦难遭际、有限度褒扬女性主体性、有限度理解女性生命逻辑的同时，仍然十分顽强地在总体格局上维护着男性为具有主体性价值的第一性、女性为只有附属性存在价值的第二性这一不平等秩序。这种价值偏颇使得现代新文学在现代男性启蒙、革命的框架内悄悄背离了两性平等的启蒙原则，而实际上走向了启蒙的背面。性别意识领域，由此也成为中国现代文学现代性最为匮乏的思想领域。

芦：好的作家往往离不开地域文化的浸淫，老舍又是京派作家的典型代表，您可以和我们谈谈作家与文化之间的关系吗？老舍作为京派作家的典型代表，其创作中呈现哪些特点，您可以和我们分享吗？

李：老舍作品流淌着浓郁的京味。他写的多是北京的人和事。他以北京人和北京文化为基点思考中华民族和中华文化的存亡问题。他以精心锤炼的北京话作为创作语言，为中国现代白话文建设做出了重要贡献。老舍是现代京味文学最富有代表性、成果最为卓著的作家。他的创作在内容上有如下几个特点：一是抒发了对乡土北京的眷恋之情；二是感慨北京市民在乱世中的悲剧命运，抒发了自我的生命悲感；三是弘扬了北京市民文化的正面价值；四是反思北京市民文化的负面价值。

第一，老舍的创作一般不从中国的政治文化中心角度来彰显北京的重要性，而是从本地居民的视角抒写北京人的乡土之情。老舍时常在散文、诗歌中直抒自己对故乡北京的眷恋之情。1936 年他在青岛遥对古都写下了散文名篇《想北平》。他的抒情对象不是一般游客关注的故宫、长城、天坛、颐和园这些名胜古迹，而是"那长着红酸枣的老城墙"。老舍对北京的情感是一个人对生于斯长于斯的乡土的眷恋。在他心中，北京不是彰显皇权或施展政治谋略之地，更非猎取奇景之所，而是让自己的心灵得到安宁的温馨家园。所以，他把北京比作自己的摇篮，把自己对北京的爱比作对母亲的爱。

老舍往往以北京城的实景作为小说、戏剧中人物的活动场所。根据舒乙的研究，常被老舍写入小说的北京真实的山名、水名、胡同名、店铺名有240多个。综合《骆驼祥子》中祥子的7条活动路线，甚至能大致勾勒出北京的立体地图。

第二，老舍在作品中感慨北京平民在乱世中的悲剧命运，抒发自我生命悲感。老舍作品充溢着浓郁的悲凉感，这既来自老舍对北京平民命运的体悟，也来自老舍自身对生命悲凉的感悟。老舍创作刻画了北京中下层社会的各种人物，既有车夫、巡警、艺人、暗娼，也有教师、学生、科员、掌柜、主妇，还有大兵、侦探等。老舍着墨详写的那些车夫、巡警、商人、暗娼，往往都是苦人，而不是恶人。他们一般都老实勤勉，却不得善终。老舍由此抒发了自己的生命悲感，控诉了缺少公平正义的乱世，也表达了对建立良好社会秩序的渴望。老舍是现代北京中下层守秩序的市民的代言人。

第三，老舍作品弘扬了北京市民文化的正面价值。老舍是北京现代中下层市民的代言人，不仅由于他的创作多方面揭示了北京市民的生存艰辛，还由于他的创作弘扬了北京现代市民文化的正面价值，为中国现代文学做出了杰出贡献。老舍最为赞赏的品质是人的敬业奋斗精神与自尊自爱品格。《二马》中的李子荣、《牛天赐传》中的牛老者、《骆驼祥子》中堕落之前的祥子、《我这一辈子》中的"我"、《四世同堂》中的祁天佑、《鼓书艺人》中的方宝庆、《茶馆》中的王利发、《正红旗下》中的福海，都是老舍愿与之共呼吸的敬业良民。他们自律自为、积极向上、不贪恋他人财物、渴望按照合理的社会生活秩序勤勉奋斗。

第四，老舍作品反思了北京市民文化的负面价值。作为一名杰出的北京现代市民，老舍还在自己的创作中承担了北京文化的自我反思责任。老舍在创作中一般不注重从政治立场出发评价人，而擅长从伦理道德角度评价人。在老舍眼中，北京市民中既有恪守仁义礼智信的自尊自爱者，也有自私贪婪的道德缺失者。抗战前，老舍着重从日常生活细节描写中揭穿伪君子的自私、贪婪，短篇小说《善人》《新时代的旧悲剧》便是这类代表作。抗战爆发后，老舍往往把反面人物在日常生活中的自私、贪婪与其在民族大义上的卖国行径之间建立起同构关系。长篇小说《四世同堂》中的冠晓荷、大赤包、祁瑞丰、蓝东阳、高亦陀，都是老舍笔下既缺乏道德品质又没有民族气节的小丑。

老舍是京味文学语言大师。老舍文学创作的价值，不仅体现在其深邃的思想情感上，也体现在其卓越的语言艺术上。老舍在创作时自觉追求幽默的语言风格，尽量选择现代北京口语中的俗白词汇，不用生僻的字词，少用形容词，追求语言的生动性。他对自己"用平民千字文课的一千个字也能写出很好的文章"深感自豪，说："有人批评我，说我的文字缺乏书生气，太俗，太贫，近于车夫走卒的俗鄙，我一点也不以为耻！"老舍作品的文学语言读起来往往四声匀称，平仄和韵，配合着内容的情感变化，蕴含着音乐的律动感。

芦：老舍作品中出现了很明显的世界性视野，请您谈谈他是如何在人物描写中呈现出来的？

李：回到老舍写作上，实际上在谈这种世界性视野的时候，我们应该看两个角度，一个是老舍创作中如何写外国人，另一个是老舍创作中如何从一种世界性的视野来写本国人。

老舍怎样描写外国人？我认为，老舍在写外国人的时候，非常可贵的一点是具有双重性：一方面，他能从坚守中华民族主体性的角度去看中外关系；另一方面他又能超越本民族的利益，全面探索异国人的人性。在《二马》和《四世同堂》文本中，老舍写得最多的是英国人，英国人中写得最多的又是牧师，老舍能平等地探索英国人的国民性和人性。在对英国人的形象塑造之中，既坚守了中华民族的主体性，又展示了作者避免把异国人民他者化的广阔胸襟，超越了弱势民族的怨恨心理。所以老舍笔下塑造的人物本身的境界是比较高的，其艺术性也比较高，是圆形人物。

举个例子，伊牧师的形象是在讨论《二马》时都要提到的，他的人物形象塑造用文中的话说就是："他真爱中国人：半夜睡不着的时候，总是祷告上帝快快的叫中国变成英国的属国；他含着热泪告诉上帝：中国人要不叫英国人管起来，这群黄脸黑头发的东西，怎么也升不上天堂。"[①] 我们可以看到，在叙述中，作者的眼光是非常犀利的，他揭示了一个英国传教士尽管自认为是多么热爱中国人，多么充满善意，但是基于他自己国族立场的偏见和宗教偏见，他的观点就给中国人带来了很大的压抑感和不公平。以往的研究都充分指出了这一点。

实际上，作者这种犀利的讽刺揭示了传教士作为一个人，有自己的宗教偏见和民族偏见。因此作者对他的批判，是基于对"人因为社会立场而存在局限性"的揭示，而不是一种道德审判。老舍在说他有很大的偏见时，并没有抹杀他的热忱。所以作者的这种态度是非常犀利的，充分地解构了传教士的立场偏见和宗教偏见。

事实上，这种犀利的揭示中还带着一点点底色，不是绝对的愤怒，不是像对待一个外国殖民者那种模式化的愤怒，而是带着一种理解，即人常常会有立场偏见。所以我认为作者在犀利批判中，透露出他作为中华民族的一员，即使作为一个弱势民族的一员，也有不畏强权、不畏文化强势者的自尊，还有理解他者弱点的自信和善意。所以我认为这个叙述立场值得我们往下追问。

我还有很多例子，但时间有限，简单说一下。《四世同堂》中的富善先生，他喜欢纯粹的中国人，不喜欢穿西装的中国人，穿大褂的中国人都会被他重视。富善先生的这种立场，如果按我们现在的思维模式，绝对是东方主义的立场。但是我们需要辨析的是，叙述者和作者对这种东方主义立场的态度是多重的，在揶揄调侃中既有解构，也有接纳理解。我认为这综合起来，就是作者对待外国人的态度已经超越了守护中华民族主体性，还有一种对人性理解的立场。

此外，老舍在对日本人的形象书写中，从民族危亡意识出发，书写日本侵略者的凶残与虚弱。与20世纪50年代到80年代以及当下很多抗日剧相比，我们会发觉，尽管老舍刻画日本人形象的深度比不上对英国人的描

---

① 《老舍全集》第1卷，人民文学出版社，1980，第407页。

写，但在努力避免把侵略者简单化；在表现侵略者的凶残时，也在努力探索他们的心理是什么。这也展示了老舍在探索侵略者生命样式主体精神，这我就不展开了。

《四世同堂》还展示了人类的爱精神。日本老太婆是善与正义的化身，小羊圈胡同居民对她的态度也表现出善与正义。但实际上除了祁瑞宣，很多人并不知道日本老太婆是善与正义的，只知道她是一个日本人。小羊圈的居民们受够了日本侵略者的欺压，遇到日本人当然很愤怒，但是小羊圈胡同的居民在看到她的时候，尽管很气愤，但依然会想到"我们不能对一个女人、一个老人动拳"。因此这种北京人的和平、教养表达了一种人类爱的精神，这是对待外国人的态度。

老舍是怎样从世界性的视野来描写中国人的？老舍对中国人的形象书写还有一种世界视角。简单来说，在民族战争书写中，无论是反思还是弘扬民族的正面品格，都有一个基本的底子，就是维护平等的现代民主国家。所以老舍的反战书写没有传统帝国的中心意识，没有出现"小日本"之类的话语，他对日本"鬼子"再怎么鄙视，仍基于一种平等的民主国家观念。

还有一点是我也对此感到惊奇、震撼的，就是老舍说的一句话："旗人当汉奸，罪加一等"。为什么旗人当汉奸罪加一等？我琢磨了一下，觉得这其实是老舍作为满族，有一种中华民族大家庭成员的主体自信和担当精神，这使得他自觉地担当起民族救亡的重任，超越了某些大汉族主义者看待汉族与少数民族时带有的边缘与中心的等级意识，也超越了我们以往对"八旗子弟"的刻板印象。

芦：我们都知道，中国现当代文化的发展受到了西方很大的影响，尤其是在反帝与启蒙的对抗过程中，不断呈现出中国文化与西方文化的碰撞，您对这个问题是怎么看的？我们在梳理现当代文学史时又该注意什么？

李：我们中国现代文学在面对世界的时候，无论是现代作家的写作、他对世界的一种认知，还是我们作为研究者去建构一种文学史框架，经常会面临一个矛盾，这个矛盾大家都很熟悉，简单说起来就是"反帝"和"启蒙"的冲突。一方面，我们作为一个弱势的、后发的、现代性国家的国民，往往会自觉地维护民族主体性，而且我们也确实需要维护民族主体性，因此就会有反帝的需求。另一方面，我们要学习异域文明，反思本民族的不足，必然就有启蒙的需求。

从当下来看，回观文学史和百年学术史，我认为我们对于学习异域文明、反思本民族不足，警惕西方的殖民主义，始终维护中华民族的主体性而避免丧失民族主体意识这一点，已经有了很充分的认识。

实际上，我认为我们对另外一点的认识还不够：当我们批判外国殖民意识、反对西方霸权的时候，既应当以不排斥异域现代文明为底线，还要有"接纳人类总是有局限性的"这种人类爱的胸襟，避免陷入落后民族或者弱小民族的怨恨心理。

我认为，当下在重构我们的文学史框架时，仍然要固守民族身份和民族大义。因为当下的世界格局，仍然是平等的民族国家关系，民族国家关系是很重要的。但是我们还要有另外一个维度，就是超越身份、话语权的执着来思辨是非，因为我们要建立人类命运共同体。

我们经常纠结于中国与外国，或者当我们跟外国人交往的时候，到底应该用现代还是传统的身份。我认为，应该以探索生命存在的合理方式为根本目的。因为人是目的，不是工具。文明既有阶段性的发展维度，也有超阶段性的维度，这是我对价值立场的一种想法。

为什么会提价值立场的想法呢？因为我们做文学史研究要客观，不是以自己的立场框定我们的研究对象，否则可能会对研究对象身上的宝贵资源视而不见。

中国社会文化要完成从传统向现代的转型，既要实现儒家主流思想的现代性转换，在继承儒家关于人的德性修养的合理内涵的同时，摆脱其意识形态上的专制倾向，还要消除长期作为亚文化方式存在的官场潜规则和底层暴民文化对社会正常秩序的破坏性。确立中国现代文化的关键在于确立现代理性精神。现代理性精神既体现在社会建设层面上，也体现在对人的内在要求上。在社会建设方面，现代理性精神的核心内涵是自由与民主、公平与正义，在对人的内在要求层面，现代理性精神要求人对外要有反抗强权、维护个体自由权的自觉意识；对内要能自律自为、按照理性的法则行动。现代文化高扬理性精神，又催生了其对立面——对一些非理性价值和超理性价值的现代认同。因而现代文化生成的基本点虽是现代理性，现代文化却包含现代理性、现代非理性和现代超理性。东西方各国在传统向现代转化的过程中，由于各自历史语境之间的差异，对现代文化的建构有不同的侧重点。当代中国在回望中国现代文化建构早期的思想资源时，也会有自己独特的视野和难以察觉的遮蔽之处，有些珍贵的现代思想资源长期以来一直被忽视，这反映出的恰恰是中国现当代文化建设中所存在的价值偏颇。重返中国现代文化建设早期的现场，寻找那些被遗忘的声音，有助于我们总结中国现当代文化建设方面的成就与不足。

芦：中国传统文化在现代社会面临着价值和言说的双重困境，您认为老舍是怎样认识和处理传统文化的呢？

李：以老舍作品中的闲适传统为例，中国文学作品中有一脉闲适无为的传统。它以老庄哲学、佛教禅宗哲学为根基，以陶渊明、王维的创作为代表，关怀的是人超越现实生存功利和社会羁绊层面的生命自由，倡导人放下操劳奔波的进取态度，与蝇营其间的现实社会拉开距离，以超然隐逸、平和悠闲的心境享受生命的自由自在，以审美化的态度品鉴日常人生的种种趣味。闲适无为传统，与奋发自强的有为传统相辅相成，共同构成华夏文明的宝贵财富。

晚清以来，中华民族面临生存危机。这种危机既是现实层面上国族存亡的危机，也是精神层面上华夏文明传承更生的危机。面临这双重危机，中国近现代文学对中国闲适文化传统的重叙，便与古典文学有了不尽相同的价值走向。

老舍的创作，始终关注全球化语境中中华民族如何重建主体性的问题。他既从现代启蒙立场出发，反思闲适无为人生态度的价值缺憾，又从民族文化自我认同的立场出发，阐释闲适无为人生态度中所蕴含的审美精神、普遍价值。在全球化语境中重叙中国闲适文化传统，老舍创作所建构的中华民族主体实质上具备了与其他民族主体间和谐共存、平等对话的意识。

老舍的多部作品都牵涉对中国闲适文化传统的再评价问题，而把闲适文化传统放置于重建中华民族主体性视角上进行考察的作品主要是小说

《二马》和《四世同堂》。

中国现代作家从启蒙立场出发，反思中国闲适文化传统中的价值缺失，为中华民族主体性的重建贡献了自己的思考。然而，重建民族主体性，除了更新传统文化中不适合现代中国人生存的部分，还有如何传承中国传统文化中适合现代中国人现实生存与精神需求的部分这一重大课题。启蒙立场并没有使老舍成为单一的反传统者，他在创作中还细致辨析了闲适无为人生态度的正面价值，在其中华民族主体性现代建构的设想中整合了中国传统文化的审美精神，并且把它确认为具有普遍人性根基的普遍价值。老舍不仅看到了闲适无为文化不关注现实生活的缺点，还看到了其超越生存功利的审美价值、人性关怀价值。

把闲适无为的审美人生态度纳入现代文化建构体系中，老舍创作实际上颠覆了历史进化论的偏见。19 世纪以来流行的线性历史进步论，以黑格尔哲学为基础，认为中华文化主客不分、缺乏个体自觉精神，因而尚停留在非历史的历史阶段，中华民族在文明程度上属落后民族。老舍创作一方面敏锐感知到中华民族在种族主义霸权话语包围中的生存危机，站在民族本位立场上进行自我反思，另一方面抗拒西方历史哲学简单界定进步与落后的霸权话语，从主客交融、物我两忘的诗意境界中发掘出契合生命需求的普遍价值，为中华文明的现代承传立言。

另外，老舍在现代化、全球化背景中对中国闲适审美文化的这一普遍价值的体认，并未迎合当时国内流行的西方物质文明强、东方精神文明强的观念而陷入狭隘的文化民族主义思路。闲适无为的马则仁喜欢花草、喜欢狗，同样，"英国普通人以为一个人爱花爱狗爱儿女便是好丈夫"。文本中，爱花爱狗乃中英共同的普遍人性，而非某一民族独有的、必须向其他民族灌输并在灌输过程中实施文化霸权的人性标准。老舍在对爱花爱狗普遍人性的肯定中构建起民族间主体共在的平等意识，其在老舍的创作中并没有导向狭隘的怨恨气质，而且在《二马》中平心静气地思考英国人独到的优点，如积极有为、乐于助人、热心公益等。这种对其他民族的赞许，并不以自我为尺度，而能超越民族身份限制从人性应有的普遍价值去思考异质文明的优点。

显然，老舍作品具有人类不同种族文明相互融合、取长补短的广阔胸怀和恢宏气度，老舍创作所建构的中华民族的主体性是不同国族文明和谐并存、共同更生发展的主体间性。虽然老舍在《二马》中肯定英国人积极有为等奋发精神，却对伦敦市民各阶层均有不同政治主张且好在街头论辩这一点不以为然，居高临下地对此调侃讽刺，亦可见老舍在吸收异族文化长处时重实干、重商业、重知识而轻民主自治精神的选择偏向。

老舍从中华民族文化认同与人类普遍价值建构的角度确认中国闲适文化传统之正面价值的立场，一直贯穿于他的整个创作过程中。《四世同堂》中钱默吟和小文夫妇的形象塑造典型地承袭了这一思路。钱默吟与小文夫妇都不问生计，只在闲适中享受生趣。"钱老先生的屋里，除了鲜花，便是旧书与破字画。他的每天的工作便是浇花，看书，画画，和吟诗。"不管生计而沉浸于诗意世界的现代隐士钱默吟，不仅获得了祁老太爷等小羊圈胡同众街坊的普遍敬重，而且得到了作者的深深赞许。闲适无为的钱默吟总让人联想起梅妻鹤子的林和靖，隐含着作者把不计功利的钱默吟视作中华文化高洁人格的代表。而在小文夫妇的形象塑造中，隐含着老舍在一定程度上投注了自己对老庄哲学关于"复归于婴儿"生命境界的理解。《道德经》第十章说"载营魄抱一，能无离乎？专气致柔，能婴儿乎？"认为人如果能保持婴儿的赤子之心，便能神不外游、意不散乱。《四世同堂》中，小文夫妇像赤子一般闲适地生活在审美世界中，不为稻粱忧，心绪也不受民族国家观念的侵扰，"他们只知道他们小两口都像花一样的美，只要有个屋顶替他们遮住雨露，他们便会像一对春天的小鸟那么快活。……他们经历了历史的极大的变动，而像婴儿那么无知无识地活着，他们的天真给他们带来最大的幸福"。高洁闲适、隐逸优游的钱默吟与安恬自在、不卑不亢的小文，都是老舍心目中中国闲适文化传统的典型代表。

反思闲适文化传统在生存责任承担、民族大义承担方面的价值缺失，与肯定闲适无为人生态度对生存功利的超越、对人性的守护，是在老舍创作中并存的两种价值倾向。这表明，老舍的精神世界，既有敏于感受个体与民族生存危机、敏于回应全球化走向的一维，又有笃守中华文明合理价值、守护生命自由追求的一维。从重建民族主体性视角审视中国闲适文化传统，老舍创作所建构的民族意识是一种既自尊自强又开放兼容的主体间性意识。

芦：谢谢，感谢您接受我们的采访，希望有机会当面向您学习。

李：辛苦你们了，希望《中华文化海外传播研究》刊物越办越好。

名家视域

论日本汉学家伊藤敬一的"老舍学"

谢昭新[*]

摘 要： 伊藤敬一是日本著名的汉学家、老舍研究专家，日中友好使者。伊藤敬一是日本老舍文学研究的先驱之一，也是日本"老舍学"的首倡者。他的"老舍学"随着老舍作品在日本的传播与研究的发展而发展。他首倡的"老舍学"以研究论文、翻译、年谱为主，同时也有对老舍传记资料、随笔以及老舍研究的历史与现状的审视等。他的"汉学"主要包括对中国文学、中国语言、现代中国的政治文化以及日中关系的研究。他为中日文化的交流和友好活动付出了全部的心力，为日本的"汉学""老舍学"做出了重大贡献。

关键词： 伊藤敬一 老舍学 汉学 日本

伊藤敬一①是日本著名的汉学家、老舍研究专家，日中友好使者。他是日本老舍文学研究的先驱之一，也是日本"老舍学"的首倡者。他的"老舍学"随着老舍作品在日本的传播与研究的发展而发展。他首倡的

---

* 谢昭新，安徽师范大学文学院二级教授，博士生导师，在《文学评论》《中国现代文学研究丛刊》《民族文学研究》等发表学术论文 130 余篇，出版专著 8 部，现任中国老舍研究会会长。

① 伊藤敬一（1927－2017 年）生前系东京大学、中京大学教授，日本著名的汉学家、老舍研究专家，日中友好使者。1950 年 3 月毕业于东京大学文学部中国文学专业，1952 至 1964 年在东京都立大学人文学部中国文学科任助教、讲师、助教授；1970 年 4 月，任东京大学教养学部外国语科中国语教室助教授；1974 年 4 月，任东京大学教养学部外国语科中国语教室教授；1987 年 3 月，于东京大学教养学部定年退官。1987 年 4 月至 1997 年 4 月，任中京大学国际教养学部中国语教室教授。1999 年 5 月，被选为日中友好协会会长。2007 年 5 月，他辞任会长，被选为日中友好协会名誉会长。出版著作 11 部、译著 10 部，在各类期刊发表论文、散文 43 篇，在国际学术会议上的发言、演讲 18 篇。

"老舍学"以研究论文、翻译、年谱为主，同时也有对老舍传记资料、随笔以及对老舍研究的历史与现状的审视等。他的"汉学"主要包括对中国文学、中国语言、现代中国的政治文化以及日中关系的研究。他为中日文化的交流和友好活动付出了全部的心力，为日本的"汉学""老舍学"做出了重大贡献。

一　伊藤敬一"老舍学"的历史演进

日本是翻译传播老舍作品最早的国家，1939 年就有短篇小说《大悲寺外》日文译本，20 世纪 40 年代日本陆续翻译出版了老舍作品《小坡的生日》《赵子曰》《牛天赐传》《骆驼祥子》等，同期还有十余篇介绍评论老舍本人及其《离婚》《骆驼祥子》《四世同堂》等的文章。40 年代的伊藤敬一正在学校读书，还未涉足老舍作品的传播与研究。到了 50 年代中期，老舍作品在日本的传播与研究，形成了第一次的"老舍热"。也就在这一次的"老舍热"中，伊藤敬一贡献了自己的热力。1953 年，他写作了关于长篇小说《牛天赐传》和短篇小说集《东海巴山集》的书评（《日本读书新闻》第 703 号，1953 年 7 月 13 日）；1954 年 7 月，由竹内好、冈崎俊夫编的《现代中国作家》（和光社，1954）收入伊藤敬一的论著《老舍论》，《现代中国作家》认为老舍是一个与革命保持距离的作家，他在平民环境中长大，对平民怀有深厚的同情，因而成为庶民阶层的代言人。1955 年，伊藤敬一翻译了《断魂枪》，1956 年，翻译了老舍在青年文学创作会议上的报告《青年作家应有的修养》。可以说，从 1951 年铃木择郎翻译《四世同堂》到 1955 年前后《老张的哲学》《离婚》《龙须沟》等一大批小说、戏剧作品被译成日文出版，掀起了老舍作品在日本传播的第一次热潮，伊藤敬一在此间的贡献不仅在翻译传播老舍作品上，而且在介绍评论老舍及其有关作品方面，尤其是他的《老舍论》彰显了较高的学术价值。

在 20 世纪 50 年代前半期老舍作品在日本掀起了第一次传播热之后，随着老舍于 1965 年的访日和 1972 年之后的中日邦交正常化，日本于六七十年代又掀起了第二次"老舍热"。1960 年至 1979 年，日本各类报刊发表的关于老舍及其作品的文章有 80 余篇，这些研究文章显示出"老舍热"

的特点。第一个特点是对老舍人格精神的赞赏和对老舍之死的悼念。老舍在访日期间，访问了诸多著名作家，并发表演讲，开展文化交流，他以平易近人的"庶民"作风，以及对日本友人的亲和态度，给日本文艺界留下了深刻的印象，受到日本朋友的高度赞扬。正因为如此，在特殊时期老舍被迫害致死在日本引起了强烈震动。老舍死后数月的1967年3月，世界上第一篇公开悼念老舍的文章《蟋蟀葫芦》问世，作者是日本著名作家水上勉。不久，日本便出现了一次悼念老舍的热潮。井上靖的《壶》①、有吉佐和子的《关于老舍的死》②、开高健的《玉碎》③ 等都是影响较大的文章。特别是《关于老舍的死》一文，作者根据在中国的详细调查材料向全世界公布了老舍被迫害致死的情况。老舍的以死抗争、不在邪恶势力面前低头的精神，使他赢得了日本人民的普遍尊重。伊藤敬一在其长篇论文《老舍的世界》中，专设一节"不传的世界"，对水上勉、井上靖等文表现的老舍人格精神加以赞赏。第二个特点是对老舍文学思想、创作道路的综合研究，以及对《二马》《猫城记》《离婚》《骆驼祥子》《四世同堂》等文学经典的评论，其中最富有特色的是伊藤敬一的《关于〈离婚〉》④《老舍的世界》⑤《老舍年谱》⑥ 等。《老舍的世界》一文将老舍置于前近代（现代前期）的背景下，系统探究了两个老舍形象和他内心深处的火焰以及不传的世界，论文分6节，依次是："一、两个老舍形象；二、对近代主义的判断；三、前近代的世界；四、内心的火焰；五、不传的世界；六、老牛破车"。伊藤敬一的论文与实藤远对老舍人道主义的论述，新开高明对老舍文学发展道路的考察，杉本达夫关于老舍和文协关系的论证以及《老舍年表》的编撰，一起彰显了第二次"老舍热"的演进态势。

　　在改革开放的八九十年代，中国的老舍研究取得了长足发展。老舍作

① ［日］井上靖：《壶》，载《中央公论》1970年12月号。
② ［日］有吉佐和子：《关于老舍的死》，载《周刊新潮》13号，1978年8月。
③ ［日］开高健：《玉碎》，载《文艺春秋》56卷3号，1978年3月。
④ ［日］伊藤敬一：《关于〈离婚〉》，载《中国现代文学选集》6卷，平凡社，1962。
⑤ ［日］伊藤敬一：《老舍的世界》，载东京大学教养学部编《外国语科研究纪要》，第20卷第2号，1973。
⑥ ［日］伊藤敬一：《老舍年谱》，载东京大学教养学部编《外国语科研究纪要》第25卷第4号，1978。

品的广泛传播以及"老舍学"的建立，再一次掀起了中国国内的"老舍热"。随着中国国内"老舍热"的兴起，日本掀起了第三次"老舍热"。20世纪八九十年代，在日本第三次"老舍热"中，伊藤敬一的"老舍学"进入辉煌阶段。从老舍作品的日文翻译来看，日本于80年代出版的老舍作品日译本有20种，伊藤敬一翻译出版的有两种：《离婚》《火车上的威风》。从发表的论文、词条、小传、年表、访谈文章来看，"据日下恒夫、仓桥幸彦编《日本出版老舍研究文献目录》（1984年）、《近十年来日本老舍研究简介》（1992年）所提供的资料，加上近四年的有关资料，日本老舍研究的论文、词条、小传、年表、访谈文章等，总数不下四百篇之多"①。伊藤敬一发表的有关老舍的论文、文章有30余篇。21世纪以来，伊藤敬一的主要精力放在日中文化交流和日中友好社会活动上，他的老舍研究一是和中山时子等人一起翻译郑万鹏的《中国当代文学史》，他翻译介绍的是《龙须沟》和《茶馆》；二是和藤井荣三郎、平松圭子、布施直子等人一起做学术座谈"中国当代文学史"；三是出版了《老牛破车 伊藤敬一论文散文集》（光阳出版社，2007）；四是2016年发表了论文《中国前近代买卖婚姻的严重悲剧 老舍和老舍的决心》（《老舍研究会会报》第30号，2016年9月3日）。

二 伊藤敬一"老舍学"的内涵特色

伊藤敬一首倡的"老舍学"以研究论文、翻译、年谱为主，同时也有对老舍传记资料、随笔以及老舍研究的历史与现状的审视等。首先考察伊藤敬一翻译传播的老舍作品的特色。20世纪50年代至80年代中期，老舍作品在日本广泛传播。50年代出版的老舍作品日译本有14种，六七十年代出版的日译本有11种，80年代出版的日译本有20种。老舍的主要著作基本上都有了日译本，尤其是《骆驼祥子》《四世同堂》《茶馆》等的译本种类之多实为罕见，如《骆驼祥子》日译本多达十几种。当日本学界专注于老舍文学经典的翻译时，比如竹中伸、杉本达夫等翻译《骆驼祥子》，

---

① 曾广灿：《老舍研究在日本和南洋》，《社会科学战线》1996年第6期。

铃木择郎等翻译《四世同堂》，伊藤敬一则翻译出版了老舍的文学经典《离婚》（收入平凡社 1962 年 12 月出版的《中国现代文学选集》第 6 卷），并附有《关于〈离婚〉》的论文；1955 年 9 月，伊藤敬一翻译出版了老舍短篇经典《断魂枪》（收入青木书店 1955 年 7 月出版的《老舍作品集》）；1956 年他翻译了老舍谈创作的理论文章《青年作家应有的修养》；1987 年他注释、翻译了老舍的独幕剧《火车上的威风》，作为广播大学教材广为流传（放送大学教育振兴会第 7 - 10 课，1987 年 3 月 1 日），《火车上的威风》是老舍根据自己的小说《马库先生》改编的，作品讽刺味浓。伊藤敬一翻译老舍的作品并不多，他关注的是老舍作品中长篇和短篇的经典，且欣赏老舍作品中的幽默与讽刺的艺术风格，这一翻译特色正好与他对老舍文学世界的艺术风格的论述相呼应。在伊藤敬一看来，虽然老舍的"饶舌，夸张，过度的谐谑幽默"屡屡被人指责，而老舍恰恰因此成为一位具有"乐天常识性，义理人情性，感伤性，饶舌性，幽默的大作家"①。

　　其次考察伊藤敬一对于老舍年谱、文献资料研究的特色。日本的老舍研究以单篇介绍老舍生平事略的文章较多，而以《老舍年谱》问世的著述并不多，从 20 世纪 50 年代到 80 年代中后期，相关著述也只有 4 部，它们分别是：柴垣芳太郎的《老舍年谱》（学会［文学篇］8 号，1954，1982 年又出了修订本）；铃木择郎等的《老舍年谱》（《现代中国文学全集》6 卷，1954 ）；伊藤敬一的《老舍年谱》（《外国语科研究纪要》20 卷 2 号，1978）；黎波的《老舍年谱》（1982）。伊藤敬一在写作《老舍年谱》之前，他称自己已写过两次关于老舍的文章（其实他已发表过 3 篇文章《老舍论》《关于〈离婚〉》《老舍的世界》）。为制作《老舍年谱》，他参考的文献主要是柴垣芳太郎的《老舍年谱》和铃木择郎等的《老舍年谱》，而且将参考的文献做比较研究，在此基础上，"又进一步使用后来调查的老舍的著作和老舍关系的各种资料进行了修改。之后，在大学院的课堂上，

① 濑户宏的《老舍〈茶馆〉和满族意识试论》一文介绍了伊藤敬一在《老舍的世界》里所论及的老舍作品的特征，见《演剧博物馆ダロ－バルCOE 纪要 演剧映像学 2011》第二集，2012，第 175 页。

小谷一郎和代田智明等学生们一起去找了很多琐碎的资料，并为我们补充了这些资料。本文就是这样完成的"①。可见伊藤敬一的《老舍年谱》不仅注重文献资料的收集考证，资料翔实，而且融入作者对老舍及其作品的独特见识，显示出一个文学研究者的史才、史学和史识。伊藤敬一这种重实证、重史识的优点，也体现在他参与的有关老舍事典的撰写中，在1985年出版的《中国现代文学事典》中，他撰写了《老舍》条目②；在1989年出版的《日本大百科全书》中，他执笔写了《老舍（1899－1966）》《龙须沟》《骆驼祥子》《四世同堂》条目③；1997年出版的《世界文学大事典》收有他执笔的《老舍》简介，《骆驼祥子》《四世同堂》《茶馆》梗概④。这些事典都成了日本老舍研究者、老舍爱好者的工具书和珍贵的文献资料。

日本的老舍研究重生平史料的收集、考辨、整理，伊藤敬一也特别重文献、重实证、重考据。在这方面，他不仅心思缜密，而且还为了走近老舍、更真切地体味老舍作品，多次到中国参加学术会议，到与老舍有关的地方旅行。比如，他于1982年到中国参观了八宝山革命公墓，在老舍墓前祭奠老舍，走访了与老舍及其作品有关的街道和兵营，伊藤敬一认为这是最值得信赖的资料；他还走访了老舍故居和老舍在北京和济南工作生活过的地方。他在北京还与中国知名作家进行座谈，观看话剧和京剧。伊藤敬一这种在现实生活中进行的实地访问和实地旅行，为他的"老舍学"增添了新鲜感、亲切感。

最后考察伊藤敬一的老舍研究论著的特色。可以说其老舍研究论著在他的"老舍学"中最精彩、最具创见和最显成就。当他找到了适合自己的研究老舍的课题后，就抱着这个课题深入耕耘，连续发表了多篇高质量研

① ［日］伊藤敬一：《老舍年谱》，载东京大学教养学部编《外国语科研究纪要》第25卷第4号，1978，第911页。

② ［日］伊藤敬一：《老舍（1899－1966）》，载《中国现代文学事典》，东京堂，1985，第1210～1212页。

③ 伊藤敬一执笔的事典《老舍（1899－1966）》《龙须沟》《骆驼祥子》见《日本大百科全书》（24），小学馆，第465、28、610页；《四世同堂》见《日本大百科全书》（10），小学馆，第797页。

④ 世界文学大事典编辑委员会编《世界文学大事典》（4），集英社，1997，第865页。

究论文。如果说日本的老舍研究是从介绍、评价老舍及其作品开始的，那么伊藤敬一于1954年对老舍及其作品的评价与一般读者、社会文化人对老舍的介绍、评价不同，其著作《老舍论》明显带有学院派学者学术研究的价值取向，以严谨考证、深入探讨钻研问题见长。在《老舍论》中，他认为老舍不是革命文学主流的作家，因为他未曾直接参加革命运动，他在平民的困苦环境中长大，受北京市民、家庭的传统文化义理人情的熏染，在平民环境中孕育了具有庶民性的安逸主义，"对贫困的不满而产生的发迹欲，对阶级的不彻底而暧昧的同情心，中学毕业程度的学龄前自卑感等，剥夺了他进入革命主流的条件"。他是以庶民的立场和情感创作《骆驼祥子》的，小说"对奴隶制的个人主义的严厉警告，也是迫于现实认识的大众的呼声"，"这本书让1954年的日本读者也深受感动"①。1951—1954年，虽然全日本发表的介绍、评点老舍及其作品的文章有30多篇，但伊藤敬一的论著《老舍论》却是凤毛麟角、独树一帜的。据不完全统计，日本对于老舍的研究从20世纪50年代到80年代中期出版的专著有20余部，而伊藤敬一个人就有1954年出版的《老舍论》、1972年出版的《老舍 曹禺 中国的革命与文学》以及《老舍的世界》《老舍年谱》等多部著作。

伊藤敬一的老舍研究起点高，发展到20世纪八九十年代至21世纪的前十年，他的"老舍学"进入高峰期，此间发表的老舍研究论著主要有：《老舍的小说和戏曲》（《中哲文学会报》6号，1981）、《老舍研究之旅》（《中国研究》137－140号，1982）、《论老舍的〈茶馆〉》（《中国研究》152号，1983）、《老舍作品中的世界》（中国文联出版公司，1985）、《〈微神〉小论》（中文本）（《民族文学研究》1986年第4期）、《〈微神〉与老舍的文学》（《外国语科研究纪要》第35卷第5号，1987）、《老舍文学私论》②（《外国语科研究纪要》第34卷第5号，1987）、《我的中国文学研究》（本泉社，1987）、《老舍短篇小说研究》（日本老舍研究会第5次年会，1988）、《读老舍的〈微神〉》（精读）（《中国语》第364号，内山书

① ［日］仓桥幸彦编《伊藤敬一先生的"老舍学"》，好文出版社，2018，第8～9页。
② 《老舍文学私论》是伊藤敬一先生于1986年11月6日在北京大学作的学术报告，之后于1987年3月在日本东京大学《外国语科研究纪要》上发表。

店，1990）、《老舍笔下的知识分子》（《中国语》第 390 号，内山书店，1992）、《老舍的初恋》（《中国语》第 391 号，内山书店，1992）、《老舍的死》（《中国语》第 392 号，内山书店，1992）、《关于老舍文学的原点》（日本老舍研究会第 15 次年会，1998）、《老舍三个作品的演出》（《老舍研究会会报》第 13 号，1999）、《老牛破车　伊藤敬一论文散文集》（光阳出版社，2007）、《中国前近代的买卖婚姻的深刻悲剧——老舍的场合和老舍的决意》（《老舍研究会会报》第 30 号，2016）。从以上论著中可以看出，伊藤敬一的"老舍学"之博大精深，既有对老舍其人的总体审视，也有对老舍作品的分类评析；既有对老舍经典的细读探微，又有对老舍精神情感世界的心理把脉；既显示对老舍研究的执着坚守，更显示对老舍的亲近、热爱和对中国的亲近友好。现将伊藤敬一研究论著的精深见解、独特贡献概括如下。

　　第一，伊藤敬一是理解老舍最深的日本专家。他在《我的中国文学研究》中说："我感兴味的是老舍，与鲁迅、茅盾、丁玲等革命文学主流的作家不同，老舍被看做是文坛的支流、不太喜欢的作家，他内心很不痛快。①"他透视到老舍内心对文坛将自己视为"支流"而感到"不痛快"，因而对中国现代文学的研究，也就不以"主流"和"支流"为界去分析老舍，而以客观冷静的实证方法去认识老舍其人，认为老舍是"在北京和那里居住的热爱贫穷的平民，和平民一起用牛一样的力量在革命的道路上不断前进的努力家，爱国者，民族主义者，还有乐天常识性，义理人情好的好人，感伤性、饶舌性、幽默的大作家"②；并"对老舍文学的问题点也给予新的关注，通过真实的观察和定位，更加明确了具有人情味的老舍像"③；他还从老舍作品中看到了老舍形象和创作风格："老舍作家表面上看，是一位在日本就像江户后期的游戏作者一样有趣味的作家，他的饶舌和谐谑幽默背后隐藏着可怕而清醒的现实主义之眼，以及中国贫穷平民的悲伤。饶舌中的沉默寡言，在幽默的哄笑背后，隐藏着极其内向的黑暗

---

① ［日］伊藤敬一：《我的中国文学研究》，本泉社，1987，第 263～267 页。
② ［日］伊藤敬一：《老舍的世界》，载东京大学教养学部编《外国语科研究纪要》第 20 卷第 2 号，1973。
③ ［日］伊藤敬一：《我的中国文学研究》，本泉社，1987，第 263～267 页。

悲伤，愤怒和讽刺，我开始认识到，这是一位以大众的民间形式，以负面的形式表现自我的相当有实力的作家。①"

第二，伊藤敬一将老舍与鲁迅放在传统与现代的关系上进行比较研究，既突出老舍对传统的延续，认为老舍"是不是以与鲁迅不同的形式，以故事性文学这一传统的民族形式为基础，开拓了中国独特的大近代文学的人呢？中国唐宋以来的大旧小说，到了清代才以《红楼梦》的形式，模仿了自己独特的近代自我表现，老舍站在其传统的延长线上，试图以中国独特的传统形式创造反帝反封建文学"；② 又确立了老舍对中国讽刺文学的贡献，被誉为"中国独特的新近代讽刺文学的开拓者。"③

第三，伊藤敬一对老舍与宗教的关系的新认识与新评价。他在《老舍笔下的知识分子》中论及老舍与宗教的关系，认为不应该将宗教对老舍的影响简单化，老舍是基于对基督教正义精神的认识而走进教堂，他要改造教堂。此外，伊藤敬一认为从《大悲寺外》中黄先生这一形象身上还可以看到佛教舍身救人精神对老舍的影响。④

第四，伊藤敬一对老舍小说和戏剧的研究，既以翔实的史料做基础，又有独特的新发现、新见解。他的《老舍的小说与戏剧》一是对老舍进行了总体评价。二是针对老舍戏剧做了详细的"老舍戏剧一览表"，抗战时期共计13部：4部京剧，9部话剧；新中国成立后共计20部，包括话剧、歌剧、京剧等。他对抗战时期和解放战争时期老舍的小说创作也做了详细的一览表：从1937年的《我这一辈子》到1946-1949年的《鼓书艺人》，一共21部（篇）。伊藤敬一通过一览表形成同时期小说和戏剧创作的对照，并对抗日战争时期和新中国成立后的戏剧作品均做了简要点评，认为抗日战争时期的话剧是老舍戏剧创作的准备阶段，其戏剧作品没有小说的艺术质量高，那时的老舍基本是小说家；而到新中国成立后老舍作为戏剧

① ［日］伊藤敬一：《我的中国文学研究》，本泉社，1987，第263~267页。
② ［日］伊藤敬一：《老舍的世界》，载东京大学教养学部编《外国语科研究纪要》第20卷第2号，1973年1月。
③ ［日］伊藤敬一：《我的中国文学研究》，本泉社，1987，第263~267页。
④ ［日］伊藤敬一：《老舍笔下的知识分子》，载《中国语》第390号，内山书店，1992，第1页。

家再度创作话剧，在戏剧艺术上有了大的发展。三是突出老舍由小说而戏剧的特点："老舍原本是一位通过短小的动作和会话的描写，巧妙地将人物的特色刻画在眼前的作家，特别是在他的短篇小说中，有不少作品极端地说出来，如果把其他的句子写成文章，去掉会话的部分，就会直接成为话剧的剧本"①。四是对中国"文革"前出版的几部文学史作品和某些论文提出批评和看法，伊藤敬一认为，它们以政治思想的框框去套老舍的创作，或者以先入为主的偏见将老舍的早期作品说成是"林语堂式的幽默""旁观""温情""思想性弱"等，这种对老舍评价上的偏激于1978年为老舍开追悼会期间发表的一些文章中依然存在。伊藤敬一对《正红旗下》有独到的阐释，他指出："这部小说对老舍来说，犹如沙子龙手中那杆在夜深人静后挥舞的断魂枪。"他的这一说法，把握住了老舍艺术绝技的民族独特性。② 他评《龙须沟》和《方珍珠》，认为它们写了旧社会市民的苦难和新中国成立后的新生，并将它们和《老张的哲学》《骆驼祥子》等联系起来进行思考，认为在题材上写北京的市民生活，呈现"故都的景象"，又回到了老舍文学的原点。③ 他肯定了《西望长安》和《茶馆》的讽刺性，在评点《茶馆》时，说它描写了"过去三个时代"的小人物的悲苦辛酸，主人公最后上吊死去，"关于解放后的一句话，老舍沉默表白是一个问题"，显示了他对"文革"的"不吉"的预感。④

第五，伊藤敬一对老舍文学经典的细读独到、体悟深刻，尤其对《微神》的细读具有独特的思考方式，能从细枝末节中窥视出丰富的情感内涵。他连续发表4篇有关《微神》的论文：《关于老舍的〈微神〉》《〈微神〉小论》《〈微神〉与老舍的文学》《读老舍的〈微神〉》（精读）。还有一篇《老舍的初恋》，将《微神》与老舍的初恋联系起来，由《微神》印证老舍的初恋，小说中的女主人公即老舍初恋的对象刘大叔（宗月大师刘

① ［日］伊藤敬一：《老舍的小说与戏剧》，东京大学《中哲文学会报》第6号，1981，第268页。
② 关纪新：《老舍创作个性中的满族素质》，《民族文学研究》2013年第1期。
③ ［日］伊藤敬一：《老舍的小说与戏剧》，载《老牛破车 伊藤敬一论文散文集》，光阳出版社，2007，第198页。
④ ［日］伊藤敬一：《老舍的小说与戏剧》，载《老牛破车 伊藤敬一论文散文集》，光阳出版社，2007，第200页。

寿绵）的女儿。伊藤敬一论《微神》从解题开始，有点像文献学家做考证似的，他说："'微神'这两个字，是英文的 vision 的音译，在日本翻译成'幻想'和'幻影'等，但我觉得这两个字里头还有如'幽微的女神'这样的汉字之含义乃至神韵"①。他在《读老舍的〈微神〉》中说："这部作品是把作者的初恋寄托在梦里而写的短篇小说，通过无数的象征和多样的色彩描绘了自己内部的印象风景，非常难理解。如果能把整体分成五个部分，并能发现它们：1. 春天的花园，2. 梦想的入口，3. 在小房子里的回忆，4. 在小房子里的相遇，5. 挽歌。……但前半部分的 1 和 2 特别难解，所以要详细叙述，其余的也许要一泻千里"②。以特别难解的第 2 段为例，可以看出伊藤对《微神》细读之精之深，第 2 段最初出现的那个"不甚规则的三角""表示着作者的心脏，是漂浮在流动的黑暗时间上的。""左边灰紫色的花园，好像暗示作者的母亲，因为这里有这样的话：'我爱这个似乎被霜弄暗了的紫色，像年轻的母亲穿着暗紫长袍'。金黄和大红的一角象征着作者青春洋溢的热烈爱情，而浅粉色美丽的一角象征着那位少女，她就是还活在作者心中这一角的小草房里"③。象征主义、进入内心，发细微的神秘的初恋的春梦之情，由"微神"象征的世界又联系起老舍的文学世界，从而让人看到老舍创作的"故事和现实""现实主义和象征主义""诗一般的结构"相融合的特点。

第六，对老舍之死的关注、研究，兼及对"文革"的沉思，显示其"老舍学"的人情味和人文关怀。他在《老舍年谱》中记述："关于老舍，我写过两次。1966 年秋天接到了有关老舍自杀的报道，并写了包含安魂曲意思的文章，当时，作为副物制作了比较详细的老舍年谱。④"老舍于 1965 年 3 月访问日本之后，日本作家和老舍研究者更加关注老舍的动向，尤其关注老舍在特殊时期的命运。伊藤敬一是最为关注老舍命运的一位，他在

---

① ［日］伊藤敬一：《关于老舍的〈微神〉》，载《老牛破车 伊藤敬一论文散文集》，光阳出版社，2007，第 321 页。

② ［日］伊藤敬一：《读老舍的〈微神〉》（精读），载《中国语》第 364 号，内山书店，1990，第 37~40 页。

③ ［日］伊藤敬一：《〈微神〉小论》，《民族文学研究》1986 年第 4 期。

④ ［日］伊藤敬一：《老舍年谱》，载东京大学教养学部编《外国语科研究纪要》第 25 卷第 4 号，1978，第 911 页。

《老舍的死》一文中，以散文似的笔调，满怀悲痛与叹惜地写道："1966年8月24日，一位叫老舍的老人，终日独自坐在湖畔，一动不动地思考着，太平湖的管理人有这样一句话，恐怕是在24日的深夜，身心都受到了伤害，绝望地完成了抗议而入水自杀吧。据说，他还带着毛泽东诗词的抄本，只见湖面上散落着白色点滴。这与老舍的名作《茶馆》中的主人公，与自己用纸钱埋葬自己的悲痛欲绝的方法完全一样。"

第七，对日本老舍研究的历史与现状的审视。他对日本出版的关于老舍的著名的事典、专著，都能及时予以推荐、评论。中山时子主编的《老舍事典》分前后两编，前编主要解释老舍著作中涉及的北京街道、胡同、公园、河湖、古迹、交通、动植物和北京自清朝到当代各阶层人物的职务、生活、社会、经济、风俗、宗教、教育等方面。后编主要是老舍传略、年表、家居生活、著作翻译情况、著作中方言土语诠释等。他将这部《老舍事典》评为百科全书式著作，很受社会欢迎。《老舍小说全集》出版时，他特意介绍本书的特点：老舍是描绘北京平民生活与人生悲欢的大众作家、风俗作家，他的小说幽默诙谐、深入浅出，并具有尖锐的社会批判性。① 他在《老舍作品在日本的评价问题》中指出，日本一般读者对《骆驼祥子》《四世同堂》等老舍作品都很喜欢，而"在日本越是文学专家，对老舍作品的评价就越低一些"。为何存在这种现象，他指出，这些文学专家一是用近代文学的观点评价老舍文学，认为老舍描写大杂院的作品不是"自我表现的文学"，而是与"近代以前的说书、讲史传统文学差不多"。二是他们用"比较狭隘的政治观点来评价老舍文学"，认为老舍"过火的幽默""有温情主义倾向""不参加革命""对党和革命运动，时有不正确的观点"。针对第一种观点，他提出老舍写大杂院的故事，是"通过中国传统的艺术形式来间接地表现自己激烈感情"。针对狭隘的政治观点说，他提出应该用历史主义的观点评价老舍，20世纪30年代的革命运动是伟大的，但也存在弱点，一般穷苦人民也不了解革命道理，这是普遍存在的事实，"《骆驼祥子》的结尾不是写光明，是当时社会真实情况的反映"，如果简单地写了光明，就变成"个人主观的伪作

---

① ［日］伊藤敬一：《老舍小说全集（介绍）》，载《中国语》第270号，内山书店，1982。

品了"。他充分肯定了老舍写大杂院故事的生活基础、表现方法、幽默趣味和艺术技巧。①

第八，伊藤敬一的"汉学""老舍学"的集大成之作——《老牛破车 伊藤敬一论文散文集》（以下简称伊藤氏的《老牛破车》）。《老牛破车》是老舍的理论文集，主要收入作者谈创作经验的文章，伊藤敬一借用老舍这一书名作为自己论文集的题目，有与老舍文心相通之意。为凸显伊藤氏的《老牛破车》特色，他特意标明"老牛破车之歌——为促进日中友好而作"，又体现了他以"汉学""老舍学"为载体促进日中友好所做的努力。老舍在《老牛破车》开篇《我怎样写〈老张的哲学〉》开头就说："七月七日刚过去，老牛破车的故事不知又被说过多少次；小儿女们似睡非睡的听着；也许还没有听完，已经在梦里飞上天河去了"②。伊藤在自己所写的《老牛破车》的开篇对"老牛破车"做了解释，在陈述"七夕"的故事后，他说："在幸福与温柔的很多生命被扭曲的军国主义时代，特别是从 7 月 7 日卢沟桥事件，延伸了一个悲惨的战争，造成许多人的牺牲，而两次战争的回归，使满天的明星也都发出怨恨的声音"③。

《老牛破车 伊藤敬一论文散文集》是一本以"老舍学"为主体的汉学大书，它由三个部分组成：一是散文、书评，收录了《我的中国文学研究》《汉语初学时期断片》和评论安井三吉《卢沟桥事件》与肥沼茂《卢沟桥事件 谎言与真像》的书评；二是研究论文，如《〈文艺讲话〉的世界》《老舍的文学世界》《老舍的小说与戏剧》《关于老舍的〈微神〉——老舍描写女性群像的原型》，《汉语的逻辑和接续关系》《涉及日本人和日本文化的徐福和徐福集团之谜》，以及对金仁顺短篇小说的评论，附录中文《老舍的文学世界》《关于老舍的〈微神〉》；三是《日中关系的现状和展望》。此书充分展现了伊藤先生的"汉学""老舍学"以及语言学、日中关系学的成就。

---

① ［日］伊藤敬一：《老舍作品在日本的评价问题》，载东京大学教养学部编《外国语科研究纪要》第 31 卷第 4 号，1984。
② 老舍：《我怎样写〈老张的哲学〉》，《老舍文集》第 15 卷，人民文学出版社，1990，第 164 页。
③ 《老牛破车 伊藤敬一论文散文集》，光阳出版社，2007，第 10 页。

伊藤敬一"老舍学"中最系统、最具有创新价值的论著是《老舍的文学世界》。这部论著是由其 50 年代的《老舍论》、70 年代的《老舍的世界》深化发展而来的，是他长期研究老舍思想情感、作品内蕴的结晶。论著分为 6 节。（1）两个老舍形象。由老舍自杀的消息引发的两种观点：一种观点认为"简直难以想象老舍会自杀"；另一种观点认为"以他的本质考虑就可以肯定他的自杀"。两种观点背后存在两种截然不同的老舍形象，前一种观点背后的老舍形象："老舍是一位热爱北京、热爱北京的人民群众、并和他们一起像黄牛一般顽强的走向革命道路的实干家、爱国者、民族主义者；既是一位学识渊博、通情达理的乐天派善良人，又是一位伤感而饶舌的平民作家"；后一种观点背后的老舍形象："老舍却是一位极其悲观的老舍，他对中国社会和人民怀着绝望悲痛和惴惴不安的心情，却又一直默默地忍辱偷生，是位内向型而又神经质、拙嘴笨舌而又感觉敏锐的作家"。两个老舍形象"又是以表面和里面的关系相互依存着"。（2）依照现代主义标准所做的片面评论。伊藤认为老舍作品和现代主义之间存在本质的不同，依照现代主义标准来评论他的作品，势必会把他的作品逐次否定无遗，只有用"前近代"（现代前期）和"群众化"的观点评价老舍及其作品，才能充分认识老舍作品的价值。那么老舍作品的"现代前期"世界又是什么样子呢？（3）现代前期（日语的"前近代"）的世界。现代前期的文学是"大众性故事文学"。其特点：一是所写的生活、事实要有趣味；二是注重叙述技巧、语言技巧；三是人物描写"采用街谈巷议中介绍人物"，"即它是建立在共同的感情和通常的经验以及判断的基础之上、通过这些故事叙述以求得人们的共同理解、赞成和共鸣"。（4）内心的火焰。伊藤引用了老舍的话"一方面用感情咂摸着世事的滋味，一方面又管束着感情"，认为老舍"管束着感情"就要进入内心，呈现"内心的火焰"，这即第二个老舍形象——内心的老舍形象，所以老舍作品中的"许多幽默的描写，但实际内容是阴暗的"，"幽默描写的背后存在着一种忧郁而阴暗、悲愤而绝望的因素"。（5）不传的世界。由对《歪毛儿》《黑白李》《断魂枪》等短篇小说的分析，尤其从沙子龙的"不传！不传！"的声音中，而得出的"不传"的世界，其实就是作家将"往昔事物"作为内心幻境已经结晶化了，"往昔"是一个"更为具体的少年时代的世界"，这是老舍还在"歪毛儿"的童年时代所生活成长的大杂院里的世界,这个世界里住着人力车夫、江湖艺人、戏子、侠客、巡警等形形色色的人物,这就形成了老舍童年少年时代的"故乡的幻象"或"北京的幻象",但这一"北京的幻象"在现实中再也无法返回了,只好在作品中加以述说,有时还用逆态表现的方法,像《猫城记》所说的"我"想念的故乡是"光明的中国、伟大的中国",这明显的是"逆态表现",而现实中的猫城则是"一百分的黑暗",所以这里的"逆态表现",也就是"不传"的世界。(6)老牛破车。由老舍在《老牛破车》篇首所讲的"天河配"的故事而悟出这是一个象征性的题名。牛郎拉着老牛和破车,"象征着老舍作品的外观","织女却是老舍向往的初恋少女之幻象",也是"北京的幻象"。"牛郎等于老舍","织女象征刘寿绵的女儿、已去世而难忘的幼时女友、《微神》的'她'或许象征已故的母亲"①。以上6节的内容,都结合着老舍的具体作品而进行细致分析,透视出伊藤先生新颖独创的见解和新鲜别致的学识。

三 伊藤敬一汉学的内涵特色

汉学,指国外研究中国的政治、经济、社会、历史、哲学宗教、语言文字、文学艺术、天文地理、工艺科技等各种学问的综合性学科,又称中国学。伊藤敬一的汉学主要包括中国文学、中国语言、中国的政治文化以及日中关系研究。

伊藤敬一在中国文学研究方面,以老舍学为主体,兼及中国古代、现当代文学研究。他对《西游记》《水浒传》有所研究与发现,与人合著《〈西游记〉的研究与资料》(收入《中国的八大小说》,平凡社,1965),著有《关于〈水浒传〉批判》;他的译著有:1971年8月翻译袁珂著《中国古代神话》、1988年9月翻译骆宾基著《龙与中国古代社会》(《季刊中国》第14号,1988);他还著有涉及日本人和日本文化的《徐福与徐福集

---

① 以上引文均来自《老牛破车 伊藤敬一论文散文集》,光阳出版社,2007,第286~320页。

团之谜》（日中友好协会，神奈川县央支部主办的市民讲座"中国"的讲演文本"讲述古典中所见的历史人物"，2003）。其有关老舍研究的论文，涉及老舍与鲁迅的比较研究，在《关于鲁迅》（东京都立大学《人文学报》16 号，1957）一文中，对鲁迅做了高度评价；他还有对胡风研究的文章《关于胡风批判》（《北斗》2 卷 2 号 3 号，1956）；在现当代作家研究上，他研究较多的作家是张天翼，他翻译了张天翼的《大林和小林》①，发表论文《张天翼的小说与童话》②《张天翼再论》③。伊藤对张天翼的传播与研究兴趣，大抵与他的"老舍学"有连带关系，他曾解说《中国的儿童文学》和《小坡的生日》，而对老舍作品的讽刺、幽默艺术的论述又可与对张天翼讽刺艺术的思考相联系。

伊藤敬一在汉语研究方面，也有独特建树。他曾在 1985 年 8 月 1 日北京第一届国际汉语教学讨论会上，发表了《在日本汉语教学上的两个问题》，指出"第一个问题是关于第三声的声调示意图。第二个问题是关于句子和句子之间的广义的主谓关系"。关于第一个问题，他说："在日本人编著的汉语课本中，虽然大部分都引用中国出版的汉语课本的声调示意图，但说明上有不少书把第三声调解释为'低凹调'、'低平调'、'压低调'等等"④。他参与编写的教科书有《中国语的初步》《中国语发音的基础》《中国语的基础》等，著有《汉语的逻辑和连接关系—主述语法序说》（放送大学教材 35056 - 1 - 871，1987；《中国语Ⅲ》1987 年刊、35062 - 1 - 8814）、《中国语初学记》（同学社刊《TONGXUE》第 4 号，1992）等。

伊藤敬一对中国近代社会历史、政治文化的研究，对日中关系的研究与践行，有助于推动日中和平友好关系的发展。伊藤敬一长期担任日中友好协会会长和名誉会长，是著名的日中友好使者，他站在反对侵略战争、追求世界和平的立场上，一直对近代以来的日本侵华战争进行深入反思和

---

① 太平出版社，1977。

② 教育画剧社《世界儿童文学》4 号，1960 年 12 月。

③ 东京都立大学《人文学报》36 号，1963 年 8 月。

④ ［日］伊藤敬一：《在日本汉语教学上的两个问题》，《第一届国际汉语教学讨论会论文选》，1985。

深刻忏悔。在 2003 年 5 月 18 日的日中友好协会第 52 届大会上，他呼吁"曾深受日本侵略战争之害的中国及亚洲各国人民要团结起来，阻止日本重走战争之路的危险"。这次大会提出了一项议案，议案指出："必须牢记日本发动侵略战争的历史教训，反对肯定和美化侵略战争的一切言行"①。在 2005 年 8 月 26 日举行的中日和平友好交流北京大会上，伊藤会长指出："日本政府对反省侵略战争采取模棱两可的态度，对历史问题的认识不正确。""现在最要紧的是加深两国国民之间的互相理解和相互信赖，克服障碍，推动中日和平友好关系的发展。"② 2006 年 9 月，在南京国际和平论坛上，他做了题为"为了历史认知与民族和解"的发言，首先他对在日本侵华战争中遇害牺牲的中国人民"衷心表示哀悼和谢罪"；认为日本政府部分内阁成员否定侵略战争的犯罪行为以及参拜靖国神社的行为是"没有良知的表现，显然是缺乏历史认识的证明"；对日本政府一直没有解决战后赔偿问题而"既感气愤，又感羞愧"；对日本政府要把自卫队改为日本军队，学校给学生灌输狭隘的排外的爱国精神而感到不满，并警示世人防止日本军国主义的复活；他认为"日本政府应该站在'和平宪法'与'和平共处五项原则'立场上，从而确立日本的和平政策和亚洲政策"；他希望进一步推进日中关系的"友善和和解"，这是"两国人民共同的愿望"③。2011 年 11 月 22 日，伊藤先生率团一行 29 人到侵华日军南京大屠杀遇难同胞纪念馆参观访问，他们在悼念广场举行悼念仪式，向遇难者敬献花圈并默哀，以此表达对南京大屠杀遇难者的哀悼之情。

1972 年 9 月 29 日，中日两国政府在北京签署了《中日联合声明》，中日两国正式建交。中日邦交正常化后，伊藤敬一发表了诸多有关日中关系研究的理论文章，一是研究抗日战争时期的思想文化问题，如《抗日期の思想·文化问题》④；二是论及建国 40 年的日中关系问题，如《建国 40 年

① 张焕利：《日中友协会长：团结起来阻止日本重走战争之路》，人民网日本版，http://japan.people.com.cn/2003/5/19/200351983531.html.，2020 年 7 月 5 日。
② 廖雷、孙侠：《中日和平友好交流北京大会在京举行》，光明网，https://www.gmw.cn/olg-mrb/.，2005 - 08/26/content - 295484.htm。
③ ［日］伊藤敬一：《为了历史认知与民族和解——中国南京国际和平论坛上的发言》，《老牛破车 伊藤敬一论文散文集》，光阳出版社，2007，第 453～455 页。
④ 《讲座·中国现代史》第 6 卷，东京大学出版社，1978。

の中国と日中関係断章》①；三是报告生活在新加坡多民族社会中的华人状况，如《多民族社会の中に生きる華人—シンガポール・レポート》②。明仁天皇即位后，为真切地改善中日两国关系，于 1992 年 8 月 25 日访问中国，同年 12 月，伊藤敬一在《季刊中国》上报道了天皇访华情况。之后，他发表了多篇恢复日中邦交、建立日中友好关系的文章：一是从条约上看日中关系的今天和未来《条約から見る日中関係の今日と未来》③；二是研究战后 50 年的日中友好运动《战后 50 年和日中友好运动》④；三是恢复日中邦交 25 年的日中友好关系《国交回復 25 周年と日中友好》⑤。伊藤在担任日中友好协会会长和名誉会长期间，发表了诸多研究、推动日中友好关系发展的文章，主要有关于日中友好运动的转机和展望，即《日中友好運動の転機と展望—日中友好代表団の中国訪問について》⑥；在日中友好协会成立 50 周年之际——重新考虑同中方的关系正常化和今后的展望，即《日中友好協会創立 50 周年に当たって—改めて中国側との関係正常化と今後の展望を考える》⑦；对日中邦交恢复 30 周年，卢沟桥事件 65 周年的思考，即《日中国交回復 30 周年、盧溝橋事件 65 周年に思う》⑧，《战后 60 周年和日中关系——"反日デモ"をどう考えるか》⑨，《中国威胁論、反中国論と相互理解を考える》⑩ 等。从以上文章可以看出，伊藤敬一以研究日中关系为主体，从对抗日战争时期的中国的思想和文化的观照，到日中邦交正常化之后日中友好关系的发展，乃至 20 世纪末 21 世纪以来对日中关系的思考与展望，共同构成了一部简明日中关系发展史。尤其是 21 世纪以来，他一直努力推动日中友好关系的发展，并关注影响日中关系发展的有关问题。他论述日中关系正常化的两个原则：一是必须明确承认日

① 《季刊中国》第 16 号，1989。
② 《季刊中国》第 25 号，1991。
③ 《季刊中国》第 34 号，1993。
④ 《季刊中国》第 40 号，1995。
⑤ 《季刊中国》第 50 号，1997。
⑥ 《季刊中国》第 60 号，2000。
⑦ 《季刊中国》第 62 号，2000。
⑧ 《季刊中国》第 62 号，2002。
⑨ 《季刊中国》2005。
⑩ 《季刊中国》2006。

中友好协会中大国主义干涉的事实；二是必须坚持自主、平等、互不干涉内政，遵守国际友好法则。对日中友好运动的展望特别强调了日中不再战、拥护世界和平和民主主义的思想；① 他在对日中邦交恢复 30 周年、卢沟桥事件 65 周年的思考中，认为日中邦交、日中友好交流是两国国民的殷切希望。2005 年 4 月 9 日，中国几个主要城市发生"反日活动"，一部分民众打着"爱国无罪"的旗号，做出了一些过激行为。在日本国内，也煽起了"反中国"的情感。伊藤对此深感担忧，认为这样会影响日中的友好关系，他提出要把拥护和平作为优先条件，建立互相理解、互相信赖的关系。另外，对日本历史教科书美化侵略战争，对时任日本首相小泉参拜靖国神社，对日美两国的安保协议等问题，伊藤敬一都做了批评和论述②。在 2005 年下半年至 2006 年春天，媒体和讲坛上关于"中国威胁论""反华理论"变得异常多时，伊藤发表了《中国威胁論、反中国論と相互理解を考える》，特别指出这是日本右翼分子反华理论的泛滥，现在右翼思想的本质就是认为中国的发展对日本是一个重大的"威胁"。他除了谴责右翼分子的反华理论，还特别强调日中两国相互理解的重要性，希望对于日中有分歧的问题可以通过和平的方式解决。可以说，伊藤敬一对日中关系的研究，已经形成了追求日中乃至世界的进步、发展、和平的"日中关系学"。

---

① ［日］伊藤敬一：《日中友好協会創立 50 周年に当たって一改めて中国側との関係正常化と今後の展望を考える》，《季刊中国》第 62 号，2000。

② ［日］伊藤敬一：《战后 60 周年和日中关系——"反日デモ"をどう考えるか》，《季刊中国》2005 年夏季号。

21 世纪国内外老舍研究回眸与前瞻

石兴泽 *

摘 要：21 世纪老舍研究取得显著成果。事本研究考证析疑恢复原状，钩沉史籍佚文佚信屡有发现；文本研究在文本扩展、论述深切和宏观概括方面深耕细读，翻新旧论，贡献新识，成果可观；人本研究纵横结合，多点审视，深及老舍精神世界的很多方面，但存在研究队伍断续等问题。老舍研究呼唤"老人"和"新锐"，全面阅读，系统研究，全力耕耘老舍研究这片沃土。

关键词：老舍研究 事本研究 文本研究 人本研究

21 世纪以前，老舍研究已经有 70 余年历史。经过几代学人持续不断地努力，研究已涉及老舍世界的方方面面，且在很多方面取得了丰硕成果，很多话题得到了深度开掘。成就垫高了起点，开掘激活了思维，为后续研究增加了难度。但任何研究都有时代性特点和局限。21 世纪前的老舍研究走出单篇作品的分析评论、摆脱非学术因素的干扰只有二三十年的时间，这短暂的过程中，老舍研究既有初步学术轨道的激情浮躁，接轨世界学术思潮的困惑焦虑，也有边缘化的沉寂砥砺以及很难避免的情感作用导致的偏颇。且彼时的研究者大多接受了较长时期的非学术文化的熏陶和训育，在知识结构、理论素质、方法尺度以及学术训练等方面不可避免地存在时代性欠缺。与其他作家研究相比，21 世纪老舍研究起点高，难度大，

---

* 石兴泽（1954 年－），现任聊城大学文学院教授，山东师范大学博士生导师，泰山学院特聘教授。研究方向为中国现当代文学，出版著作 9 部，在《文学评论》《中国现代文学研究丛刊》《光明日报》及《中国学报》（韩）等报刊上发表学术论文 150 余篇，被《新华文摘》、人大复印报刊资料转载的文章近 30 篇。

但前期研究形成的选点布局态势、开启的研究话题，以及有待深入的环节和巨大预留空间又提供了突破创新的便利。近20年老舍研究呈现扎实稳健、自觉理性等特点，在很多方面都有新的突破和开掘。为方便把握，并尽可能全面地呈现21世纪老舍研究的整体风貌，本文将从事本、文本和人本三个方面进行粗略考察。窃以为，老舍研究可概括为"做过什么事""写过什么书"和"他是怎样的人"三大板块。与此对应的研究可简称为事本研究、文本研究和人本研究。三方面内容互为表征，既有交叉也有侧重，齐头并进却各有差异。事本研究着眼于"事"，"事"包罗甚广，说过什么、做过什么、写过什么、与何人交往都属于"事"。事本研究就是对老舍的生活行迹进行收集、钩沉、考索和辨析，泛称史料研究，与其他"二本"相比，命名或许勉强，但求说得过去。

一 事本研究

在21世纪前的老舍"三本"研究中，成绩较为显著的是事本研究。那时候距离老舍去世时间较近，同代人、后代人、知情者都健在并活跃着，史料收集整理较为便利，加上史料建设者和老舍家人的辛苦努力，老舍的生活经历被梳理得明澈清晰，所作所为考证得细致翔实，并且出版了老舍研究资料汇编、年谱、传记以及众多回忆和考证文章。但限于资料建设者的精力、史料资源的开放程度和搜寻资料的技术条件等原因，他们虽然完成了史料建设的任务，但也留下了很多有待开发的空白。有些资料淹没在喧嚣的烟尘中尚未发现，有些资料需要进一步充实和坐实，有些资料需要挤干水分过滤杂质辨别真伪，老舍著作甚至包括《老舍全集》在内的版本问题也有待考证辨析，生命节点上还有若干明显的史料断档没有得到填充，这些都给21世纪老舍事本研究提供了很大空间。

进入21世纪后，老一代资料研究者继续搜寻，屡有新发现，一些青年学人进入史料建设者队伍。他们凭借辛勤的劳作、明敏的慧眼和细密的考索在史海深处打捞残章碎叶，老舍史料建设虽不能说硕果累累、繁花满枝，但委实有些值得注目的收获。无论是模糊事实的澄清坐实还是事本链的充实补直，无论是佚文逸事的发现还是既有事实的疑难考证，都有值得注目的成果。21 世纪老舍研究论文约 1800 篇，其中资料考释挖掘占相当比重。资料考释挖掘是一个持续不断、历久弥新的工作，在很多人看来已经搜寻殆尽、无新资料可考的情况下，每年都有新发现、新收获，而且有些发现涉及老舍生活经历的重要方面，影响甚至改变着对老舍形象的认识。如曾广灿《一封内容丰富的老舍佚简：〈致友人书〉》，史承钧《新发现老舍佚文、佚信及其他》，刘涛《老舍抗战佚文考》，解志熙《几点小意见及其他：老舍的一篇佚文及抗战文艺的几则史料》，李斌《新发现的老舍京剧剧本〈忠贤会〉》，段从学辑录的《老舍佚作六篇》，徐慧文《老舍佚文〈灵的文学与佛教〉续考与补正》，张桂兴《老舍致赵清阁书简四封》以及收入《纪念老舍诞辰 120 周年暨第八届老舍国际学术研讨会论文集》、金传胜的《老舍佚文考略》、俞冲《老舍赴美略考》等，均具有重要的史料价值。而收藏家徐国卫推出的"老舍点戏"、赵武平根据英文译稿回译的《四世同堂》第三部的后 16 章，无疑是老舍史料建设的大事件。这些佚文逸事的屡屡发现，意味着老舍事本研究仍存在巨大发掘空间。

老舍与基督教信仰及齐鲁大学任职问题聚集了较多学者的目光，自曾广灿发现老舍译文，[①] 朝戈金借助史料确定老舍入教受洗以后，[②] 这些问题一直受到学术界的关注。21 世纪以来屡有学者潜心打捞，着力还原老舍受洗前后的历史事实，为深入研究提供了诸多新鲜材料。佟洵梳理缸瓦市教堂、宝乐山和老舍三者关系，提出老舍积极参加"教会自立运动"，"从英国伦敦会手中夺回了缸瓦市教堂和教会的管理权，在北京基督教会缸瓦市教堂谱写了一曲鲜为人知的爱国乐章"[③]；吴永平将老舍置于 20 世纪 20 年代初基督教"本色化"运动背景下，着力"展示老舍与基督教的真实关系及所曾受到的影响"[④]；汤晨光则运用"新发现的第一手资料论证了老舍加入基督教的原因及教会对他的职业生涯的影响"，其用语虽然谨慎，但力求坐实"老舍加入伦敦会是由该会的性质及以宝广林为代表的缸瓦市教堂

---

① 曾广灿：《老舍译文：基督教的大同主义》，《文史哲》1981 年第 4 期。

② 朝戈金：《老舍：一个叛逆的基督教徒》，《内蒙古大学学报》（人文社会科学版）1988 年第 1 期。

③ 佟洵：《缸瓦市教堂与老舍先生》，《北京科技大学学报》2000 年第 2 期。

④ 吴永平：《老舍与基督教"本色化"运动》，《盐城师范学院学报》2003 年第 3 期。

的工作方针决定的。老舍参与改伦敦会缸瓦市教堂为中华教堂并无爱国的意义"①等重要观点。刘涛潜心史海发现老舍诸多佚文，其中《以善胜恶》关乎老舍的基督教信仰。该文非常集中地展示了老舍的社会观和宗教观，突出显示了老舍深沉的忧患意识和热烈的救世情怀，使我们看到了老舍作为基督徒的另一面，为理解老舍的小说创作打开了一扇窗口②。对于老舍与基督教关系的研究文章众多，而直接表现老舍基督教信仰的文献很少，《以善胜恶》的发现为研究老舍的基督教思想提供了第一手资料。之后，凤媛走进这个话题领域，其"以宝广林二十世纪二十年代的宗教思想为切入点"，考论早期老舍与宝广林之间的关系③，为老舍接受宝广林影响、加入基督教夯实了基础，其知识考古精神和方法也赢得了学界认可。

任职齐鲁大学是老舍生活中的大事件，也是研究者关注较多的话题。21世纪前，诸多学者钩沉考证，发现了很多珍贵资料，但仍有疑团期待考释和填充。如老舍在齐鲁大学开设的课程及演讲情况，此前的考证复原了某些事实，近些年又有新的发现。汤志辉借助新史料指出，老舍曾热情指导该校的文学研究会，在旧学氛围浓重的环境中播撒新文学的种子，显示出新文学作家的性情本色。作为国学院教授，他开设过"三礼研究"课。课程要点介绍说，《三礼研究》"择三礼要点，依次研究，并说明古今礼之演变"。讲授情况不得而知，但作为师范毕业生讲授"三礼"，足见其性格的某个方面。④老舍任职齐鲁大学的举荐人是学界感兴趣的话题。他学历不高，没有学位而被聘为齐鲁大学教授，何人助力？吴永平认为得益于布鲁斯的举荐，并对布鲁斯与齐鲁大学及老舍的关系做了细心梳理，⑤考证结论也显得扎实有据。汤晨光则提出，老舍任职齐鲁大学有可能与伦敦

① 汤晨光：《老舍的早期活动与伦敦教会》，《民族文学研究》2005年第2期。
② 刘涛：《老舍的基督教信仰与救世观及其他：从最近发现的三篇老舍佚文谈起》，《中国现代文学研究丛刊》2010年第2期；其在"翻阅原始史料"时还发现散落在抗战时期各类报刊上的"杂文、文论、歌词"等佚文多篇。见刘涛《老舍抗战佚文考》，《新文学史料》2010年第2期。
③ 凤媛：《早期老舍与宝广林之关系考论：以宝广林二十世纪二十年代的宗教思想为切入点》，《北京社会科学》2017年第8期。
④ 汤志辉：《关于老舍在齐鲁大学的几则新材料》，《海南师范大学学报》（社会科学版）2015年第4期。
⑤ 吴永平：《老舍缘何执教齐鲁大学》，《粤海风》2003年第4期。

会、宝广林有关系。他查阅了很多原始材料，考释的可信度较高，但有些事"查无实据"或者原本就无记载，质性结论也只能是推测。李耀曦借助老舍佚信分析老舍到齐鲁大学前后的情况，提出举荐人有可能是曾经担任齐鲁大学董事长的张伯苓，并从老舍回复林济青的信函中读出较为丰富的现代教育思想和文史信息，涉及傅斯年、何思源等众多文化教育界名流及其恩怨。考证指出，抗战开始后老舍与齐鲁大学有过多次接触，齐鲁大学拟聘老舍为文学院院长，老舍接受聘书却没与齐鲁大学进行第三次结缘，也是鲜为人知的事实，其史料价值甚至胜过"张伯苓举荐老舍"本身。文章资料翔实，视域开阔，分析周密，但说张伯苓举荐老舍到齐鲁大学任职，则如文章所言，"这仅是推断而已，尚无信史可资证明"。① 其实，很多事情都有待信史佐证。这些发现充实了老舍在济南的行迹，对深入开展老舍研究具有助力作用。

考察 21 世纪事本研究绕不开张桂兴。他长于老舍生平资料钩沉考索，精于辨析释疑，陆续推出老舍研究系列著作，涉及老舍事本研究的几个重要方面。人民文学出版社隆重推出的《老舍全集》被他挑出许多错讹和遗漏，写成厚重的《老舍全集·补正》，弥补了无法弥补的遗憾。《老舍资料考释》厚厚两大卷，对许多似乎确凿的事实做了详细考证，纠正了很多似是而非的错讹，矫正了很多信以为然的常识性误读。年谱是事本研究的重要形式，21 世纪前已有多种成果出版，对老舍生平事迹做了详细梳理。张桂兴知难而进，撰写了内容丰富翔实的《老舍年谱》②，在生平资料的完备、解读阐释的准确、考证辨析的细密以及新资料的吸收运用等方面均有独到之处。积数十年治学经验写成的《试论 20 世纪老舍研究资料的成就》《老舍研究中的学术不端现象批评——以蒋泥的"写老舍"为例》③ 等论文也引人注目。前者全面考察 20 世纪老舍生平资料发掘考证、传记资料系

---

① 李耀曦：《老舍执教齐鲁大学的缘起与经过：老舍 1930 年复林济青佚信之解读》，《人物春秋》2016 年第 3 期。

② 三部著作中前两部由中国国际广播出版社于 2001 年、2000 年出版，另一部由上海文艺出版社于 2005 年出版。

③ 分别载于《北京社会科学》2003 年第 3 期、《上海师范大学学报》（哲学社会科学版）2010 年第 2 期。

统整理、研究资料综合汇编、工具书编撰出版、散佚作品的收集与文本的编辑等方面的辉煌成就，提出了 21 世纪面临的机遇和挑战；后者对事本研究及写作中的不端现象进行批评，其端学风、守正气的批评精神赢得了学术界赞赏。"轻视文献资料建设必然要付出惨重代价，而纠正学术不端更是刻不容缓"——文章结语可谓治学者的警世箴言。

二　文本研究

文本是研究基础，也是研究主项。老舍之为老舍的意义和魅力均在义本里。作家用创作表现自己，文本是认识老舍的切入口。70 年来老舍文本研究在具体分析和宏观论述两个方面均取得很大成绩，但在选题的广泛性和阐释论述的深刻性以及评价标准、理论方法等方面还存在明显的局限。作品分析虽然突破了人物、情节、主题、语言的批评套路，延伸到风格特点、文化内涵等方面，但无论开掘的深度还是扩展的广度都还有很大空间。研究者大多选择重要作品做文章，很多看似不很重要其实关乎老舍创作重要方面的文本被忽略或者很少有人问津，而重要与否的标准依旧是 20 世纪五六十年代盛行的社会政治学标尺。21 世纪延续了以往的研究格局，在方法理论创新、论述深度和概括高度以及整体性把握、系统性分析以及解读的准确性等方面均有创新和收获。在此仅就文本扩展、论述深切和宏观把握做简要考察。

文本扩展突出表现在众多被忽视的文本进入了研究视野。其中有些是思想内涵和艺术表现微弱者，在发表当时和脚步略显匆忙的20 世纪八九十年代没有引起人们的注意；也有些是内涵和表现均值得关注却被喧嚣的时代声浪所遮蔽者，因适应了 21 世纪语境而被研究者打捞出来，推到前台，饶有兴趣地解读。当然，选题难也是助推文本扩展的较重要因素——众多学人走进来，有意识地避开熟读文本，到边缘视域寻找新的研读对象，于是一篇篇"不应该被忽略"的作品得到重视，一个个"值得重视"的文本被惊奇而郑重地"发现"。选题扩至老舍文本世界的各个角落。且不说"早期三部""抗战戏剧""月牙儿三部曲"（《月牙儿》《阳光》和《微神》），以及《猫城记》《我这一辈子》《不成问题的问题》《上任》《残雾》《大地龙蛇》《剑北篇》等在老舍文本世界中确有意义者被推到前台聚光凝视，就连《丁》《也是三角》《记懒人》《热包子》《面子问题》《看谁先到重庆》等也被选中、放大和突出。任何文本都是创作链条上的一个环节，每个文本都是观察作家心灵的窗户，都不可或缺，"羸弱者"单独放大也会显得高贵荣光。既然是发现就要赋予意义，这是惯常的研究心理；而只要聚焦阐释，就会发现研读对象的突出价值，这是惯常的研究程式。重要与否，有时不是绝对的，时代文化风卷残雪般地运转，在某个节点上，看似无关重要的文本或许就蕴含着不同寻常的意义，就此而言，文本研究扩展了老舍研究的格局，有助于认识老舍文本世界的整体风貌。

进一步说，有些研究也确实表现出见微知著的意义。譬如，老舍的京剧文本向来不被重视，刘亚美选择抗战京剧《新刺虎》《忠烈图》《薛二娘》《王家镇》进行分析，指出抗战时期老舍将传统忠君思想转化为忠于国家和民族的观念，赋予了"忠"观念以现代性的"认同"含义，体现了他对传统道德等价值观念的创造性思考。① 吴永平则做了一系列切口小、张力大、洞察深的文章。他选择《抓药》《小铃儿》《一块猪肝》等"小文本"精研细读，贡献了许多别有意趣的意见。如分析《抓药》，认为它是一篇形式和寓意都很奇特的作品，在双线双关的结构形式下隐藏着一个神秘的内核：他对革命文学运动的真实态度，对当时发生的左翼文坛与"自由人""第三种人"论争的看法，对自己近期作品创作动机的表白及对于批评者的答复②。选题严，开掘宽，切口小，题旨大，须有深厚的知识和理论储备，同时也要看"小文本"是否有足够的艺术张力承受研究者的阐释。有些文章因论者缺少足够的理论知识积淀和强大的发掘研读能力，切口小，开掘也有限，虽然补苴了遗漏，对深化老舍研究的助推力却也有限。

论述深切是相对而言的，多指重要文本的"再解读"。21世纪前文本就进入研究视野，限于时代语境和解读者的认知能力，内涵阐释和诗学评价不是很到位，21世纪翻新"前研究"进行重新阐释和评价；或者说"前研究"已经达到当时的高度，"再解读"站在前人肩膀上思考，自然会

---

① 刘亚美：《抗战时期老舍对传统"忠"观念的改造利用——以京剧为媒介》，《山东师范大学学报》（人文社会科学版）2017年第3期。

② 吴永平：《老舍小说〈抓药〉新解：文本细读与文化社会学分析》，《盐城师范学院学报》（人文社会科学版）2004年第2期。

有所"翻新"。所谓"翻新",并非说"前研究"稚弱,事实上"前研究"已经化作学术智慧积淀下来,以不同的形式影响后来者阅读思考。学术研究是延续积累的过程,继往开来是学术文化建设的常态,有些文本始终处于"再解读"状态,而任何解读都有即时性,注定要影响后者且被超越。考虑到新旧世纪交接期间老舍研究的实际,"阅读深切""翻新"既非虚妄武断,也非厚今薄古,皆因21世纪之前的学术研究受非学术影响过于严重,有些学人的思维系统中注入了太多局限和杂质影响了分析判断。

再解读对象主要是老舍代表作或准代表作。前者是公认的经典,即使拿到20世纪文学整体中论衡也当之无愧;后者缺乏经典的"公信力",但具有不可替代性,研究者将其推至前台聚光审视,往往显示出它们与经典难分伯仲的价值,甚至在论者看来原本就是经典。经典自然具有公信力,但在审美实践中往往因人而异。《骆驼祥子》《四世同堂》《断魂枪》《茶馆》《离婚》《月牙儿》等以强劲的审美张力和超强的艺术生命力成为老舍研究的重头戏。据笔者粗略统计,这些文章的研究篇数分别是:《骆驼祥子》50篇,《四世同堂》46篇,《断魂枪》30篇,《茶馆》66篇,《离婚》32篇,《月牙儿》21篇,《猫城记》19篇,《正红旗下》15篇。研究文章并非都体现出"阅读深切"的特点,相反,有些文章还没有达到"前研究"的水准,有关《茶馆》的研究文章中缺少学术水准的不在少数。"翻新"前研究、体现21世纪文本研究水准和特点的也很多。至少,在新理论运用和方法尝试、解读角度选择和内涵阐释等方面均有异乎前研究之处。

《骆驼祥子》以强大的经典魅力吸引着研究者,"翻新""新解"络绎不绝,是21世纪老舍文本研究的重要成果。邵宁宁是一位有思想深度的青年学者,他提出,《骆驼祥子》讲述的是一个进城农民的故事,祥子的身份经历了一个从进城农民到城市游民的转换,他的遭遇及精神危机,固然是特定时期社会生活的产物,但从根本上说,又是中国现代化过程中那些进城农民将要长期面对的问题。①"进城农民""农民进城"是富有启示意义的概括,多个研读者据此解读《骆驼祥子》,并与社会现实联系起来。

---

① 邵宁宁:《〈骆驼祥子〉:一个农民进城的故事》,《兰州大学学报》(社会科学版)2006年第4期。

陈霞在乡村文明与城市文明撞击背景下解读现代农民进城的悲剧和困境，认为祥子的悲剧是 20 世纪 30 年代乡土文明没落的结果，其中隐含着步入世界经济大潮的中国农民在丧失了几千年来的保护机制——乡绅社会后，独自面对物质困境、精神困境的无奈与茫然。① 孟庆澍指出，《骆驼祥子》具有"反成长"小说的典型特征。小说借助于"恶"不可逆转地战胜"善"的故事说明，"罪的根源在于人的自由意志，祥子因自由意志而成为强大的个体，也因滥用自由意志而犯罪"，祥子的堕落承载老舍对人的复杂性、人本身的力量与局限的形而上思考②。石小寒对比《骆驼祥子》与《圣经》《神曲》的宗教意蕴和细节描写，指出《骆驼祥子》以宗教的方式展现一个原本无罪的人坠入地狱的过程。祥子的罪责是一种基督教式的原罪，他的命运注定是灵魂的堕落③。张丽军的《"恋身"、"失身"、"洗身"与"毁身"——论祥子身体的自恋与毁灭》④、江腊生的《〈骆驼祥子〉的还原性阐释》⑤ 等也都有富有新意的阐释。

《四世同堂》《断魂枪》《月牙儿》《正红旗下》等文本也是被关注的热点，研究这些文本的扎实而有深度的论述屡见不鲜。《猫城记》是老舍文本中特殊的存在，广受关注但歧义较多。刘大先认为，《猫城记》包含了小说、剖析和传奇三方面的要素，用幻寓小说的形式营构了一个恶托邦的形象。通过空间的位移、伦理上的批判和叙事上的戏拟，老舍表明了在现代性与民族性冲突中，他的文化焦虑和自己所采取的教育与立人的办法，表明了他作为一个文化民族主义者的主张⑥。老舍与但丁的关系历来受到重视，但多数论述失之肤浅。葛涛详细考察了老舍与但丁文学关系的始末，并结合时代背景细致分析了但丁及其《神曲》对老舍理论和创作的深刻影响，解读精细且有一定深度。葛涛指出，老舍对但丁的接受史一方

① 陈霞：《现代农民进城的困境：以老舍〈骆驼祥子〉为例》，《南方文坛》2017 年第 4 期。
② 孟庆澍：《"反成长"、罪的观念与个人主义：重读〈骆驼祥子〉》，《文艺研究》2017 年第 3 期。
③ 石小寒：《〈骆驼祥子〉新解》，《中国现代文学研究丛刊》2015 年第 4 期。
④ 张丽军：《"恋身"、"失身"、"洗身"与"毁身"——论祥子身体的自恋与毁灭》，《民族文学研究》2008 年第 5 期。
⑤ 江腊生：《〈骆驼祥子〉的还原性阐释》，《文学评论》2010 年第 4 期。
⑥ 刘大先：《论老舍的幻寓小说〈猫城记〉》，《满族研究》2006 年第 3 期。

面体现了老舍的精神历程，另一方面也可以说是中国现代知识分子接受西方文化的一个典型个案，为后人留下深刻的经验和教训。①

体现文本研究高度的是对老舍文本世界的整体性概括。概括涉及风格特点、创作个性、语言形式、文学史地位等方面。21世纪前已经取得丰硕成果，李长之、毕树棠、樊骏、赵园、宋永毅等学者的研究更是高屋建瓴，对诸多问题做了定音性阐释；21世纪研究者用新理论、新方法论述旧话题，努力翻新旧成果，显示出宏阔的学术志向。21世纪学者似乎喜欢整体性研究，其宏观考察类成果占较大比重，且在某些方面取得显著成就。如老舍戏剧研究，其中综合考察老舍戏剧的艺术成就、创作追求、风格特点以及戏剧贡献、戏剧史地位的文章就有61篇，"次综合"，如综论老舍抗战期间戏剧创作的文章有11篇；《茶馆》外单个剧本的研究文章很少，《龙须沟》算得上重要文本，相关论文有4篇，《大地龙蛇》因集中体现了老舍的文化观念而受到重视，但成果只有3篇。较多情况下，单个文本常被用来充作说明老舍事本、文本和人本某个方面的材料，而不是挖掘文本自身的思想内涵和艺术价值。② 这种研究模式颇能说明老舍戏剧研究的情况，也反映了21世纪老舍文本研究的某些特点。论述结论未必"大而得当"，把握乏力和失度者也不乏其论，但整体上看，确有不少研究者贡献了有高度和新意的意见。《论老舍戏剧与小说的文本沟通》③《论老舍小说中的戏剧性元素》④《生命体验与革命狂欢：曹禺与老舍戏剧比较之一》⑤《诗化戏剧与小说化戏剧：曹禺与老舍戏剧比较之二》⑥ 等是老舍戏剧研究中的佼佼者。

---

① 葛涛：《老舍与但丁的文学联系》，《新文学史料》2004年第1期。

② 如2019年11月在海南召开的老舍学术研讨会上提交的几篇论文，程诺辨析《宝船》的民间文学渊源及排演传播状况（《浅议儿童剧〈宝船〉的民间文学渊源及排演传播状况》），邓小红分析《方珍珠》《龙须沟》《茶馆》的特殊史料文献价值（《老舍话剧电影的特殊史料文献价值》）等，均借某个或某几个剧本"说事儿"。

③ 陈军：《论老舍戏剧与小说的文本沟通》，《扬州大学学报》（人文社会科学版）2007年第2期。

④ 陈军：《论老舍小说中的戏剧性元素》，《中国现代文学研究丛刊》2007年第6期。

⑤ 王俊虎：《生命体验与革命狂欢：曹禺与老舍戏剧比较之一》，《延安大学学报》（社会科学版）2008年第6期。

⑥ 王俊虎：《诗化戏剧与小说化戏剧：曹禺与老舍戏剧比较研究之二》，《延安大学学报》（社会科学版）2009年第1期。

三 人本研究

作家研究终归是人的研究。关于老舍的人本研究主要考察老舍的精神世界。虽然21世纪前的研究已经涉及老舍思想感情、文化心理、民族观念、家国情怀、宗教意识、社会理想、人文精神、性格特征、生死抉择等很多重要方面，但有些话题如老舍的宗教思想、满族情结、生死抉择等远远没有展开，尚有进一步发掘的空间。21世纪研究者或者纵向梳理、横向考察，或者分期论述选点切入，或者正面审视试图整体把握，或者侧面剖析进行专题研究，或者将其与古今中外作家进行对比，借助参照分析精神世界某方面的特点……老舍人本研究多点透视，近20年来取得了令人欣喜的成果。

人是复杂的生命个体，老舍的社会文化身份和性格心理变动不居，研究者对老舍分析概括也经常变化，即使同一研究者在不同研究时段也会产生不同的认识。研究者从社会层面分析思想感情，从民族层面分析满族人底蕴，从文化层面分析传统与现代的心理矛盾，从精神层面分析性格意识，从生命层面分析生死取向……逼近老舍深层精神世界者屡见不鲜。单就审美占位而言，21世纪翻新了"人民艺术家"的社会政治学定位，出现了诸如"城市贫民作家"（王富仁）、"二十世纪中国文学界饱含阅历和充满智慧的大师级作家"（杨义）、个性气质"沉郁"的作家（吴小美）、"文化巨子"（关纪新）、"平民作家"（石兴泽）、"二十世纪中国文学大师"（王卫平）、"自由主义作家"（傅光明）、"杰出的平民作家"（夏宇继）、"人民的老舍"（孙洁）等的定性认知，体现了21世纪老舍研究多元化的特点。

人本研究是复杂而庞大的课题。从成果形式上看，虽然有樊骏的《认识老舍》那般立意高伟、见解宏阔的雄文以及其他研究者颇有分量的论文，但主要还是篇幅长、容量大的著作。21世纪之前已经出版了各种著作，包括资料汇编、年谱、传记、专著等数十种。撰写者大多从事老舍研究多年，熟悉老舍研究历史和现状，且具有全面把握和综合概括的能力，算得上老舍研究专家。21世纪以降，他们超越具体，致力于整体性、大问题的思考，继续领跑老舍研究。如吴小美教授先后推出了《老舍小说十九讲》《老舍文论四十四讲》《老舍散文三十八讲》以及与学生合著的《老舍与中国革命》《老舍与中国文化建设》等著作。随着 21 世纪年轮的推进，老一辈研究者逐渐淡出，大批青年学人带着新的理论和方法进入老舍研究队伍，推出了诸多富有朝气和锐气的成果。此前固有高峰矗立，但相对而言，21 世纪的著作大多有新的切入和解读，新的架构和阐释，新的发现和评价。

　　著作可分专著和传记两种类型。传记分为文学传记和学术传记，文学传记语言生动带有文学色彩，叙述描写有时与事实有一定差距，对传主的解读带有主观性。前有《写家春秋》①，近年有蒋泥的《老舍之谜》②《老舍的沉浮人生》③。学术传记追求历史真实，忠实于传主，即便是细微处也力避夸张虚构，且多带"评传"字样——"传"是经，"评"是纬，"评"字当先，需要学术研究的严格规正，事实叙述求真求实，评传阐释的学术性不亚于学术著作。如关纪新的《老舍评传》（增补本），资料丰富翔实，视野开阔独特，分析深切到位，评析和纪实所显示的学术素养均远远超过某些学术专著。该书出版时，樊骏、杨义、孙玉石等学术名宿纷纷称赞。增补本扩充了几万字，系作者在相关认识递进上较为重要的内容④，与初版本相比更为厚重。其他传记，如许正林的《老舍（1899－1966）》，关纪新的《老舍图传》，石兴泽、刘明的《老舍评传》，徐德明的《图本老舍传》，王红英、何婷的《老舍画传》，潘怡为的《老舍评传》等在纪实性和学术性结合上，在对老舍精神世界的阐释评价上均有独步之处。

　　21 世纪老舍研究著作主要有两种：会议论文集和个人专著。会议论文集汇编了众多学者的研究成果，是研究成果的阶段性检阅。21 世纪以来中国老舍研究会主办了多次国际学术会议，每次会议围绕一个主题几个专题进行研讨，提交的论文并非全都针对人本做文章，而是涵盖了该时段关于既定主题的较为重要的成果，集中出版，多点透视，凸显了老舍精神世界的某个方面，重要成果如《走近老舍》《老舍与民族文化》《老舍与二十

---

① 朗云、苏雷：《写家春秋》，北岳文艺出版社，1988。
② 蒋泥：《老舍之谜》，中国书店出版社，2007。
③ 蒋泥：《老舍的沉浮人生》，东方出版社，2008。
④ 关纪新：《老舍评传》（增补本），重庆出版社，2003，第 568 页。

世纪》《世纪之初读老舍》《老舍与都市文化》《老舍的国家意识与民族情怀》等。个人专著往往基于整体把握而选择专题性、重要性、时段性的问题进行研究。其中，侧重于人本研究的成果有计晨光的《老舍与现代中国》，崔明芬的《老舍·文化之桥》，石兴泽的《老舍与二十世纪文学和文化》，于昊燕的《童年经验方程式》，张炜炜的《老舍与语文教育》，张曼的《老舍中外文学关系研究》。此类著述，"事本""文本""人本"交叉印证，纵向梳理与横向把握相结合，多点审视，最终指向老舍的精神世界。笔者无力在此短文中逐一评点，在此谨选三部聊备一格。

孙洁习惯于"选段透视"却又纵横结合。《世纪彷徨：老舍论》①《老舍和他的世纪》② 均以"理性为旨归的深情文字"细密地触及老舍心灵深处。其讲述老舍思想发展过程，梳理其"从生到死从昂扬到迷惘到消亡"的生命演变轨迹，着力破解老舍心灵的密码。其中说，"从老舍内心看，他的士大夫气质、国家至上主义、使命感、宗教情绪也都阻碍他毫不牵挂地安心做一个游离于时代命题、大意识形态之外的自由作家"。③ 文学观念的矛盾和抉择压力使其时常处于彷徨状态。但彷徨不是没有主见，而是寻找——寻找源于内心与外界的矛盾，显示的恰是强硬的个性，并因此折射出一个时代的曲折及其悲剧性④。这是切合实际且有深度的论析。

《老舍与满族文化》⑤ 既是研究者的学术自觉，也是族属意识使然——满族学者研究满族作家老舍，有天然的亲近感。这种亲近感在老舍家人的研究中得到充分体现，舒济、舒乙姐弟的感受是外人无法体察的，其论著如《老舍的关坎和爱好》⑥《老舍的平民生活》⑦ 对认识老舍具有不可替代的价值。族属意识既是老舍性格心理研究的重要方面，也是老舍研究的重要话题，不少研究者对此做过分析。关纪新的《老舍与满族文化》前四章

---

①　孙洁：《世纪彷徨：老舍论》，百花洲文艺出版社，2003。
②　孙洁：《老舍和他的世纪》，上海文艺出版社，2019。
③　孙洁：《老舍和他的世纪》，上海文艺出版社，2019，第382页。
④　陈鸣树：《世纪彷徨：老舍论》，载孙洁《老舍和他的世纪》，上海文艺出版社，2019，第385页。
⑤　关纪新：《老舍与满族文化》，辽宁人民出版社，2009。
⑥　舒乙：《老舍的关坎和爱好》，中国建设出版社，1988。
⑦　舒乙：《老舍的平民生活》，华文出版社，2011。

主要是从创作思想和创作心理上分析满族文化对老舍的深刻濡染和规约，后四章则是论述满族文化给予老舍深刻的艺术影响和创新。通过对老舍与满族文化的全面研究，"透视老舍作为这个民族成员的文化心理"，进而指出，老舍"强烈的爱国情结，浓烈的民族意识，乃至舍生取义的生命壮举都皴染着自己民族的精神烛照之光"[1]。窃以为，这是关著对老舍、书评者对关著所做的全面而有深度的解读。

谢昭新是有成就的老舍研究专家。从《老舍小说艺术心理研究》到《老舍与中外文化综论》他经历了思考不断深入、视野逐渐拓展的研究历程。这种历程和拓展是 20 世纪八九十年代跻身老舍研究领域的学者的共性，当时石兴泽也出版了《东西方文化影响与老舍文学世界的建构及其研究》等著作。《老舍与中外文化综论》是对老舍文化心态、创作心理、情感表现以及老舍与中外文化关系的系统研究。窃以为，相对于其他，该文引人注目处是系统论述了老舍与儒家文化。老舍向来被视为传统作家，其精神特质的传统性是怎样形成的以及在思想行为和创作中有哪些表现却没有得到充分论述。该著作对老舍"从中国传统文化里究竟吸取了什么"做出了正面回答，具体分析了老舍文化心理的生成与儒家的"仁""礼"思想、中庸思想、生命价值观之间的关系，指出儒家中庸、仁爱、尚柔的人生哲学，对他建立自身审时度势的性格解构，起到了很重要的催化作用，"中国传统文化重直觉、重感情的思维方式，也对老舍的感触事物方式、审美知觉能力产生影响"。[2] 这是富有启发性和说服力的见解。

《老舍和他的世纪》《老舍与满族文化》《老舍与中外文化综论》三部著作分别从老舍与时代、老舍与满族文化、老舍与中外文化关系的角度论述了老舍的文化心理和精神特点，虽不能说代表了 21 世纪老舍人本研究的最高成就，但说其显示了老舍人本研究的深度和特点大体是成立的。

---

① 郑丽娜：《评关纪新〈老舍与满族文化〉》，《文学评论》2011 年第 2 期。
② 谢昭新：《老舍与中外文化综论》，安徽师范大学出版社，2014，第 4 页。

四 问题与前瞻

21 世纪老舍研究虽然取得了较大成就，但也存在明显问题。尽管研究论文数量庞大，但放置于 21 世纪学术文化建设发展格局中考量即可发现，真正洞察老舍世界真谛、拓展研究经纬、推动研究纵深发展并影响 21 世纪学术文化建设者还是很少。老舍研究要深入，要突破，要超越平淡平庸，要做的文章有很多。譬如摆脱社会上各种因素的干扰和影响，切实改进学风，力戒心浮气躁，回到学术；譬如潜心阅读，准确理解作品意蕴，回到文本；譬如拓宽视野，还原老舍生活创作现场，回到历史；譬如系统考察知言行情，走进老舍内心世界深处；等等。展望未来，如下几个问题亟待解决。

第一，警惕研究队伍断层，打造老舍研究专家群。随着时间推移，20世纪八九十年代走进老舍研究领域并且取得显著成就的研究者逐渐"退场"，即便是还有再攀高峰的雄心也很难从事较大较难的课题研究；21世纪加盟的一代学者走上前台成为老舍研究的骨干力量，他们的学位高、眼界宽，接受过较为严格的学术训练，显示出良好的学术实力，本可期待，但与前辈学者相比，其学术视野开阔，学术兴趣也广泛，随时关注着老舍之外的学术世界，随时都有离开老舍走进其他研究领域的可能——断层危机隐然可见。虽然会有更年轻的学人补充老舍研究力量，但队伍频繁更换必定影响研究持续深入。学术研究是持续性较强的领域，"深入""深化""突破"需要较长时间积累，樊骏先生撰写《认识老舍》花了 16 年时间，若从撰写《论〈骆驼祥子〉的现实主义：纪念老舍先生八十诞辰》① 算起，他关注"老舍创作发展"则有近 30 年或更长时间。② 老舍研究呼唤"新人"，更呼唤"老人"，希望有人能沉下心来，全面阅读，深入思考，系统研究，全力耕耘老舍研究这方沃土。

第二，打破专业界限，呼唤通识通才。老舍研究的文本、人本、事本三方面牵涉社会、历史、文化、政治、经济、哲学、道德、传统、现代、

① 樊骏：《论〈骆驼祥子〉的现实主义：纪念老舍先生八十诞辰》，《文学评论》1979 年第 1 期。
② 崔恩卿、高玉琨主编《走进老舍》，京华出版社，2002，第 68 页。

教育、语言、心理等内容，宏观把握深入解读需要博览群书，具体论述也需要深厚的知识储备。现在学术分工越发细致，学科之间壁垒严明，多数研究者局限于一隅，博士不博现象严重。这种局面或许可以成就专门人才，耽于一隅却容易失之偏颇。学术研究需要争论辩难，但分工细致形成壁垒，面对同一研究话题自说自话，缺乏交流碰撞，既擦不出火花，也失去促进阅读、深入思考的可能。如对于老舍20世纪五六十年代的创作，语言学界看重老舍对语言规范的遵守和对民族语言规范化的态度和贡献，①而文学研究者则认为语言规范化限制他使用方言土语，其创作语言失却个性和灵性，《西望长安》等是失败的创作。② 打通语言学和文学的界限，通过论争或许能够做出较为符合实际的评价。

第三，史料建设有待加强。老舍事本研究虽然取得很大成就，但还存在某些空白和模糊不清的地方，如老舍在英国和美国期间的生活，资料稀少；老舍与赵清阁的关系和老舍"点戏"的真伪等问题需要进一步考证辨析；《四世同堂》及其他著作的版本、信函的收集整理也都需要花费精力厘清辨明。事本研究在于复原历史现状，任何遗漏和讹传、错置和粗心都会影响认知。史料运用和著作出版中的错讹及解读的偏颇多因事本欠缺出现。深入的研究有赖于翔实确凿的史料，而史料的收集整理、版本考证辨析乃至整个史料建设都还存在很大空间。

第四，须注意的几个问题。扩大文本研究领域固然可喜，但要避免为了突出对象而忽视其他。为强化研究对象的意义而将其他推至幕后是比较普遍的学术思维，有道理但容易失之公允，21世纪老舍研究显示出这种苗头：将弱文本抬高到与重要作品齐肩的高度，导致评价失衡，进而影响对老舍创作的整体认识。研究领域可以扩大，但不能以偏概全，刻意夸大。须有整体意识，把对象放到整体中去研究，放开思路，客观评价。"弱小文本"应该重视，但存在是否有足够的艺术张力承受过度阐释的问题，存在着阐释空间是否有限的问题。另外，文本研究不平衡，散文和诗歌相对较弱。如何推进这两种体裁的深入研究值得重视。

① 李志忠：《老舍和汉语规范化》，《新疆师范大学学报》（哲学社会科学版）2003年第2期。
② 王本朝：《1950－1960年代文学的语言问题》，《文艺争鸣》2014年第4期。

五 海外老舍研究略说

老舍既是中国读者喜爱的作家，也广受世界读者喜爱。老舍作品从 20 世纪三四十年代走出国门到现在，其海外翻译研究经久不衰。用《中国民族》杂志社记者李增林的话就是，21 世纪海外老舍研究方兴未艾。国内对海外老舍研究十分关注，如 70 年代末舒济的《国外翻译研究老舍文学作品概况》①、宋永毅的《世界性"老舍热"和各民族审美方式的异同》《苏联老舍研究概述》②，曾广灿的《老舍研究在日本和南洋》③。新世纪不断有文章介绍国外老舍研究的情况，如李增林的《方兴未艾的域外老舍热》④、黄淳的《老舍研究在美国》⑤、高方的《试析法兰西棱镜中老舍的多重形象》⑥、李逸津的《1990 年代以来俄罗斯的老舍研究》⑦、白杨的《老舍作品在俄罗斯的传播与研究》⑧、石兴泽的《中国与苏俄老舍研究比较》⑨、石兴泽、石小寒的《中国与苏联老舍研究的历史检讨》⑩ 等，这给我们打开了了解世界老舍研究情况的窗户，也展示了老舍属于中国也属于世界。

国情不同，各国对老舍的翻译研究也不同。简略地说，21 世纪以来的翻译研究有几个走向。

第一，老舍研究走向更多国家和地区。除日本、俄罗斯、美国、英国等几个主要国家之外，老舍被更多国家和地区的读者所认识和接纳，如在

---

① 舒济：《国外翻译研究老舍文学作品概况》，《中国现代文学研究丛刊》1982 年第 3 期。
② 参见宋永毅《老舍与中国文化观念》，学林出版社，1988。
③ 曾广灿：《老舍研究在日本和南洋》，《社会科学战线》1996 年第 6 期。
④ 李增林：《方兴未艾的域外老舍热》，《中国民族》2016 年第 8 期。
⑤ 黄淳：《老舍研究在美国》，《民族文学研究》2005 年第 1 期。
⑥ 高方：《试析法兰西棱镜中老舍的多重形象》，《外语教学》2013 年第 5 期。
⑦ 李逸津：《1990 年代以来俄罗斯的老舍研究》，《天津师范大学学报》（社会科学版）2016 年第 1 期。
⑧ 白杨：《老舍作品在俄罗斯的传播与研究》，《俄罗斯文艺》2015 年第 4 期。
⑨ 石兴泽：《中国与苏俄老舍研究比较》，《贵州民族大学学报》（哲学社会科学版）2014 年第 6 期。
⑩ 石兴泽、石小寒：《中国与苏联老舍研究的历史检讨》，《民族文学研究》2015 年第 1 期。

波兰、比利时、捷克、荷兰、韩国、泰国等国家老舍研究都有新的进展。
2004 年 3 月老舍 105 周年诞辰之际，荷兰上演了歌剧《太平湖的记
忆——老舍之死》；2015 年 7 月 17 日，泰国举行了诗琳通公主的译作《茶
馆》泰文版的发行仪式，邀请我驻泰国大使宁赋魁先生和夫人初庆玲女士
出席。这些活动推动了老舍作品在海外的翻译和研究。

　　第二，意识形态影响逐渐被学术研究所冲淡，审美分析日益增强。如
苏联、俄罗斯老舍研究"从未凉过"，持续"热"固然是事实，但不同时
期"热"的内容有所不同。苏联时期，老舍被重视以及老舍去世后《猫城
记》被"热炒"均与意识形态相关。老舍因中苏关系友好而"热"，也因
中苏关系破裂而"热"，前者是增进友谊的表示，后者是挑战和攻击的策
略。而 21 世纪的"热"是因为对老舍作品的热爱。俄罗斯圣彼得堡大学
东方系副教授罗季奥诺娃的《老舍的儿童世界》和弗拉索娃的《老舍短篇
小说〈买彩票〉中对传统文化遗存的批判》既显示出非意识形态分析的倾
向，也表明俄罗斯年轻学者的研究视角从宏观走向微观，从分析思想内
容、社会意义走向审美分析；如果说回归文学操之过急，但意识形态影响
的痕迹明显浅淡。美国的老舍研究从 20 世纪 40 年代《骆驼祥子》《离婚》
的翻译到夏志清的文学史论述，从 20 世纪末陶普义的《老舍：中国的故
事大师》再到王德威的老舍论述，也显示出这种变化。

　　第三，与中国老舍研究中的宏观把握意义阐释相比，海外学者更注重
资料的收集整理，重视具体作品阐释，日本学者在这方面的表现尤其突
出。如杉野元子考证引述民国初年发生的学潮，说明《赵子曰》的学潮叙
事及其调侃讽刺是有事实依据的，从而改变了人们对于老舍学潮描写的认
识[1]；21 世纪撰写的《老舍与萧乾》[2]，同样具有资料翔实、考证细致的特
点。其观点建立在坚实丰富的史料基础上，具有很强的说服力，与抓住一
点而想象开去、敷衍成篇的学术思考相区别。对国外老舍研究者而言，老
舍是外国作家，收集和掌握资料是基础课和必修课，这堂课他们大多学得

---

[1] 〔日〕杉野元子：《老舍与学生风潮：以〈赵子曰〉为中心》，董炳月译，《中国现代文学
研究丛刊》1992 年第 4 期。

[2] 〔日〕杉野元子：《老舍与萧乾》，董炳月译，《中国现代文学研究丛刊》2000 年第 2 期。

非常扎实。这既是研究需要，也是治学态度。

第四，重视老舍与本国元素的结合，既是方法，也是视野，是学术研究的客观存在。研究者受自己国家民族文化影响，选题立意总离不开自己国家民族元素的影响和制约。正如中国的老舍研究意在促进中国学术文化发展，海外研究也有促进本国学术文化发展的意愿。因而老舍研究与自己国家民族元素结合是应有之事。新加坡王润华教授的《老舍在〈小坡的生日〉中对今日新加坡的预言》和《老舍在新加坡的生活与写作新探》，新加坡骆明的《老舍〈小坡的生日〉中新加坡多元种族的图景及其对海外华人问题的关切》，泰国李玉良的《〈骆驼祥子〉与泰国小说〈判决〉比较研究》，泰国张金娇的《中泰文学作品中的妓女形象——老舍〈月牙儿〉与高·素郎卡娘〈风尘少女〉的比较分析》都体现了这个特点。

21 世纪国内外老舍研究取得了丰硕成果，对 21 世纪国内外老舍研究进行考察是一项艰巨的工作。以上所述，无论盘点国内老舍研究还是盘点国外老舍研究，都很粗略，挂一漏万在所难免，遗珠之憾自是当然——不是理所当然，而是限于文章篇幅和知识视野，选题本身就决定了会有不可避免的"漏"和"憾"。

享誉世界的中国作家老舍

——老舍作品在海外的传播

刘增林[*]

摘　要：老舍先生曾在国外生活多年。早年他到英国讲学期间游历了法国、荷兰、比利时、瑞士、德国和意大利等国。第二次世界大战后，他又应邀赴美国、新加坡讲学。中华人民共和国成立后，他还率领中国作家代表团出访苏联和日本。西方人文主义思想给老舍及其作品打上了较深的烙印，这也是老舍创作乃至老舍研究的一个重要特点。

老舍在国外的经历尤其是他的作品，很早就引起了国际文学界的关注。20 世纪四五十年代至今，美国、日本、苏联、德国、荷兰、法国、波兰、匈牙利、捷克、瑞典、越南、朝鲜、韩国、英国、加拿大等国家的学界，从来就没有停下过研读老舍及其作品的脚步。

关键词：老舍　海外传播　人文主义

一　日本老舍研究：译著最早、版本最多、种类最全

日本从 20 世纪 40 年代起，就开始关注中国的"老舍现象"。日本对于老舍及其作品的研究有"三个世界之最"——1937 年，松井秀吉在

---

* 刘增林，《中国民族》杂志社编审，代表作有《老舍与中国少数民族》《国际学者参与中国老舍研究》《老舍属于世界》等。

《中国文学报》上介绍了《离婚》；1939 年，老舍的短篇小说《大悲寺外》被译成日文；1940 年，老舍的第一部长篇童话《小坡的生日》日译本在日本兴亚书局出版，开老舍作品在国外译文出版的先河；1943 年，时任日本外务省翻译官、在北京住了 30 年的竹中伸，第一个将老舍的代表作《骆驼祥子》译成日文，并于 1944 年由日本新潮社出版，该书受到日本读者的喜爱，这也是老舍代表作中第一部被译成外文的作品。当时正值日本侵华战争期间，竹中伸还因此遭到日本军方迫害，译作被查禁。直到 1948 年译作才得以再版。后来，竹中伸以 84 岁高龄加入了日本老舍研究会。

此外，世界上的老舍作品译著，也以日本为最多最全。早在 20 世纪 50 年代中期，日本学者就翻译出版了当代所能见到的老舍的所有重要作品，包括已在中国出版的老舍的所有小说、戏剧、散文、诗歌、随笔、杂文、书信等。20 世纪 60 年代初，日本 NHK 连续播放《骆驼祥子》；关西艺术馆也在 1957 年和 1964 年分别上演了根据老舍作品改编的《北京的车夫》《北京的茶馆》。

1984 年，日本出版了由日下恒夫、竹中伸、田孝昭等人翻译的 16 卷本《老舍小说全集》，并编撰了《中国现代文学大系》和《世界文学大系》中的《老舍篇》。老舍的名字载入日本战后出版的多种百科全书、辞书中。老舍长篇小说的翻译以日本为最全。老舍的《骆驼祥子》《茶馆》《离婚》等作品的日文译本，至今已逾数百种。日本汉学家牛岛德次的《老舍〈骆驼祥子〉注释》等有关《骆驼祥子》的日译本就有十种以上，这在世界翻译史上也是罕见的。①

日本学者编纂的《老舍年谱》已有十多种版本。中山时子教授的《老舍事典》更是吸收了当时世界上老舍研究的最新成果，具有很高的学术价值。

1995 年初，由《老舍的关坎》《老舍最后的两天》《小星星》和《老舍的爱好》组成的合集《文豪老舍的生涯》日文版在日本上市，日本读者由此更进一步了解了老舍。

说来老舍与日本也最有缘：他早期的代表作《四世同堂》，就首次阐

---

① 胡絜青、舒乙：《致日本老舍研究会成立大会的祝贺信》，《老舍研究会会报》1984 年第 1 期。

释了中日两国的关系，谈到了中日两国人民间的交流等内容。该作品写就之际，正值中国的抗日战争及世界反法西斯战争刚刚结束。老舍在作品中不仅对日本帝国主义的侵华暴行给予控诉与声讨，更对中日两国人民的交往寄予了期望。将日本军国主义者和日本人民区分开来，可以说是老舍的神来之笔。

1952 年，以曹禺和老舍为团长的中国作家代表团应邀访日，代表团走访了东京等地，并与日本作家及各界人士共同举办了多场演讲、座谈活动。1965 年春，老舍和刘白羽率中国作家代表团再次访日，代表团在东京观看了即将赴华演出的日本话剧团的彩排，受到剧团的热情招待。老舍当即赋诗答谢："友谊花开春满城，高歌携手赏红樱。深情何忍匆匆别，再唱《东京与北京》！"他还与日本著名作家水上勉愉快地探讨了两人都感兴趣的佛学。在答谢日本朋友的聚会上，老舍诗意益然："白也诗无敌，情深万古心。愁吟启百代，硬语更惊人。"

与此同时，受老舍及其作品的影响，日本大学教授中山时子等人发起成立了日本"老舍读书会"，专门定期研读老舍作品，包括小说、戏剧、诗歌等。读书会聚集了大批老舍爱好者和研究者，有大学教授、公务员、文艺界人士等。由此可见老舍在日本民众心中的位置。日本京都龙谷大学中文教授、曾任日本老舍研究会会长的柴垣芳太郎，在 1953 年就编绘了《老舍年谱》，他还是《老舍小说全集》日文版的主译者。他曾多次翻译老舍作品，多次率团访华，被中外学界称为"日本的老舍迷"。他自幼倾慕中国文化，10 岁考上东京外语学校专修中文。20 世纪 40 年代，他读了老舍的《骆驼祥子》《四世同堂》等后就迷上了老舍。50 年代，他为《龙须沟》高超的语言艺术所陶醉，因他见过北京贫苦市民的生活，《龙须沟》勾起了他的回忆，使他备感亲切，从此决心研究老舍。

以作家井上靖为代表的老舍研究者们，对老舍的研究从多个细节入手，全面、扎实、系统、权威，尽显日本人惯有的"钉子精神"。1984 年3 月 17 日在日本名古屋市成立了全日本老舍研究会，这也是国际上第一个老舍研究会。研究会经常利用周会、年会组织研读老舍作品，交流体会和成果。它所拥有的"老舍迷"型会员及研究者的数量，是其他国家难以比拟的。如今在日本，可以举出一连串"老舍迷"的名研名作，如伊藤敬一的《老舍的〈微神〉小论》、藤井荣三郎的《论从〈牛天赐传〉到〈骆驼祥子〉》、杉木达夫的《文协的财政与老舍》、日下恒夫的《老舍的〈猫城记〉与圣经》等。

京都产业大学等日本高校都设有老舍作品课，课程深受学生欢迎。学生剧团也经常排演老舍的《方珍珠》《龙须沟》《茶馆》等话剧，观者甚多。

1966年1月，日本广播电视协会（NHK）记者曾在北京专访了老舍先生并录了音，这是老舍生前的最后一次讲话录音，距他离开人世只有7个月。专访中，老舍介绍了自己的家庭和创作情况，特别是谈到了北京解放后的巨大变化。老舍还借此机会，向在1965年春天他访日时热情接待的日本朋友致谢："我可以说，那五个星期，是我们感到最愉快的一段时间。我们体验到中日人民的友好，这是无可遏制的一个大的浪潮。"①

1979年10月，日本作家田川纯三先生访华时，特意带来了这盘根据当年录音转录的录音带，并经老舍之女舒济整理后发表。当时老舍夫人胡絜青先生说："我要感谢日本朋友，他们很好地保存了这个录音，使我们在13年后又能听到老舍的声音"。

老舍去世后，井上靖、水上勉、开高健等日本作家是国际上第一批站出来为老舍鸣不平的外国作家。1966年底获悉老舍罹难后，水上勉即发表了《蟋蟀葫芦》，对老舍表示深切怀念。开高健的《玉碎》，更痛诉老舍的不平遭遇，文章以纪实委婉细腻的笔触和深沉的情感，打动了无数日本读者，并获得日本第六届川端康成文学奖。水上勉是位虔诚的佛教徒，他遵守曾与老舍在日本的约定，20世纪70年代多次来华，并来到了湖北省的佛教名胜五祖寺（原名东禅寺），但这时故人已逝。水上勉以花甲之年怀着对老舍的思念，走遍了这个在中国有"小天竺"之称的名寺，回国后写了《东山的枇杷》作为纪念。正如老舍之子舒乙先生所说，当中国作家备受煎熬，需要支援的时候，是东海彼岸首先伸出了朋友般温暖的手。

日本女作家有吉佐和子在1965年访华时，与老舍一家人建立了非常亲

---

① 老舍：《与日本友人的一次谈话》，《老舍全集》第15卷，人民文学出版社，1999，第209页。

密的关系，她把老舍看作是自己的父亲。老舍在同年访日时，赠诗有吉佐和子："有吉女文豪，神清笔墨骄。惊心发硬语，放眼看明朝。"老舍的不幸离世，令有吉佐和子黯然神伤。有吉佐和子病逝后，冰心曾撰文悼念这位"热血柔肠的奇女子"。

前日中文化交流协会会长井上靖先生在 1970 年发表的回忆文章《壶》中怀念他与老舍深情交往的经历，令无数中外读者嗟叹不已。当时井上靖说："我宁愿冒着被禁止再去中国的风险，也要发表这篇文章！"

还有件应提之事，即 1983 年 9 月，北京人民艺术剧院携老舍名剧《茶馆》赴日演出，25 天里在东京、京都、大阪、广岛 4 个城市演出 23 场，大获成功，轰动日本，剧场也应观众的强烈要求，首开卖站票的先例。这是中国话剧在日本的首演，也是对为庆贺中日关系正常化十周年日本能乐团来华演出的回访。话剧团在日期间，还拜访了井上靖等日本著名作家。

说到此，用老舍的话来佐证以上的事实：谈到中日人民的深厚友谊，中日的作家便不能不感到自豪，因为中日两国的作家自古以来就经常交流经验，互相影响，而中日两国的优秀文学作品从很久就成为两国人民共有的精神食粮。今天，我们两国的作家来往日益频繁，互译文学日益昌盛，也就是反映了两国人民迫切需要团结的愿望。[①]

二 苏联和俄罗斯："从未凉过的老舍热"

老舍曾任北京市中苏友好协会副会长，在 20 世纪 50 年代三次或率领或跟随中国作家代表团、中国劳动代表团出访苏联，到过莫斯科、列宁格勒等地，还应邀出席了苏联作家代表大会，和许多苏联作家、汉学家很熟悉，也结交了勃列夫伊等朋友。他十分赞赏苏联人民勤劳勇敢的品德。回国后，老舍写了《归自莫斯科》《伟大的友谊》等文章。毋庸置疑，苏联关于老舍研究具有深厚的基础。苏联学者们早在 40 年代就拉开了老舍研究的序幕。以费德林、艾德林、施耐德、奥莉加·彼德洛夫娜·勃洛金娜等作家、汉学家为代表的老舍研究者，以严谨求实的态度排除意识形态方面

---

① 老舍：《致日本作家》，载《老舍全集》，人民文学出版社，1999，第 801 页。

的干扰潜心治学。1944 年苏联在卫国战争期间，就已经出版了老舍描写中国抗战题材的话剧《人同此心》俄译本。费德林在抗战时的重庆时就与老舍相识，老舍和费德林多次谈起自己的作品，譬如《骆驼祥子》《月牙儿》《二马》等的创作风格及特点，使费德林大受启发。中华人民共和国成立后，费德林又到北京欣赏了老舍创作的话剧，与老舍讨论剧中人物，共同分享新北京的生活。费德林感慨不已："老舍是苏联人民的真正朋友"，"他可与茅盾、巴金、叶圣陶等一代作家齐名"①。

进入 20 世纪 50 年代，苏联的老舍研究渐入佳境：老舍的《猫城记》《骆驼祥子》《方珍珠》《茶馆》《月牙儿》等多个短篇，以及两卷本《老舍全集》等俄译本相继问世。1953 年 5 月，苏联《艺术报》译载了包括老舍艺术理论在内的《新中国的戏剧理论》等。同年再版的苏联《大百科全书》列入了"老舍"词条，这是苏联开始专题研究老舍的重要标志。到此时，老舍作品更被转译为吉尔吉斯、乌克兰、爱沙尼亚、亚美尼亚、立陶宛、拉脱维亚等多个加盟共和国文字，使苏联在建国以来出版或再版的老舍译作有近千万册，这在数量上仅次于鲁迅的作品。1953—1959 年，苏联以多种文字翻译的老舍作品数量，已占老舍原著的 50% 以上，其中，《骆驼祥子》《月牙儿》及短篇小说在读者中最受欢迎。在市面上，曾很难买到新近出版的老舍译著，就连译著者本人想多买几本，有时还要靠"走后门"和托熟人。

从 20 世纪 50 年代初到 80 年代末，苏联出版的有关老舍研究论文、专著有 150 余部（篇），代表作如费德林的《老舍》，谢马诺夫的《老舍的话剧艺术》，安奇波夫斯基的《老舍的长篇小说》《老舍的早期创作与中国社会》，艾德林的《辛辣无情的笔——评〈末一块钱〉》。后起之秀奥·勃洛金娜对老舍进行综合性研究。关于老舍研究的作品还有罗流沙的《老舍与中国 20 世纪文学中的国民性问题》，华克生的《正红旗下》（老舍传记作品集）等。苏联全国作协主办的《远东》杂志亦连续发表了多篇研究老舍的论文。

20 世纪 80 年代，苏联开始出版多卷本的《老舍选集》《老舍文集》，更翻译了《正红旗下》《鼓书艺人》《四世同堂》《二马》《离婚》《赵子

---

① 舒济主编《老舍和朋友们》，生活·读书·新知三联书店，1991，第 441 页。

曰》《小坡的生日》《我这一辈子》《火车集》等老舍的多部代表作。作为苏联符拉迪沃斯托克远东大学汉学家的勃洛金娜，除了翻译上述多本老舍作品外，还出版了《老舍在战争年代的创作（1937–1949）》《生在春天里的人》等论著和集当时世界图书馆大全的《老舍译著目录》。苏联教育部门也将《骆驼祥子》等老舍名篇列为大中院校汉语研究的教学范本。

在译著和评介的同时，苏联的老舍爱好者及研究者们还经常举办不同规模的老舍作品朗诵会和研讨会。老舍研究也已经成为学术界两年一度的"东方汉学会"的主题之一。

老舍罹难后，苏联汉学家施奈德等人发表了追忆老舍的长篇文章，从不同角度抒发对中国一代文豪的缅怀之情。逢五、十等老舍周年诞辰日，苏联还举办专题纪念会，在莫斯科大剧院上演话剧《茶馆》、上映根据老舍作品改编的电影《骆驼祥子》及电视剧《四世同堂》，反响热烈。老舍作品的新译本在书店一上市，就被读者一抢而空，很难摆进橱窗里。

1989年2月，苏联对外友好和文化协会联合举办了老舍90周年诞辰纪念会。苏联远东问题研究所副博士热拉霍夫采夫做了以"老舍是苏联最受欢迎的中国作家之一"为题的报告，介绍了老舍作品在苏联的出版情况，还放映了根据其作品改编的电影《月牙儿》。

20世纪90年代初，笔者在北京老舍国际研讨会上与勃洛金娜见过面。那时她已是副教授，正修改《老舍在抗战时期》一文。她说苏联有伟大的卫国战争，而中国有艰苦卓绝的抗日战争，老舍关于中国抗战的作品，将作家的思想和中国人民的抗争精神融为一体，是一幅反击侵略者的史诗画卷。她要秉承老舍精神，把老舍研究推向未来。

2014年老舍115周年诞辰时，中国老舍研究会与俄罗斯圣彼德堡国立大学联合举办了主题为"老舍对中国文学的贡献"的国际研讨会，该校教授罗季奥诺夫的《一个形象的历史》、罗季奥诺娃的《老舍的儿童世界》等论文反响不凡。[①]

苏联和俄罗斯人民喜爱老舍及其作品，不仅是因为老舍早年去过那

---

① 李逸津：《1990年代以来俄罗斯的老舍研究》，《天津师范大学学报》（社会科学版）2016年第1期。

里，更因为对老舍作品思想的深刻理解和对他的爱戴及怀念，体现了两国人民的传统友谊。正如苏联汉学家、老舍《鼓书艺人》的译者司格林所说，我们可以通过老舍作品了解真正的中国文化，他的作品易读易记，为大众所接受，"在苏联和俄罗斯，并不存在什么'老舍热'——因为（老舍）从来就没有凉过"①。

2019年2月6日，吉尔吉斯国家图书馆为纪念老舍120周年诞辰，举办了为期1个月的老舍专题书展，观者如潮。

三　欧洲：老舍作品的"旋风"

20世纪80年代初，德国（含统一前的西德）汉学家乌韦·克劳特等力推老舍经典作品，带动了德国乃至西欧的老舍研究热潮。克劳特将北京人艺的保留剧目——老舍的话剧《茶馆》，精心译成德文介绍给德国大众，并促成《茶馆》在德国、法国、瑞士等国规模空前的首轮成功巡演，在德国15个城市、法国3个城市、瑞士1个城市，50天演出25场，在欧洲掀起了一阵《茶馆》旋风，被誉为"远东戏剧的奇迹"。这是中国话剧首次走出国门。当年《茶馆》在德国曼海姆民族剧院上演时，克劳特一人为台上北京人艺70多位演员的台词做同声传译。每场演出达3个小时，但他乐此不疲，因为他视《茶馆》为"一出伟大的戏剧"，从中他发现了很多"人类共通的东西"。当时英若诚戏称所有演员都是给克劳特跑龙套，而在克劳特身旁协助他翻译的是曾经留德的老舍先生之次女舒雨。

时隔30多年后的2015年6月，《茶馆》第二次来到德国，在已有百年历史的设有1200个座位的德意志戏剧院上演，并首开剧院售罄所有座票和站票的先河。此次克劳特再次受邀随北京人艺话剧团赴德意志戏剧院，他感慨："1980年中国与欧洲很遥远，那时双方都认为对方是另外一个世界，很多中国人也从没坐过飞机，双方都是通过《茶馆》在看对方的环境与社会。于是，德国媒体对《茶馆》的巡演特别感兴趣，在报道中称中国与欧洲其实没那么遥远，甚至只有30米的距离。虽然《茶馆》是一出老戏，

---

① 引自苏联老舍研究者司格林在1992年首届老舍国际研讨会上的即兴发言，舒乙现场翻译。

但观众告诉我，中国的历史进程和老百姓的感觉，和德国没有不同。"①

作为在中国定居多年的著名汉学家，乌韦·克劳特也是中国影星沈丹萍的丈夫，他对推进早期德国的老舍作品研究与传播功不可没。如今的克劳特和沈丹萍已经有了两个可爱的女儿，虽然他还是吃不惯中国饭，但仍然在为促进中德文化交流而奔波着，德国话剧《屠夫》，电视系列剧《德里克探长》《古登堡遗产》等，都是由他译介到中国的。此外，以施伦克尔为代表的德国学者们还发表了《老舍与布莱希特》（舒雨译）等论文。

老舍在英国生活了近 5 年，创作了《老张的哲学》，这是他在国外创作的第一部长篇小说。他的长篇小说《赵子曰》《二马》也都创作于此，并开始使用"老舍"做笔名。可以说，英伦之地是老舍走上文坛、成为作家的出发地。此时老舍虽然在伦敦大学东方学院任中文教师，教授"官话和中国古典文学"，但薪水极低，生活仍然拮据。他为英国灵格风出版公司亲自朗读、录制和编辑了中文语音示范教材《灵格风汉语声片》（共两册 30 课 16 盘），第 1 册是英译，用音标注音（合作者是该院教授布鲁斯和爱德华兹小姐）；第 2 册是中文课文，包括《红楼梦》片段、《伊索寓言》片段等，里面所有语音对话教材，都是北京话标准的"老舍成色"。诚如其子舒乙所举其中的课文《看小说》之例。

甲：昨天有位朋友送我一本新小说。我打开就念了三分之一。吃完了晚饭又接着看，简直的不能停住。一共是四百多页，你猜怎么着，我一气儿把它念完了。你猜我什么时候看完的？

乙：夜里 12 点了吧？

甲：哼，2 点 10 分。真好，布局精奇，笔锋又爽利，所以我看入了神啦。

乙：你看完了，好，该借给我啦。

甲：可惜你来晚了，早叫二妹妹拿去了。

乙：我先说下，等她看完，千万借给我。

---

① 〔德〕乌韦·克劳特：《联系演员和观众的纽带——谈〈茶馆〉演出的同声翻译》，《文艺研究》1981 年第 1 期。

老舍也写英国的风土人情，写泰晤士河的晚霞落日，写中英人士的交流故事，被称为"中国的狄更斯"。在"老张""赵子曰""二马"的氛围里，他排解着强烈的思乡之情。

《二马》是老舍的一部以伦敦为地理环境的小说，描写一对姓马的中国父子在英国的生活和爱情经历，以此揭示两个民族的不同文化背景。北京赛特集团和香港凤凰卫视曾将此著作投拍为同名电视剧，邀老舍之子舒乙到伦敦选址考察。老舍在伦敦住过四个地方，竟被舒乙准确地找到了三处，而且房子至今保存完好，令舒乙大感意外，也领教了英国人对保护世界文化名人遗产的认真劲儿。三处故居中被舒乙认为最有价值的是伦敦西部霍兰公园附近的圣詹姆斯广场 31 号，一座三层小楼。1925 年 4 月至1928 年 3 月，老舍就是在这里创作了《老张的哲学》《赵子曰》及《二马》的开篇。据说现在这里已经由英国文物遗产委员会列为英国遗产，于2003 年 11 月 25 日挂上了"老舍故居"的纪念蓝牌，牌上分别用英、中文写着"老舍·1899－1966，中国作家·1925－1928 年在此居住"。而如今住在这座近百年历史的老房子里的居民，都是英国普通的老百姓。

蓝牌，是直径为 49.5 厘米的蓝色陶瓷圆牌，以一个永恒的符号存在，用来保护、纪念一座建筑与一位名人的一段历史情结，表明该名人在其所处领域是公认的杰出人物并为人类进步和福祉做出过重要贡献。英国政府规定，凡是被英国古迹署文物遗产委员会挂上了蓝牌的建筑，都属于国家保护的文物，一律不得随便拆除或改建。老舍是迄今为止唯一一位在英国获此殊荣的中国人。

另据舒乙回忆，老舍还曾和伦敦大学东方学院的语言学家艾支顿合作，将《金瓶梅》翻译成英文，英译本叫《金莲记》。此间，老舍还应邀在东方学院做了"唐代爱情小说"的公开讲座，并由此形成了他的第一篇英文论文《唐代爱情小说》。

老舍 1929 年到过法国，他的作品在法国的译介已有近 70 年的历史。法国著名作家、2008 年诺贝尔文学奖得主勒克齐奥就很喜欢老舍的作品。他曾多次到中国，读过老舍作品的所有法文译本和部分英译本。更难得的是他还为《四世同堂》的法译本作序，序文就叫《师者，老舍》。2008 年他在获得诺贝尔文学奖的演讲中再度提到老舍，将他与莎士比亚、福克纳并称。

20 世纪 60 年代初，法国布龙出版社（PLON）出版了老舍的《四世同堂》法文本（直译为《黄色暴风雨》），此后又再版，大受欢迎。法中友好协会会长贝热隆更是在此间见到了老舍先生，当时贝热隆恰好在北京外文出版社工作。

1986 年，老舍的自传体长篇小说《正红旗下》和中篇小说《离婚》的法译本出版，由著名翻译家、旅法华侨李治华和法国老舍研究家保罗·巴迪共同翻译，由李治华夫人雅歌女士审定。他俩还共同翻译了《北京市民》，这是一部由老舍的《我这一辈子》等 9 篇名作组成的合集。法国作家对《正红旗下》评价很高，并将其列入法国名作集"七星文库"。1988 年，李治华还将《四世同堂》（节译本）译成法文出版。

李治华的导师就是有"洋大儒"之称、在中国任教 48 年的法国贵族后代铎尔孟。他教过幼年溥仪，做过北洋政府顾问，说一口地道的北京话。1954 年，他和李治华一起接受联合国教科文组织邀请，参与"世界文学代表作·东方知识丛书"计划，将《红楼梦》译成法文。李治华曾在 1980 年回国观光，并拜访了老舍夫人胡絜青，一起商议翻译老舍作品事宜。1985 年秋又应中国作协之邀回国，这次他的夫人——协助丈夫做了多年翻译工作的雅歌·阿雷扎艺思随行。他们到胡絜青的丹柿小院做客，品尝柿子和北京特产茯苓夹饼、豆汁，其乐融融。

巴迪先生是巴黎第七大学东方语言文学系教授，专攻中国现代文学，以老舍研究为主，也是法国老舍国际友人协会的发起人和牵头人。他曾翻译出版老舍的《老牛破车》等，他从文化人类学角度写就的《小说家老舍》，曾被作为法国大学的参考教材。1984 年他发表的《时间之门：遗忘和复归的老舍》，对老舍的族籍和小说创作又做了一番回顾。

巴迪先生曾于 1967 年来华收集老舍研究资料，并任法国驻华使馆文化专员。但那时老舍已经去世，未能见到仰慕已久的老舍，使他心存无尽的遗憾。他又辗转到香港、日本、欧洲等地收集老舍资料。

其实，法国还有一位最早接触老舍作品的人，他就是法国耶稣会神父明兴礼。20 世纪 40 年代初，他在天津、上海传教时，对中国的现代作家很感兴趣，研读了巴金、曹禺、老舍的作品。1946 年春，他回到巴黎，完成了关于巴金、曹禺、老舍等中国现代诸作家的博士论文。他的著作还有《中国现代文学的巅峰》等。

2004年3月，逢老舍105周年诞辰之际，一场名为《太平湖的记忆——老舍之死》的歌剧在荷兰上演。

此外，在波兰、比利时、匈牙利、捷克等国，老舍及其作品的翻译研究也在不断深入。

四　美国：勤奋的译者和意外发现的老舍佚作

1939年，美籍华裔学者高克毅的《论老舍小说》，首次向美国读者介绍了老舍。1944年，美国哥伦比亚大学出版社出版了《当代中国小说集》，译者是美籍华裔学者王际真。该集收录了老舍的《黑白李》《眼镜》《抱孙》《麻醉师》《柳家大院》5部短篇小说。

1945年中国抗战胜利后，美国从本国利益出发推出精英计划，由美国驻华使馆新闻处长费正清推荐，选中了中国的老舍、曹禺，由美国国务院邀请他们赴美讲学。那时，老舍的《骆驼祥子》刚被译成英文，取名《洋车夫祥子》，年发行量达100万册，成为美国的畅销书。（需要说明的是，译者伊文·金译书前并未告诉老舍，译时原著结尾又被篡改，使老舍很不满意。）

1946年3月，初到美国的老舍游览了西雅图、华盛顿、纽约等地，后用英语发表了广播讲话《旅美观感》。他说，必须让美国朋友能够真正了解我们的老百姓，了解我们的文化，不要"只是着重于政治的介绍，一部小说与一部剧本的介绍，其效果不亚于一篇政治论文"。

老舍边讲学，边会友，边创作，在友人的热情相助下，最后完成了在国内就已经开始创作的《鼓书艺人》《四世同堂》等代表作品。此时作家的文学交流十分活跃。他会见了曾获诺贝尔文学奖的美国著名女作家赛珍珠。赛珍珠也多次邀请老舍出席美国文艺界各种集会，介绍老舍的文学成就，并称"老舍是中国的马克·吐温""当今中国最重要的作家""著名的民主战士"。美国总统尼克松1972年访华时，周恩来托他转送给赛珍珠一套精美的漆盒。1973年3月，赛珍珠病逝。

　　老舍还和出生在中国的美国作家、社会活动家浦爱德（艾达·浦鲁依特）小姐合译了《四世同堂》。在中国生活了多年的传教士之女浦爱德曾出版了《在中国的童年》《殷老太太：北京生活回忆录》等书。她看不懂中文，但听得懂。老舍就把《四世同堂》一段段地念给她听，她能马上译成英文，再打印出来让老舍确认。这样的效率，使老舍很乐意和她合作。当时，《四世同堂》的英译本老舍取名《黄色风暴》。1948 年上半年，老舍在写《四世同堂》第三部《饥荒》时，与浦爱德合作将其译成删节本。原《四世同堂》第三部《饥荒》应是 33 章，国内的中文版却只发表了 20章。中文稿遗失的 13 个章节，后来是从其英译本里"找回来"的。

　　20 世纪 80 年代初，中国的老舍研究开始复苏。据老舍夫人胡絜青回忆，1981 年，中国学者马小弥执意要找出老舍和浦爱德合作的《四世同堂》英译本来看。她的英文很好，结果，就在其中发现了《四世同堂》丢掉的 13 章，并由她转译回中文，那 13 个章节的中文首次发表在 1982 年第2 期《十月》杂志上。同时，在这期杂志上，胡絜青和舒乙还欣喜地在《破镜重圆》一文里详细记载了这件事的经过。（1999 年出版的《老舍全集》已将"补足"100 章的《四世同堂》收录其中。）

　　2014 年 7 月，上海译文出版社副社长赵武平在美国哈佛大学施莱辛格图书馆发现了浦爱德翻译《四世同堂》的英译本打字稿，并据此将该书的第 21 段至第 36 段转译成中文。

　　根据我们的比对，该译本比马小弥的译本多出了 16 段，但总体的故事结构、人物与马小弥译本无太大的出入，只是故事情节上的增删。据老舍长女舒济讲，两种译本对读者了解《四世同堂》的完整性确有裨益。但英译本毕竟是由另一种语言翻译过来的，与中文的精确性还是有差距的。

　　此外，老舍还与美籍华人、翻译家郭镜秋合作，边写边译了他的新作——长篇小说《鼓书艺人》（老舍唯一一部取材于抗战时期重庆曲艺艺人生活的长篇小说）。也是老舍每次先写好一部分，再将中文稿交给郭镜秋译成英文，但后来《鼓书艺人》的中文稿找不见了。现在中文版的《鼓书艺人》也是马小弥由英文版转译回来的（首次发表在 1980 年第 2 期《收获》杂志上，同年 10 月由人民文学出版社出版了单行本）。除此之外，老舍还创作了英文小说《唐人街》《马裤先生》，话剧《断魂枪》等作品，在留美中国学生战时计划委员会的学术期刊上发表了论文《中国现代小说》。在他回国后，还应美国作家的邀请，于 1950 年 8 月加入了美国作家协会。老舍在美国的近 4 年，是有一段很重要的文学创作活动的，这也可以从 20 世纪 80 年代末在美国哥伦比亚大学图书馆发现的一大批老舍书信中得到佐证：47 封老舍亲笔英文信及收信人大卫·劳埃德先生精心保存的 61 封复信——赛珍珠介绍老舍的信，老舍谈《四世同堂》《鼓书艺人》等作品英译本的情况，还有老舍手稿三幕四场英文话剧《断魂枪》（亦称《五虎断魂枪》，老舍根据同名短篇小说改编）的情况，等等。

哥伦比亚大学图书馆专门有手稿和珍本图书馆，里面设有老舍专辑。据吴组缃先生回忆说，1947 年他在美国时，确实见到过老舍在写英文剧本《断魂枪》。

老舍作品是当时在美国被翻译得最多的中国作家作品。1961 年，夏志清的《现代中国小说史》专设老舍一章。20 世纪 90 年代有王德威的《现实主义叙述的可能性——茅盾和老舍的早期小说研究》，高美华的《老舍：教师和作家/短暂与永恒》等。

美国的老舍研究者应以陶普义为首。他是得克萨斯州贝勒大学的中文教授，曾在北京及港台地区生活多年。据舒乙回忆，陶普义教授是位虔诚的基督徒。20 世纪 90 年代在北京期间，读到了有关老舍先生早年和基督教有密切关系的文献后，便一头扎进老舍研究中，撰写了老舍与基督教的文章。他后来在大学里向学生们讲授老舍文学，并将珍藏的老舍中文版作品集陈列出来供学生们阅读。

1992 年初，陶普义发起成立了全美第一个"老舍中心"（又称"老舍纪念馆"），并最早在网络上为"老舍中心"做了注册，为美国的老舍研究提供及时准确的学术界情况和出版信息。同年 8 月，胡絜青向"老舍中心"赠送了 8 个种类的 79 部老舍作品。陶普义退休后，开始写老舍研究专著。

1999 年，由北京人艺导演林兆华复排的《茶馆》应邀赴美国纽约等地巡演，大获成功。

五　亚洲其他国家的老舍研究

1958 年，朝鲜出版了朝文版《骆驼祥子》，译者徐廷弼。

1961 年 10 月，越南出版了越南文版的《老舍剧作选》，其中包括《全家福》等 4 部话剧。

1985 年初，老舍名著《月牙儿》被译成泰文在泰国出版。

20 世纪 80 年代中期，韩国掀起了中国现代文学热潮。1986 年 12 月，在汉城（今首尔）召开了中国现代文学首届国际学术研讨会，主办者是韩国的中国现代文学学会，议题是"中国的抗战文学"，其中也涉及老舍作品。研究会发起者、中国现代文学学会会长许世旭是韩国外国语大学教授，深谙中文。百余人的与会者大部分是三四十岁的年轻学者。同年，原木图书出版公司出版了由崔英爱翻译、金勇玉注释的《骆驼祥子》。此外还有《〈骆驼祥子〉所反映的悲剧性及人道主义》（朴准锡）、《老舍生涯和他的长篇小说》（朴云锡）等作品。

1992 年中韩建交后，韩国对中国文学作品的翻译日渐活跃，韩国文学界对老舍的关注度不断提高。在韩国，《骆驼祥子》的韩译本有两种，一种较为接近原著语言风格，简易朴素，很适合青年读者。另一种除了原著外，还附有内容丰富的相关信息。两者均有研究价值。20 世纪 90 年代中期，韩国文学界开始将老舍放在比较文学的氛围中进行研讨，多以刘丽雅的《蔡万植与老舍讽刺小说的比较研究——以 1920 - 1930 年代作品为中心》为例，还有严爱曒的《真实的生命力——论老舍创作的真实性》，邵薇的《浅谈老舍和蔡万植的市民小说》，李知贤的《〈骆驼祥子〉研究：以人物性格为中心》，等等。

1924 年老舍赴英任教途中，在新加坡停留了 1 天。5 年后，他从英国回国时，又在新加坡华侨中学任教 5 个月。这些经历在老舍的《我怎样写〈小坡的生日〉》和《还想着它》等文中均有记录。[①]

1979 年，新加坡作协副会长、新加坡国立大学教授王润华发表了《老

---

① 曾广灿：《老舍研究在日本和南洋》，《社会科学战线》1996 年第 6 期。

舍在〈小坡的生日〉中对今日新加坡的预言》《老舍在新加坡的生活与写作新探》等研究成果。前者以小坡等一群小伙伴的故事，透视了作者眼中的南洋，表达了多种族社会繁荣的愿望；后者实际上是对老舍作品的评论集，涉及老舍多部作品。1995 年，王润华教授发表了《老舍小说新论》，其中对《小坡的生日》《二马》《骆驼祥子》等均有深入独到的见解。他还带着舒乙寻访过老舍在新加坡的足迹。

2015 年 3 月，北京人艺受邀携《茶馆》再度赴新加坡演出。近 30 年前，《茶馆》在狮城引起轰动。2015 年，以濮存昕、梁冠华、杨立新等为代表的第二代"茶馆人"，在新加坡迎来人艺版《茶馆》的第 666 场演出。据主办方介绍，在此之前，《茶馆》的演出票早已售罄，滨海艺术中心戏剧厅不得不加开了三层和四层的观众席，但仍然难以满足需求。现场不仅有当地的华人观众，还有来自马来西亚和印度的观众。剧终时，全场观众的掌声和欢呼声持续了 10 分钟，演员们也谢幕 6 次。对一向矜持的新加坡观众而言，这样的场景并不多见。

综上所述，老舍及其作品在海内外都有着重要而持久的影响力。老舍及其作品的人格和文学魅力，是世界"老舍热"历久弥新、长盛不衰的根本原因。

"一带一路"与中国文学
海外传播研究

"一带一路"倡议下中国当代文学在英国的译介传播

张雅琦[*]

摘 要：作为"一带一路"民心相通的基石之一，中国当代文学的翻译传播有助于"一带一路"国家更全面客观地理解当代中国文明和社会变迁。英国是中国人文交流的重要国家，随着"一带一路"的推进，近年来英国加大了对中国当代文学的翻译与研究，形成了英国的鲜明特色，并取得了丰富的经验，但也面临诸多困境。本文分析了"一带一路"倡议提出以来，中国当代文学在英国的译介现状、问题和对策，可以为进一步完善"一带一路"倡议下中国当代文学海外传播格局提供有益借鉴。

关键词："一带一路"倡议 英国 中国当代文学 对外传播

为顺应全球化趋势，世界各国联系日益密切，综合国力竞争愈演愈烈，文化软实力的核心地位更加凸显并逐渐占据了战略发展制高点。随着新时代中国综合国力的不断提升，中国文学的主题、形式和内容方面都推陈出新，尤其是与世界文学的发展越来越同步，与世界文学的交流也越来越频繁。[①] 推动优秀的中国当代文学作品走向世界，对构建积极的中国国际形象、提升中华文化竞争力和影响力至关重要。面对世界百年未有之大变局，中国领导人审时度势，提出"一带一路"倡议，为"一带一路"各国发展、世界和平贡献更多的中国智慧。"一带一路"倡议继往开来，引

---

[*] 张雅琦，同济大学博士研究生，研究方向为跨文化传播。

① 孙宜学：《中国当代文学"一带一路"翻译传播：内容、途径与策略》，《当代作家评论》2020 年第 1 期。

领中国和英国的交往进入新的历史机遇期。在双方努力下，中国当代文学作品在英国的传播呈现良好态势。这既有利于中国文学与他国文学平等对话，更有利于提升中华文化和中国文学域外传播布局的整体性和统一性。

一 "一带一路"倡议下中国当代文学在英国传播的现状与特点

"一带一路"倡议推动中英两国举办多样化的交流活动，双方文化合作进入新的发展阶段。中国当代文学是中国和中华文化国际形象建构的关键，反映了中华民族对历史、现实和未来的思考。中国当代文学在英国的传播向英国民众展示了中国历史、文化和社会的变迁，将"一带一路"建设推向前进。中国当代文学海外出版作为"一带一路"民心相通的重要途径，正作为中国文化产业的重要组成部分，持续、有序地走进沿线国家。①

"一带一路"倡议促使中国当代文学作品在英国伦敦国际书展上备受关注，具有很强的文化影响力和辐射力。作为英语世界最重要的国际图书版权交易盛会之一，伦敦书展（London Book Fair）1971 年由英国工业与贸易博览会创立，是出版商、文学经纪人、图书经销商等业内人士进行图书版权交易、文化交流的舞台。中英出版商和作家等签订互译协议，成为伦敦书展的亮丽风景线。许多英国出版商表示希望通过翻译、出版、推广优秀中国文学作品，传递中国文化力量。优秀的中国文学作品渐渐进入英国翻译界、文学界和出版界，体裁涉及小说、儿童文学、人物传记等：2014年出版了迟子建、麦家等作家的《额尔古纳河右岸》和《解密》等作品，2015 年出版了莫言的作品《丰乳肥臀》等，2016 年出版了阿来的《空山》以及徐小斌的《水晶婚》等作品，2017 年出版了北岛的《城门开》和贾平凹的《土门》等作品，2018 年出版了金庸的《射雕英雄传》第 1 卷《英雄诞生》和周尔鎏的《我的七爸周恩来》等作品，2019 年出版了贾平凹的《极花》、麦家的《风声》等小说。由此可见，中国当代文学在英国

---

① 孙宜学、摆贵勤：《中国当代文学走出去与"一带一路"出版机制创新》，《编辑学刊》2019 年第 6 期。

出版的译本数量激增，题材也更具有多样性，两者形成了一定的规模效应。中国当代文学作品译作屡获大奖，艺术价值获得业内认可。2017 年，阎连科第三次入围当代英语小说界最高奖项——英国布克奖。在入围作品《炸裂志》中，作者模仿马尔克斯等作家，自创奇幻荒诞的神实主义写法，以地方志形式将"炸裂村"的发展描述成当代中国演变微缩史，折射出历史变迁中人性沉沦与博弈及作家对人伦道德和社会的思考。同年，韩斌翻译的《平如美棠：我俩的故事》和《我们家》获英国"笔会翻译奖"。《我们家》行文风趣幽默，以晚辈视角展现了一家三代人在川西"平乐小镇"的丰富生活，反映了中国社会在时代中的变迁。译者韩斌将阅读该书的乐趣和简·奥斯汀作品相提并论，表示读后毫不犹豫决定翻译。Anna Holmwood 译的阿乙《下面，我该干些什么》等图书的译介出版也受到英国笔会翻译奖的鼎力支持。"国际安徒生奖"得主曹文轩的《青铜葵花》不仅获得英国笔会翻译奖，而且荣获英国麦石儿童文学翻译奖。因对中国儿童文学英译的突出贡献，该书译者汪泳岚获得 2017 年陈伯吹国际儿童文学奖特殊贡献奖。曹文轩作品语言优美、充满积极的力量。故事的主角虽是底层百姓，但他们依旧挣扎活着。这些人物的性格并非单纯的善恶对立，作者在情节发展中展现了他们的成长、性格变化和身份认同，最终他们被世人接纳。这些入围、赢得大奖的译作成功塑造了中国当代文学的正面形象，对今后中国文学在英国的传播具有典范价值。

二 "一带一路"倡议下中国当代文学在英国传播面临的困境及原因

中国文学海外传播既可以提高自身文化软实力，也可以拯救西方价值观，匡正西方思维方式，促进全球文化的整体生态平衡。[①] 然而，2019 年 10 月发布的《中国国家形象全球调查报告 2018》显示，海外受访者认为中餐、中医药和武术最具中国文化特色，仅 11% 的被调查对象选择文学作品代表中国，这在调查的 17 种文化符号中排在倒数第二位。这和逐渐攀升

---

① 钱庆斌：《一带一路背景下的中国文学翻译出版》，《文学教育》2019 年第 1 期。

的中国国际影响力不相匹配。由此可见，中国文学"走出去"并非易事，在英国传播中国当代文学也面临着多重困难。

英国自 16 世纪开始进行殖民扩张，使英语最终成为使用范围最广的语言。日益加剧的经济全球化与英语语言一家独大的语境下，国际范围内文学间的平等对话以及中国文学话语系统的构建是一项长期、艰巨的任务。① 英语强势的世界性霸权导致英国主导着"一带一路"的中英文化交流。英国大学联盟发布的《2019 年英国留学生报告》显示，中国在英留学生已超过 10 万人，而英国在华留学生不足 1 万人。虽然英国汉语教学和中国文化研究机构以及华文学校逐渐增多，但汉语教学和中国文化传播仍主要由孔子学院、孔子课堂负责。改革开放以来，中国十分重视英语学习，在各阶段的学校开设大量英语课程，英国作家及作品在中国的研究热度远胜于中国作家及作品在英国的关注度，英国作品汉译本在数量和质量上优势明显。一种语言代表一种独特的思维方式，也是一个民族的人文风情、认知能力的综合体现，决定了一个民族的科学思维范式和表达形式。② 尽管近年来英国将汉语纳入国民教育体系，但英国整体社会对中国、中华文化的了解和认知存在较大局限性，英国读者、媒体等对中国文学缺乏兴趣。这种中英文化双向输入和输出比例不协调的局面表明，中国当代文学在英国的译介与翻译尚未达到国内专家学者的预定目标。因此，我们必须更有针对性地宣传中国当代文学作品，这是中国当代文学走进英国读者心中的先决条件。

由于中国当代文学和英国文学在内容结构、书写方式等方面有所差异，英国社会对中国形象和中国文学的理解存在一定的偏差和刻板印象，英译中国文学常被看作是了解中国历史、政治和社会的窗口，而作品的文学性则很少受到关注③。英国社会认为中国文学作品是政府和领导阶级的宣传工具，主要内容是歌颂领导人的丰功伟绩，缺乏文学魅力和艺术价值。英国文学评论家对中国文学作品的评价和关注度并不高，缺乏对中国

---

① 张丹丹：《中国文学外译：困境与出路》，《西安外国语大学学报》2020 年第 1 期。

② 孙宜学：《完善科技评价体系吸纳全球创新成果》，《解放日报》2020 年 3 月 10 日。

③ 马会娟：《英语世界中国现当代文学翻译：现状与问题》，《中国翻译》2013 年第 1 期。

当代历史和文化理解的普通读者对阅读中国作品也有一种心理障碍，对中国文学的印象还停留在乡土、"文革"、战争等方面的题材上。这些因素导致中国作家及作品难以顺利"扬帆起航"。与此同时，中国当代文学作家群体广泛、作品题材丰富、数量庞大。目前英国出版界和文学界对中国当代文学的兴趣主要集中在小说上，对中国戏剧、诗歌和散文的译介和研究较为不足。此外，在有限的时间里选择翻译作品的主题和范围难度较大。

面对中国当代文学在英国传播中的重重困难，我们应当坚定信念，妥善做好应对准备，切实有效地推动中国当代文学借鉴他国优秀文学，实现自身不断发展，进一步提高在英国的传播热度。

三 "一带一路"倡议下提高中国当代文学
在英国翻译传播质量的对策

中国当代文学"走出去"是一个文学译介及出版等多方有机联系、环环相扣的事业。借力"一带一路"倡议，我们应统揽全局，因地制宜提出有利于中国文学传播的方法，调动英国民众感知中国、中华文化和中国文学的积极性，使更多中国当代文学作品进入英国图书市场，以海纳百川、兼容并蓄的中国情怀提升中国当代文学传播质量。

（一）以精通汉语的英国译者和汉学家为译介主体

"译即易，谓换易言语使相解也。"翻译是不同文化的沟通纽带，架起了中英文化交流之桥。只有本族语的译者才更熟知本土读者的阅读兴趣和阅读习惯，也最可能用易于读者接受的语言翻译来自他者文化的文学作品。① 2014 年英国的企鹅经典文库收录《解密》，麦家成为该文库中的首位中国当代作家。《解密》跌宕起伏的情节包含迷宫般的推理逻辑和独特的谍战悬疑魅力，给读者带来全新阅读体验。该书译者是英国汉学家米欧敏（Olivia Milburn），她获得了牛津大学古汉语专业博士学位，汉语功底十分深厚，一次偶然的机会让她了解到这部作品并进行翻译。米欧敏将《解

---

① 高彬、吴赟：《刘震云小说在阿拉伯语世界的传播与接受》，《小说评论》2019 年第 1 期。

密》中的"起""承""转""再转""合"五部分译为"In the Beginning" "Taking up the Burden""The First Turn""Another Turn""In the End"，体现出译文保留了原著语言简洁工整的结构特点。与中国译者相比，精通汉语的英国译者和汉学家既了解本国读者兴趣、阅读审美和偏好，又对汉语、中华文化和中国当代文学有所研究，见解独到，他们作为译介主体可以拓展中国文学在英国的译介范围，他们的译作更易于被读者接受。

为推动交流与合作，我国设立"一带一路"国际学生专项教育基金，多地也推出各种奖学金。随着来华留学生人数逐年增加，英国本土学生受到汉语和中华文化的熏陶，这种让英国受众接受中国文化的喜闻乐见的方式，成为使中国文化、文学作品融入英国当地文化的关键因素。目前，英国孔子学院和孔子课堂的数量居欧洲之首。我国应有效利用孔子学院资源，使英国年青一代拥有知华、友华、亲华的情感，使他们发展为本土中国文化和文学研究传播的中坚力量，进一步延展中国当代文学作品在英国传播的广度。

在以英国翻译者为主体的同时，我国还应创新国内翻译人才的培养模式，应结合高校优秀教学资源，科学规划，从师资、培养体系、实习基地等方面加大翻译人才培养力度，形成规范教学模式，强化中英高校、校企间的合作。

（二）充分发挥文学代理人的优势

文学代理人可能是专业机构或个人，他们一般与某领域的出版社和编辑维持长期合作关系，不仅可以及时了解出版行业信息和动态，而且熟知出版社、编辑的需求和相关法律法规，能够准确判断作品译作的质量，对图书市场的动向有敏锐洞察力，从而能针对不同的作者及作品找到合适的出版社，有利于提高作者知名度和打造畅销书品牌。同时，文学代理人的收益与作者经营、合同的条件直接相关，因而他们会站在作者的角度争取最优厚的出版合同条件，并参与出版、营销、发行等环节。文学代理人是中国当代文学在英国传播的加速器，与文学代理人合作能使中国作家更专注于构思和创作更多优秀的作品，助力中国作家寻找出版商、进行出版合约谈判和市场推广等，增加中国当代文学在英国市场的曝光率。毕飞宇在英国的代理机构是安德鲁·纳伯格联合国际有限公司（Andrew Nurnberg Associates International Ltd.），该公司由现任总裁安德鲁·纳伯格于1977年创立，丰富的图书出版资源和优秀的版权信息服务使其逐渐成为世界上规模最大的翻译版权代理公司之一。该公司在毕飞宇作品向世界传播的过程中发挥了相当重要的作用。

（三）深化中英出版社和媒体合作

出版社的性质和知名度能够反映出文学译本的质量和文学价值，能引导读者的阅读选择。[①] 我们应深入了解英国出版社运营方式、出版规模和社会声誉，主动介绍中国出版社在上述等方面的异同，调查不同出版社对出版中国当代文学作品的态度。在合作中，中国出版社应尊重英国图书市场的出版规律和原则，为中国作家与作品在英国传播优化环节、搭建更宽广的平台。在2019年伦敦书展上，东方出版中心等出版机构与英国里德出版社（LID BUSINESS MEDIA）等签约或达成战略合作协议。优秀的中国文学作品将点燃更多英国出版社的合作热情，促成更多的合作意向。中英主流媒体、报纸、网站等应精诚合作，实现推广中国当代文学的联合效应。《泰晤士报文学副刊》（*The Times Literary Supplement*）和《独立报》（*The Independent*）等英国媒体发布中国当代文学作品的书评。《纸托邦》（*Paper Republic*）与《人民文学》合作翻译出版英文版《路灯》（*Pathlight*）杂志，围绕主题精选作品，如伦敦书展专刊等，推动中国当代文学融入世界多元文学体系。中英媒体等越来越主动发挥自身优势，从而加快中国文学在英国文化语境中的传播，赢得发展新机遇，打开新篇章，从而扩大中国文学的国际影响力。

从目前来看，"一带一路"倡议下中国当代文学在英国传播的总体影响力有很大的提升空间。因此，在向英国引介更多优秀的中国文学作品过程中，应当立足于英国国情与舆论，对传播作品中不同的阶段进行监测，有效评估作品对外传播中可能遇到的风险，及时分析、反思和处理出现的

---

① 吴赟：《中国当代文学对外传播模式研究——以残雪小说译介为个案》，《外语教学》2015年第6期。

问题，以更加平和包容的心态，接受来自英国社会乃至世界各国对中国文学"走出去"的意见与建议，切实结合英国汉语教学与中华文化推广实践，吸引更多知华、友华的英国专家学者传播、研究中国文学，进一步提升中国文学在世界文学体系中的国际地位。

四 结语

志合者，不以山海为远。只有尊重世界多元文化，才能实现中华文化与世界文化的进一步相容，从而发挥中华文化在构建人类命运共同体中的积极作用，传播中国新时代的声音和故事，塑造真实、客观、全面的中国形象。随着中国当代作家及其作品蜚声国际，从事中国文学研究和传播的中英专家学者队伍将愈加庞大，这对提升中国国际话语权具有举足轻重的作用。基于共商、共享的"一带一路"理念，中英文化交流活动数量和质量将逐年增加和提升，中国当代文学的传播呈现新的特点，面对挑战与困境，应及时采取有效策略为中国文学吸收世界优秀文学养分、成为世界文学重要组成部分奠定基础，为"一带一路"倡议建设寻觅更多的海外知音。

中国网络翻译小说的阅读快感

——"爽感"成因分析

张雅雯[*]

摘　要：中国网络翻译小说短短六年时间取得了突破性接受效果，其特有的阅读快感——"爽感"功不可没。从接受美学来看，爽感具有三重成因。其一，形式与内容上契合目标语读者的定向期待，满足阅读需求。其二，情节发展与思维惯性、想象与现实、中国文化与英语文化适度的审美距离刺激了读者的创新期待，引发阅读兴趣。其三，文本游戏满足目标语读者对认同感和话语权的深层心理需求。目标语读者根据自身期待获取其中部分或全部内涵。中国网络翻译小说的爽感在满足读者心理需求上与其源语境内涵相同，其特殊之处在于中国文化对读者创新期待的刺激以及文本游戏带来的快感。爽感的生成机制提示在利用爽感传播中国文化时，应警惕价值虚无和爽感抗性。

关键词：中国网络小说　翻译　爽感　跨文化

自 2014 年底 Wuxia World 网站在美国上线以来，中国网络翻译小说在短短六年的时间里在全球范围内吸引了数以千万的读者，被誉为世界四大文化奇观之一，^① "中国在文化领域的新第五大发明"^②。论及这一突破性

＊　张雅雯，南开大学外国语学院英语语言文学专业博士研究生，研究方向为文学与文化翻译研究，本文为 2019 年天津市研究生科研创新项目"中国网络文学'走出去'的翻译与接受研究"（项目编号：2019YJSB038）的阶段性研究成果。

① 解辰巽：《阅文集团 CEO 吴文辉：中国网文已成世界文化奇观》，人民网，http：//media.people.com.cn/n1/2016/1219/c40606 - 28958645.html，最后访问日期：2019 年 8 月 9 日。

② 张颐武：《网络文学是中国新"发明"》，《人民政协报》2018 年 3 月 26 日，第 10 版。

接受效果的原因，中国网络翻译小说特有的阅读快感——"爽感"不容忽视，形成"言必称'爽感'（快感）"的局面。Wuxia World 网站创始人赖静平在访谈中坦言中国网络小说的"爽感"（快感）在跨文化传播中的基础性作用："快感是最基础的东西"，海外读者阅读中国网络翻译小说的根本原因在于中国网络翻译小说能够带来快感，并认为这种快感与中国网络小说的读者没有区别。① 吉云飞和李强重申了爽感的跨文化共通性，指出中国网络翻译小说的力量在于一视同仁地打通了海内外读者的"快感通道"②。学界已然意识到，爽感是中国网络小说经翻译被海外读者成功接受的关键。但论及中国网络翻译小说如何实现以爽感打通文化壁垒，既往研究仅以故事"好看""带感"等口语化表述一言以蔽之，对中国网络翻译小说的爽感内涵语焉不详，缺乏理性分析。本文将尝试解释中国网络翻译小说爽感的内涵与成因，并由此引发对爽感之于中国文化"走出去"战略的思考。

一　"爽感"——中国网络翻译小说特有的阅读快感

与传统意义上阅读快感由文本与读者两个维度的互动来实现不同的是，中国网络小说的爽感侧重读者维度，强调文本对读者需求的满足。在中国网络翻译小说的源文本——中国网络小说的研究语境中，学界对于爽感的内涵进行过较为充分的阐释：爽感并不是单纯的好看，而是"现实中无法实现的愿望得到象征性满足后产生的强烈愉悦感"，是"在读者不动脑子的前提下极大满足阅读欲望的超强快感"。具体来说，爽感可分为占有感、畅快感、优越感、成就感。③ 在文本中主要通过"代入感"和"金手指"的叙事机制得以实现。④ 从上述阐释中可见，爽感是一种在轻松愉

---

① 邵燕君：《网络文学的"网络性"与"经典性"》，《北京大学学报》（哲学社会科学版），2015 年第 1 期。

② 吉云飞、李强：《中国网络文学"走出去"的启示》，《红旗文稿》2017 年第 10 期。

③ 黎杨全、李璐：《网络小说的快感生产："爽点""代入感"与文学的新变》，《海南大学学报》（人文社会科学版）2016 年第 3 期。

④ 耿弘明：《哲人话语的快感构建与网络小说的快感叙事》，《广西师范学院学报》（哲学社会科学版）2018 年第 6 期。

快的阅读中满足读者在现实中难以满足的欲望而获得的快感。海外读者在阅读中国网络翻译小说时的爽感与源文本读者有何异同，有待探索。

作为一种阅读快感，爽感来源于阅读过程中文本与读者期待视野之间的接触与反应。读者在人生观与世界观、一般文化视野（读者的文化水准、实际生活经验、传统文化和外来文化的影响程度等）、艺术文化素养、文学知识与阅读经验四个层面的积累，形成对文学作品的潜在审美期待，即期待视野，使读者有选择地吸收文化。期待视野进一步分为定向期待和创新期待。[①] 定向期待决定了读者对某类作品的偏好以及理解的方向与水平，表现出一种相对稳定的、无意识甚至惰性的阅读习惯，[②] 随着阅读深入而强化。创新期待是期待视野的深层结构，是期待视野拓展的动力来源。读者面对异于自身定向期待的内容时，发挥主观能动性调整自身结构，以接纳新信息，创新期待随着阅读的深入，逐渐累积形成读者的定向期待，期待视野得以拓展。文本与读者期待视野之间的相异或分离形成的审美距离，是作品魅力的来源，是读者创新期待的动力，同时也是读者接受的潜在障碍。理想的文本应与读者处于适当审美距离之内，顺应定向期待，同时激发创新期待，充分实现二者的矛盾运动。

受接受美学影响的罗兰·巴特将阅读快感分为两类，一是受抑于文本意义、文化习惯与先验传统，是有限的消费性愉悦（plaisir/pleasure）；二是读者通过游戏掌控对文本的阐释权。后者超越社会秩序实现自由无限的阅读快感，近乎狂喜（jouissance/enjoyment），更为可贵，更值得追求。[③] 罗兰·巴特所论的第一种阅读快感，即在特定社会文化语境下，读者以自身的期待视野阐释文本的过程，是读者常规的阅读行为。而第二种阅读快感是读者更充分地表达自我乃至以个人行为影响文本生产带来的阅读快感，这种快感在大众文本中得到空前彰显。读者通过收藏、订阅、打赏等行为来决定一部中国网络翻译小说的价值，通过翻译、批评、再创作等行为游戏文本，打破了以往"沉默的大多数"的边缘处境，对作者和译者

---

① 朱立元：《接受美学导论》，安徽教育出版社，2004，第 204~212 页。
② 温竹梅：《接受美学视域下期待视野理论的阐释》，《无锡商业职业技术学院学报》2019年第 3 期。
③ 朱立元：《接受美学导论》，安徽教育出版社，2004，第 99~100 页。

"形成前所未有的压迫和询唤"①，促使作者、译者与读者之间的关系从单向灌输转向各方协作。以作者为中心的传统文学模式被颠覆，读者夺取话语权的欲望得以满足，从而获得更深刻的"爽感"。

二 中国网络翻译小说的三重"爽感"及成因

"爽感"是目标语读者阅读中国网络翻译小说的原动力，也是目标语读者通过中国网络翻译小说接受中国文化的起点。正如赖静平在访谈中所论："首先是各种快感……然后才是好感，最后对这个文化有亲近感。②"这说明目标语读者在阅读中国网络翻译小说时，直接的阅读快感先于他者文化对读者产生吸引力。这种直接"爽感"的实现源自目标语读者定向期待的满足。

（一）第一重——定向期待的满足

艾瑞咨询于2017年发布的《中国网络文学出海白皮书》（以下简称《白皮书》）指出，位列前三的阅读目的分别为"单纯的喜欢"（91.3%）、"打发时间"（47.8%）和"缓解压力"（45.3%），仅有20.3%的读者出于"了解东方文化"而阅读。两年后的《中国网络文学出海研究报告（2019）》（以下简称《报告》）中上述数据基本维持不变（分别为91.6%，42.1%，50.5%，22.1%）。数据反映出，娱乐是海外读者阅读中国网络翻译小说的首要目的。

《白皮书》和《报告》描绘了中国网络翻译小说的读者特征：欧美为主，男性超九成，集中于18-25岁，30岁以下者占85%，多为未婚的学生，学历集中于高中、大学，与中国网络小说读者特征类似，属于低年龄、低收入、低社会融入度"三低"的底层失意人群，正是中国网络翻译小说所属的"爽文学"的目标读者群体。其一，这一群体文化素养与阅读

---

① 黎杨全、李璐：《网络小说的快感生产："爽点""代入感"与文学的新变》，《海南大学学报》（人文社会科学版）2016年第3期。

② 邵燕君、吉云飞：《美国网络小说"翻译组"与中国网络小说"走出去"——专访Wuxiaworld创始人RWX》，《文艺理论与批评》2016年第6期。

经验有限，抗拒艰深的经典文本，不愿花费过多精力钻研，偏好浅白的大众文本。其二，这一群体从小受到游戏、动漫等以"爽"和代入感为核心的大众文化产品熏陶，大众文化参与这一群体期待视野的建构之中，使其形成了修炼—战斗—胜利—升级的"游戏逻辑"，偏好以简单直接的方式实现感官刺激和情感宣泄。其三，这一群体在现实中面临着权威、精英等重压而无力反抗，最渴望在大众文化的幻想世界中实现梦想。综上可看出，目标语读者对于文本的定向期待：语言直白、情节刺激的大众文本，使其轻松地打发时间；内容唤起共鸣，助其在阅读中实现现实中难以实现的欲望，纾解现实压力。这一群体心态最忠诚，一旦对符合期待视野的文本产生兴趣，就容易养成阅读习惯。

文化上的亲切，是中国网络翻译小说与目标语读者定向期待的首个契合点。与经典文本强调中国文化特性不同，中国网络翻译小说首先表现出的是"ACG① 文化自发联通性"和"世界流行文艺的天然同盟性"②，求同于目标语读者业已存在的关于大众文本的定向期待，以"中体西用"的表现形式打开了接受局面。首部中国网络翻译小说《盘龙》（*Coiling Dragon*）的作者"我吃西红柿"是"中体西用"的典型代表，在其另一部代表作《雪鹰领主》（*Lord Xue Ying*）中，"我吃西红柿"将忠孝仁义的中国文化内在逻辑与西式奇幻小说的架空世界、半人半兽（狮人、蛇人）角色设定，以及骑士（knight）、爵位（title）、领地（territory）、领主（lord）等具有西方文化色彩的设定相融合，以目标语读者熟悉的形式消解对于他者文化的阻抗。东方玄幻小说《我欲封天》（*I Shall Seal the Heavens*）尽管以东土大唐（the Great Tang in the Eastern Lands）、北漠羌笛（the Qiang Di flutes of the Northern Reaches）等史实中存在的地名为架空世界命名，以更贴近中国传统武侠小说的"凝气"（Qi Condensation）决定实力，文化冲击力更强，但其在情节上呈现出的修炼—战斗—胜利—升级的"游戏逻辑"与西式奇幻小说并无二致。目标语读者即使对中国文化知之甚少，也可顺

---

① Animation（动画）、Comics（漫画）、Games（游戏）的缩写。
② 吉云飞：《征服北美，走向世界：老外为什么爱看中国网络小说》，《文艺理论与批评》2016 年第 6 期。

利地进入中国网络翻译小说的世界，达到打发时间、缓解压力等目的。

套路保证中国网络翻译小说与目标语读者定向期待契合的稳定性。中国网络小说在长期发展中形成了欲扬先抑、跌宕起伏、结局完满的套路。小说开篇时主角往往处于弱势地位，或被贵族、天才、神秘组织等迫害，如《雪鹰领主》中，原本在领地里过着幸福生活的东伯雪鹰，父母被势力强大的墨阳家族掳走；或天生资质平庸，饱受讥讽，遭遇种种挫折，如《我欲封天》中，穷苦书生孟浩早年父母双亡，屡考不中，升官发财梦破，自叹"百无一用是书生"。相似的年龄和处境使目标语读者跨越时空产生代入感。和游戏类似，主角的修炼之路是由一系列阶段性任务组成的。为了满足读者追求刺激的期待，中国网络翻译小说往往在任务中设置来自各路宰制性力量的挑战，会遇到战斗失利、修炼不成等挫折。当主角陷于困境，"金手指"在恰当的时机出现，帮助主角攻坚克难。主角经历磨炼、蛰伏，再强势爆发，完成挑战进入下一阶段，构成一个个"爽点"。修炼、战斗、挑战、胜利、升级，构成了循环上升的"游戏逻辑"，使读者在情节处于"抑"状态时，预见后文"扬"的转折，激发读者继续阅读以验证期待的兴趣，达到打发时间的目的。一切挑战的成功指向最终的胜利，主角在结局时修炼成至尊高手，与开篇时的弱势地位形成鲜明对比，满足了读者对胜利的期待，使读者产生"一切尽在我掌握"的控制感，获得心理慰藉。套路是作者根据读者反应的不断调整而逐渐固定下来的创作模式，形成了一种"最优化地实现娱乐化功能的快感机制"①，保证中国网络小说在内容上满足读者的娱乐阅读需求。由于目标语读者与中国网络小说读者同属"三低"人群，被中国网络小说读者所接受的套路具备打通快感通道，引发目标语读者"单纯的喜欢"的可能性。

"爽文学"的"爽"不仅在于情节上的刺激，更深层意义在于使读者在幻想中解决现实困境。中国网络翻译小说遵循着"游戏逻辑"，体验上"爽"字当头，但作为大众文化，背后起支配作用的依然是"现实逻辑"，

---

① 邵燕君：《网络文学的"网络性"与"经典性"》，《北京大学学报》（哲学社会科学版）2015 年第 1 期。

即与读者现实经验的相关性和对宰制性力量的抵抗。当下西方中心主义的世界正经历着阶级固化等诸多挑战，目标语读者面临来自社会、学校、家庭等多方宰制性力量束缚，只能诉诸架空世界来施展自我价值。无论是《雪鹰领主》的界心大陆，还是《我欲封天》的山海界，都是脱离具体时空而建构的与现实历史有一定相似性的虚拟世界①，在现实关照性上区别于以往西式奇幻小说的乌托邦。架空世界中看似虚幻的实力等级制实际上是以幻想折射现实中的社会阶层。等级间壁垒森严，难以逾越，是对阶级固化这一痼疾的艺术化表现。开篇时，主角往往在这一等级系统中处于底层，《雪鹰领主》中的骑士分为普通骑士的人阶、地阶、天阶，星辰骑士的流星、银月、称号，以及超凡骑士三大阶层共七级。东伯雪鹰的父亲东伯烈从平民奋斗成天阶骑士，拥有百里领地，已属不易，但在界心大陆中仅是普通阶层，在贵族中不过是位列末流的男爵。《我欲封天》中，孟浩在修炼之前属于底层平民，被抓入靠山宗后只能一边做杂役一边修炼，达到凝气一层才有机会进入外宗。这一处于社会金字塔底座的处境与目标语读者的现实相似，但不同的是，在崇尚"我命由我不由天"的架空世界中，主角不受出身、血统的限制和身体的束缚，以一己之力主宰命运，是现实中目标语读者可望而不可即的愿景。东伯雪鹰和孟浩虽然出身不同，但成长历程相似：勤学苦练，累积实力，挑战原本被认为无法突破的等级，达成目标，逆天改命。这一历程体现出以个人奋斗突破束缚、实现价值的可能性。在代入感的作用下，目标语读者将主角视作理想化的自我，期望主角代替自己实现愿景，遂将个人心理投射于主角，与主角一同经历这一历程。主角的阶段性胜利象征着对宰制性力量的反抗成功，最终的圆满结局昭示着个人价值的充分实现。这种满足超越了曲折情节和打斗场面带来的感官刺激，象征性地解决了读者现实中的困境，触发了切身的"爽感"。主角一路坚守的勤奋、勇敢、正义等跨文化共通的价值观增强了目标语读者情感上的代入感，也带来了解决现实难题的精神力量。

---

① 吉云飞：《架空》，收录于邵燕君编《破壁书：网络文化关键词》，生活·读书·新知三联书店、生活书店出版有限公司，2018，第217页。

（二）第二重——创新期待的刺激

文本与读者期待视野间适度的审美距离激发读者的创新期待，是读者持续阅读的动力。中国网络翻译小说在情节内容上对目标语读者创新期待的刺激吸引读者持续阅读。中国网络翻译小说以突如其来的"抑"与"扬"形成叙事张力，不断打破读者的思维惯性，形成情节走向与思维惯性之间的审美距离。对于追求刺激的目标语读者来说，这种张力足以引起其"单纯的喜欢"。另外，中国网络翻译小说以架空世界及新奇意象"跳出特定政治文化背景的认知局限，也规避了时代语境的空间制约"①，既迥异于现实世界，也迥异于经典文本，使目标语读者暂时脱离秩序的束缚，进入纯粹的幻想空间，为现实难题找寻诸如"金手指"的另类解决方案。"金手指"是辅佐主角不断升级、获得超凡成就的超自然力量，以道具、武器、超能力、高人等形式存在。《我欲封天》中孟浩从穷苦书生一路崛起，成为山海星空之主，离不开外界的"金手指"：神秘铜镜、封妖古玉、青木图腾等。《雪鹰领主》中东伯雪鹰的功力突飞猛进，除了个人的勤学苦练外，作为"金手指"的太古血脉功不可没。主角拥有"金手指"后，一切困难迎刃而解，这对于渴望成功的目标语读者来说正中下怀。尽管个人奋斗这一中国网络翻译小说的主旋律在一定程度上抚慰了目标语读者的失意心理，但现实中单凭奋斗实现逆袭的希望太过渺茫，读者寄希望于现实中不存在的更轻易改变现实的"金手指"，可以更大程度地满足欲望，获得解决现实困境的"爽感"。"金手指"的超自然力量与现实之间形成审美距离，成为吸引读者的神秘力量。上述审美距离是中国网络翻译小说套路中的有机组成部分，助力文本契合目标语读者打发时间、缓解现实压力的定向期待。

套路不断满足并强化读者的定向期待，逐渐培养起读者的阅读习惯。随着目标语读者对套路的熟悉，原本刺激创新期待的情节设定转为定向期待，读者的期待视野得以拓展，与同类文本的审美距离因此缩短。审美距离过近，文本便难以满足读者期待，造成阅读失望。读者阅读了大量套路

---

① 吴赟、顾忆青：《中国网络小说在英语世界的译介：内涵、路径与影响》，《中国比较文学》2019 年第 3 期。

雷同的中国网络翻译小说后，难免产生"爽感抗性"。当情节在刺激创新期待上进入瓶颈时，作品间相异的中国文化元素逐渐占据上风。《白皮书》和《报告》的数据显示，20%左右的目标语读者出于对东方文化的兴趣而阅读，可见中国文化元素仍具有一定吸引力。在作为大众文本的中国网络翻译小说中，中国文化元素的数量和深度有限，从源文本维度避免了与目标语读者的审美距离过远。尽管如此，中国文化元素仍位于目标语读者期待视野之外，若要使其发挥激发创新期待的作用，需要译者以适当策略将审美距离控制在合理范围内，在保证读者理解文本、获得基本"爽感"的基础上引发读者对于中国文化的兴趣。

Wuxia World 网站以注释等副文本吸引目标语读者主动探寻中国文化。译者以直译或音译的异化策略保留新奇的中国文化元素，刺激读者的创新期待。为避免陌生的中国文化元素导致审美距离过远，译者增补了注释、术语表等副文本。读者查阅后，形成对该文化元素的定向期待，返回继续阅读文本。如海外译者 Deathblade 翻译《我欲封天》时，在音译主角姓名孟浩（Meng Hao）后增补了"孟浩"的中文原文及拼音，并加注中国人的姓名规则，以及"浩"在中文语境下的含义——广大、数量多，从而帮助目标语读者理解角色性格特征与相关文化背景。

> 他叫孟浩，是这大青山下云杰县一个普通书生，（《我欲封天》第一章）①

> His name was Meng Hao, an average student from Yunjie County, which lay at the foot of the mountain［4. Meng Hao's name in Chinese is 孟浩（mèng hào）– Meng is a family name. Hao means "great" or "many"］. (*I Shall Seal the Heavens*, Chapter 1)②

与经典文本的厚翻译不同，中国网络翻译小说的注释仅以寥寥数语简

---

① 起点中文网原文已被删除，参考链接：https://www.shuhuangge.org/0_71/50392.html. 书荒阁，2020 年 1 月 5 日。

② 译文链接：https://www.wuxiaworld.com/novel/i-shall-seal-the-heavens/issth-book-1-chapter-1. 武侠世界，2020 年 3 月 4 日。

要解释概念，在全文中数量不多，不易造成阅读负担。注释如同"金手指"，帮助目标语读者跨越文化障碍，在"发现—调整—接受"的循环中获得跨越文化障碍的"爽感"，累积对中国文化的定向期待。

Wuxia World 网站的"异化＋副文本"策略以中国文化鲜明的他者性刺激目标语读者的创新期待，而起点国际（Webnovel）网站从目标语读者对本民族文化的鲜明取向出发，采用比附法，将接受的重心诉诸目标语读者的文化经验，使中国文化靠近读者，达到控制审美距离、保证接受效果的目的，对目标语读者的创新期待形成相对缓和的刺激。其形式之一是在源文本与目标语文化中寻求共性，以目标语文化业已存在的概念对中国文化元素进行重新阐释，这是传统意义上的比附法。《雪鹰领主》以"领主""天""骑士""神"等西方文化概念表示实力等级制，译者借用英语中对应的概念进行阐释，有效化解他者文化的陌生感——Lord，Heaven，Knight，God，使目标语读者在理解情节的基础上，感知文化间的共性，为进一步接受渗透于情节中的中国文化核心价值奠定基础。

比附法的另一种形式是以目标语文化的对应概念在译文本中重现源文本的文学效果。下例中，源文本以"夜炉"作为"野鹿"的谐音，以表现儿童因年龄小而吐字不清，而非表达"夜炉"本身的含义。这一文字游戏若是直译，则难以被目标语读者所理解。译者从目标语中找到了与 deer 发音相近且具有实义的 veer，借 veer 与 deer 的尾韵在目标语境中重构"夜炉"与"野鹿"的文字游戏，使目标语读者获得与源文本读者相同的审美体验。

> "夜炉？夜炉？"弟弟青石瞪大着乌溜溜的眼睛，嘴里发出不清晰的声音。
>
> 弟弟东伯青石才两岁，虽然努力说话，可说话还不够清晰，也不太懂意思。
>
> "是野鹿，我们家后山中的一种野兽。"雪鹰说道。（《雪鹰领主》第一章）①

----

① 原文链接：起点网，2020 年 2 月 15 日，https://read. qidian. com/chapter/7X3dt6Dj9tI1/fr-fuMcYFVZwex0RJOkJclQ2。

"Veer? Veer?" Qing Shi opened his crow-black eyes wide as his mouth let out an unclear sound.

Dong Bo Qing Shi was only two years old. Try as he might to speak, his words were still unclear and didn't understand the meaning.

"It's a deer, a type of animal found on our family's mountain. " (*Lord Xue Ying*, Chapter 1)①

以上翻译策略以保证目标语读者准确而顺畅地理解文本、获取文本内容带来的爽感为第一要义。在此基础上，中国文化元素具有刺激目标语读者创新期待的作用，目标语读者通过查阅副文本或比附中西文化，获得探秘他者文化的爽感。随着阅读量的积累，目标语读者逐渐熟悉并接受中国文化。

（三）第三重——文本游戏带来的无限愉快

上述两重爽感来源于常规意义上读者对文本的阅读行为。在文本之外还存在一重爽感，即目标语读者以翻译、批评、再创作等文本游戏所获得的快感。这种爽感对读者欲望满足和对社会文化语境的影响相较于前两重爽感更为深刻，却往往被忽视。

翻译是目标语读者与中国网络小说的第一次"游戏"。以赖静平、死亡之剑为代表的英语世界的青年大众在没有政治和资本推动的条件下，自发译介《盘龙》等中国网络小说。出于对中国文化的热爱，加之深谙目标语读者的期待，译者以创造性的方式实现了翻译策略上的目标语读者取向目标，以直译、音译为主的异化翻译策略处理中国文化元素，辅以注释和从文本中提炼常见的中国文化术语帮助读者理解。这一策略不同于先前国家机构外译时以源语文化为取向的异化，也不同于商业出版机构为迎合目标读者偏好的过度归化，一方面保证了阅读水平有限的目标语读者的接受，另一方面激发了这一群体对中国文化的好奇，使中国网络翻译小说短

---

① 译文链接：https://www.webnovel.com/book/8411219605000605/23580770429879255/Lord-Xue-Ying/Snow-Eagle-Territory，起点国际网，2020 年 2 月 16 日。

时间内受到全球读者追捧和热议，随即掀起"网文出海"热潮。翻译使大众译者率先取得了对中国网络小说文本的跨文化阐释权，将其引入英语文化系统。在全球读者的认同中，出身于普通读者的大众译者初次感受文本之外的爽感。

互联网的平等属性赋予大众读者批评的权力，颠覆了传统文学模式下精英的垄断性中心地位。网络时代，是一个读者趣味决定文本的时代。[①]读者的阅读、批评、评分等行为决定着文本的价值，无论文本质量多高，若无人问津，便是失败之作。前文所述的套路即作者兼顾自我表达与读者期待，以实现文本价值最大化的产物。读者的批评同样影响着中国网络小说的翻译。译者死亡之剑针对其翻译的《我欲封天》开设了翻译纠错帖，请读者对其翻译中的拼写、语法，以及翻译错误和一致性问题进行纠正，死亡之剑据此修改自己的译文或做出回应。读者从作者/译者/批评家等文化精英手中夺取批评的权力，在文学中获得了话语权。

中国网络翻译小说的开放式结构为目标语读者提供了再创作的空间。同人文（Fanfic）是再创作的形式之一，如死亡之剑基于《我欲封天》创作的 *I Shall Slay Immortals*。同人文的创作动机是文本与读者期待视野之间的差异和冲突，读者获取的爽感不足，遂借助原著的故事背景、人物设定和语言风格，讲述与原著相关而视角不同的新故事，以满足个人期待，弥补爽感上的不足。再进一步，大众创作者另起炉灶，借鉴中国网络翻译小说的情节组织、人物设定、文化元素，创作英文原创网络小说，如丹麦作者 Tina Lynge 的《蓝凤凰》（*Blue Phoenix*）、西班牙作者 Alemillach 的《最终愿望系统》（*Last Wish System*）等。大众创作者在再创作中"暂时脱离了社会网络和权力的规约"[②]，以更鲜明和自由的方式表达个人欲望、宣泄情绪。同时，大众创作者在创作过程中收获了自我认同和其他读者的认同。另外，这些再创作的作品丰富了大众创作者所在的英语文化系统，客观上推动了文化的交流。这些创作者以个人再创作行为对整个社会文化语

---

① 欧阳友权、曾照智：《网络文学之"交互性"辨识》，《东岳论丛》2020 年第 6 期。
② 黄昕恺：《网络玄幻小说迷群身份认同与集体文本再生产》，《西南交通大学学报》（社会科学版）2019 年第 6 期。

境产生了更为广泛的影响，改变了现实生活中人微言轻的失语处境。

上述三重爽感的体验因人而异。中国网络翻译小说以带有中国元素的大众文本在内容和形式上顺应目标语读者期待，满足其打发时间、缓解压力的心理需求，调动起阅读快感，引发"单纯的喜欢"。"只有阅读快感被调动起来之后，才能塞进精神'私货'。"① 此时的精神"私货"便是中国文化。在快感的作用下，部分目标语读者心态更加开放，更乐于调整自身以适应他者文化，在发挥主观能动性跨越文化障碍中获得爽感。再进一步，部分读者沉浸于中国网络翻译小说的世界，通过文本的游戏获得现实中难以获得的认同感和话语权，进而主动将中国网络翻译小说与目标语文化系统融合，生成新的文本——同人文和英语原创网络小说，获取最深层次的生产性爽感。后两重爽感均属于中国网络翻译小说在基本的阅读快感之外的高级体验，超越了爽感在中国网络小说语境下的意涵。文本的游戏在一定程度上反映出目标语读者对中国网络翻译小说及其背后的中国文化的理解和接受，他们主动参与文化的交流，并在这一过程中潜移默化地加深了对中国文化的理解。这三重爽感的形成过程既是目标语读者心理需求逐层实现的过程，也是目标语读者与中国文化接触—探寻—交融的过程。

三　结语

中国网络翻译小说存在三重爽感。其一，中国网络翻译小说以蕴含中国文化元素的大众文本呈现另类现实，在架空世界中象征性解决目标语读者现实中难以解决的难题，迎合其在幻想中获得成功的欲望，满足其打发时间、疏解压力的阅读目的，契合目标语读者的定向期待，使其获取基本爽感。其二，中国网络翻译小说的内容在情节发展与思维惯性、想象与现实中呈现合理的审美距离，这成为读者持续阅读的驱动力。中国网络翻译小说以适度的中国文化元素辅以"异化＋副文本"或比附法的翻译策略，在文化上控制了审美距离，在保证目标语读者理解文本内容的基础上，充

---

① 邵燕君：《从乌托邦到异托邦——网络小说"爽文学观"对精英文学观的"他者化"》，《中国现代文学研究丛刊》2016 年第 8 期。

分调动其创新期待，鼓励其发挥主观能动性，使其理解中国文化，从而获得跨越文化障碍的爽感。其三，翻译、批评、再创作等文本游戏满足目标语读者对认同感和话语权的需求，获得最深刻的爽感。目标语读者根据自身期待，体验其中部分或全部内涵，在这一过程中，他们对中国文化从接触到接受，进而主动参与文化交流。

中国网络翻译小说的爽感与源文本的爽感相比，既存在共性又具有自身独特意涵。其共性在于文本满足目标语读者娱乐阅读的定性期待，其独特意涵有二，其一在于中国文化对目标语读者创新期待的刺激。译者以副文本使目标语读者靠近中国文化，或以比附在文化之间求得共性，在适当的审美距离中激发目标语读者对中国文化的兴趣，兴趣逐渐沉淀为文化上的好感和亲近感，最终在客观上实现了中国文化的"走出去"。其二在于大众读者通过文本游戏更充分表达个人欲望，以个人的创作行为对中国网络翻译小说的意义建构乃至社会文化语境产生影响，使中国文化"走出去"实现了大众渠道的突破。

爽感是一把"双刃剑"。关注爽感带来接受效果突破的同时，也需警惕由此产生的不良倾向。若一味以短、平、快的爽感吸引读者，忽视内容的价值取向，则会造成传播内容上的价值虚无；若大量译介同质化作品，则难以满足读者不断拓展的期待，导致读者产生"爽感抗性"，长此以往将对中国网络翻译小说的可持续传播产生负面影响。如何利用爽感吸引更多目标语读者，持续激发目标语读者对中国文化的兴趣？如何以喜闻乐见的形式传播中国文化的核心价值，避免传播过程中的价值虚无和"爽感抗性"？如何借助目标语读者的参与加深其对中国文化的理解？这些问题应在未来的研究中深入探究。

"中国本位"文化立场的坚持

——论老舍的文化选择

郝瑞娟*

摘　要：现代作家老舍具有深厚的西方文化背景，但他并不全盘接受西方的价值理念，而是坚持以中国文化为本位，吸纳西方文化的优秀成分为我所用。在老舍的小说中，我们能看到他对中西方文化的深刻思考，从中西"民族性"的比较到"中国人的伟大"的呈现，再到对中华民族文化精神的发掘，以及老舍在作品中呈现的刚健奋进的民气、自强不屈的骨气和正直善良的义气，这些对传统文化中理想人格的彰显都表现出老舍对"中国本位"文化立场的坚持。深入探析老舍对中西文化的思考和选择，可以全面理解老舍小说的魅力并进一步发掘老舍的价值之于当下中国的意义。

关键词：老舍　中国本位　民族性　文化立场

老舍最初是在英国伦敦大学任教期间走上文学创作之路的，之后他又多年旅居美国，西方的文化理念、生活方式、艺术创作等都对老舍的小说创作产生了重要的影响，然而这种影响更多体现为一种学习和借鉴，他并不是全盘接受西方的价值理念而是坚持以中国文化为本位，吸纳西方文化的优秀成分为我所用，这一点在其早期对比中英国民性的典型小说《二马》中就有体现，在抗战后期完成的经典之作《四世同堂》中得以延续。老舍亲历了中日战争的残酷，他看到了在战争冲击下传统中国文化的韧性，也感受到蕴藏在民族和民众中的深厚伟大的力量。以中国为本位的文

＊　郝瑞娟，上海师范大学中国现当代文学专业博士研究生，研究方向为现当代作家作品。

化立场既体现在他对传统文化中优秀文化成分的继承，也表现为对理想的文化品格的发掘和认可。

"中国本位"的文化立场是指老舍在小说创作中的创作思想、人物形象、精神内核、文化环境方面立足于本民族的文化根基，坚持以中国文化为主，吸纳外来西方文化，秉承为我所用的价值态度。他在中西文化之间更多地看到了中国传统文化的力量，希望努力改造旧有文化并在此基础上挖掘出优秀传统文化的魅力。同时，在理想人格的塑造上他从中国传统文化的优良因素中汲取力量，看到刚健奋进的民气、自强不屈的骨气和正直善良的义气，这些理想人格正是中华民族深厚博大的文化底蕴的显性表达。

一　在中西民族性的比较中改造中国文化

《二马》是中国现代文坛上唯一一部以英国为背景的长篇小说，老舍将一对土生土长的中国父子放在发达的西方社会背景中，通过中国人在英国的不同经历和遭遇表现中国落后的国际地位以及中华民族的屈辱命运。当富有强烈社会责任感的中国现代文人们，以自己的亲身经历，痛切地感受到西方资本主义国家的发达与强盛，并将之与中国当时积贫累弱的落后现状进行对比时就不能不更加激发起他们对祖国的深切忧思。① 与西方文化的扩张性、殖民性相反，处在东方的中国文明，是被迫遇上西方并饱受其侵略和侮辱的。西方的侵略又促使中国这个古老的东方民族别无选择地走向了开放和现代。在这样一种历史文化的困境中，当最先走出国门、走向世界的现代中国文人们直接触目于西方列强的自负与傲慢、亲身感受着弱国子民的屈辱时所产生的尴尬而矛盾的复杂心理是最值得关注的。细读小说后，我们可以相当清楚地发现《二马》中出现的所有英国人对中国都有一种偏见和歧视。温都母女因为种族歧视拒绝老马父子的爱情；尹牧师在伪善的外表下咒骂中国人，以和中国人一起走路为耻；伊太太禁止自己的子女说中国话，认为小孩子一开口就说下等的语言绝对不会有高尚的思

---

① 沈庆利：《现代中国异域小说研究》，北京大学出版社，2009，第10页。

想；保罗也认为让中国人到家里来做客是不体面的事，连未出场的姑姑也认为和中国人在一起过节是十分不安全的。这种不平等和歧视加深了弱国子民内心的创痛和怨仇，整个小说更像是在揭示中国人在国际上的无助，他们只能在不平等和差距中体会内心的悲凉。

中国人受到歧视除了由于中国自身不够强大之外，也是西方人刻意塑造和强化的结果。西方人主要通过电影、小说和传教士的讲述等了解中国，为了符合西方人的口味，影片、小说或传教士有意渲染中国人迷信无知的一面。西方人脑海中的并不是真正的中国，而是他们对落后中国的自我想象。这就是萨义德所谈到的"东方主义"。在萨义德看来，西方为自己的经济、政治文化利益施行了一整套重构东方的策略，并规定和误导了西方对东方的理解，通过文学历史、学术著作描写的东方形象为其帝国主义的政治、军事、统治服务。[1] 在《二马》中，老马最终成为华工攻击的对象与小说中西方人对中国人形象的恣意想象分不开，老马应英国朋友的邀请在电影中出演一位富商，这部电影通过表现中国人的残忍和愚昧，来凸显英国的强大。尽管编剧和导演明白中国人是文明人，但为了迎合英国观众自大虚荣的心理，他们将中国人再一次塑造成残忍险诈、彼此拿刀乱杀的狂魔，电影的场景设置是上海对比鲜明的两条马路——一条是污浊、混乱、天昏地暗的中国马路，另一条是清洁美丽和秩序良好的英租界内的马路，电影的情节是中国妇女被活埋、扎着小辫的看客、跪地求饶的中国人坐等高大的英国人赦免。这一切都是西方人对中国人的一种想象性设定，他们从单一的视点来审视中国必然呈现和传播出落后愚昧的中国形象，以这种不平等的关系再现东方。

五年的海外生活经历，让老舍深刻地体会到落后的中华民族与西方强国之间的差距，也更加能够理解弱国子民在先进的国度毫无地位和尊严的悲惨经历。尽管老舍是作为教授生活在英国的，但在先进的资本主义国度下依旧不可能摆脱弱国子民的身份，他在开阔文化视野的同时也感受到强烈的文化差异和民族歧视，所以老舍早期的创作以西方文化为参照来审视中国社会，他迫切地希望通过输入西方现代文化来改造中国落后的现实和

---

[1] 邱运华：《文学批评方法与案例》，北京大学出版社，2005，第 254~255 页。

改善国民的精神状态。

在小说《二马》中，通过对比中英两国的文化，展现出中英两国国民精神状态的差异。老舍提到他在小说《二马》的创作中有意比较中英两国国民的不同之处，希望以自己的笔呈现两国国民所代表的民族性。《二马》围绕马则仁、马威、李子荣等几个中国人在海外的生活、工作、爱情等方面的不同经历展开，表现了以马则仁为代表的老派中国人和以李子荣为代表的青年一代所展现出的不同的国家观念和生活态度。这部小说的特殊之处在于把几类典型的中国形象放在发达的资本主义国度，从他们普通平凡的日常活动中体会落后保守的中国与先进发达的英国之间的差距，以发达反衬落后，更能引人深思。如英国人强调平等自主，中国人恪守森严的等级观念；英国人科学理性，中国人讲面子爱虚荣；英国人务实，办事效率高，中国人讲排场，办事效率低等。可以说在中西文化的对比之下老舍用较为客观的笔触呈现了两国国民的精神状态，尽管在小说中老舍也否定了英国人的高傲、偏执、专断等性格特征，但从总体上看，老舍仍希冀以西方文化为参照对中国愚弱国民性进行批判和改造。

20世纪二三十年代的中国无论在器物层面还是制度文化层面都远远落后于西方资本主义国家，但蒙昧的国人依然扬扬自得地认为自己处在世界潮流的中心，他们的自我认知还停留在封建王朝的辉煌阶段，充满盛世般的自豪感。马则仁们尽管身在发达的英国，却看不到其先进之处，在他们的思想中古老的中国因为老，因为大，便是骄傲的资本。这种盲目自大，如同《二马》中老马对现代英国的强大的无视与《四世同堂》中祈老爷对只要用缸顶住大门便可以躲过日军侵袭的笃信一样，是愚昧无知的典型表现。

英国人强调积极进取的探索与冒险精神，相比之下，中国国民坚持妥协敷衍得过且过的人生态度。老马懒得工作和思考，当伊牧师劝他可以在闲暇时间写一本研究中英民族差异性的著作时，他不假思索地回绝："快50岁的人啦，还受那份累"，他不能理解英国人为何年近五十还在不遗余力地工作。他不仅懒得行动，连想都懒得想。大多数中国人如同老马一样毫无意义地活着，敷衍和混日子成为他们人生的座右铭。如果懒惰的老马没有生命力的话，那么《离婚》中的张大哥认为一切皆在掌控中的庸碌之忙以及万事折中的处理方式也是一种生命意志缺乏的表现。张大哥思想简单肤浅，忙碌于世俗生活的表层，缺乏对生活的真正理解，自认为一切应付自如，实质也同老马一样没有目标地活着。

老舍曾说："我们这个民族，很缺乏正义感，诗人感，马马虎虎嬉皮笑脸，正是劣根性所在处。"①《二马》中的马威因为凯瑟琳救了自己的父亲误以为凯瑟琳爱上了他，但李子荣却道出了事情的本质，英国姑娘凯瑟琳不是因为喜欢马威才会救他的父亲，而是出于一种社会道义，不能以中国人"爱屋及乌"的观念去评价西方人。作者通过不同民族对救人这件事的表现，间接指出中国国民不懂得互助，没有道德观念。"中国人见了别人有危险，是躲得越远越好，因为我们的教育是一种独善其身的！外国人见了别人遇难，是拼命去救的。"② 在《猫城记》中，当公使被埋在地下时，周围人无动于衷毫无帮忙的意思，直到得知有"国魂"可拿时才有所行动，然而他们志不在救人，而是为了趁机哄抢他人财物，作者借猫人喻指中国人唯钱是命、缺乏道德观念。

老舍在对中英民族性进行冷静的对比之后，看到了中国和英国等西方国家的差距，他迫切地希望以先进的西方文化改造中国的国民性。通过学习西方先进民族之长处，挺直腰杆行动起来。可以看出老舍是因为有感于落后国民麻木不觉悟的精神状态而写下的《老张的哲学》《赵子曰》《二马》等一些对中华民族长期累积下来的民族劣根性批判的小说。尤其是《二马》更以细腻的笔触写出一个在英国生活多年的作家眼中中西国民之间的差距，他希望中国人能像英国国民一样放弃孝悌、恋爱、个人私欲，去做一些有益于民族和国家的事，希望参照西方文化对中国文化进行改造。

二 从"中国人伟大"中发掘民族精神

《二马》创作不久后老舍在旅英归国途中经过新加坡，看到中国人为南洋做出的贡献，写下了《小坡的生日》，肯定了中国人踏实肯干、勤劳

① 《老舍全集·谈诗》（第17卷），人民文学出版社，2013，第6页。
② 《老舍全集·二马》（第1卷），人民文学出版社，2013，第410页。

勇敢的品质。抗日战争爆发后，老舍感受到中国人民为保全国家齐心抗战，以顽强不屈的精神与侵略者斗争，这让他更加意识到在传统的中国文化中蕴藏着可以抵御外族的强大精神力量。

《小坡的生日》是以少年儿童小坡的活动为线索，意在表现中国人的伟大，作者想要告诉读者：华侨不都是发福的财主或者靠碰运气发家致富的暴发户，他们中的大多数都有敢想敢干的勇气，他们在没有国家的支援和帮助下凭着敢于冒险和吃苦耐劳的精神，将南洋开发出来。在这部小说中老舍指出，伟大作家康拉德笔下的东方人总是次要的配角，在神秘冒险的南洋世界中西方白人作为主角永远是那么出色。但他有意要写出与康拉德相反的内容，希望《小坡的生日》中以中国人为主角来表现南洋的繁荣。《小坡的生日》表现了中国人在南洋开发过程中的贡献以及中国人不怕吃苦的精神，"中国人能忍受最大的苦处，中国人能抵抗一切疾痛：毒蟒猛虎所盘踞的荒林被中国人铲平，不毛之地被中国人种满了菜蔬。中国人不怕死，因为他晓得怎样应付环境，怎样活着。中国人不悲观，因为他懂得忍耐而不惜力气。他坐着多么破的船也敢冲风破浪往海外去，赤着脚，空着拳，只凭那口气与那点天赋的聪明，若能再有点好运，他便能在几年之间成个财主。自然，他也有好多毛病与缺欠，可是南洋之所以为南洋，显然的大部分是中国人的成绩"。① 在此作者重新审视中国人，在他们的身上看到了坚韧的品质和乐观向善的性格以及爱好和平的民族特质。在后来的创作论《还想着他》中老舍再次指出，写作这篇小说的宗旨是表扬中国人开发南洋的功绩，表达对中华民族的崇拜。可见老舍已经从对中国文化的否定和批判过渡到能看到中国人的伟大之处和可以改造的希望。

老舍十分重视对民族文化心理特征的整体发掘，在《我怎样写〈二马〉》中曾说："一切人差不多都代表着些什么，我不能完全忽略了他们的个性，可是我更注意他们所代表的民族性。"② 这种对民族性的探索贯穿老舍创作的始终，而尤为难能可贵的是，老舍不仅剖析民族的劣根性，而且看到了支撑民族活下来的民族精神。真正的民族性不在于描写农妇穿的无

① 《老舍全集·我怎样写〈小坡的生日〉》（第16卷），人民文学出版社，2013，第175页。
② 《老舍全集·我怎样写〈二马〉》（第16卷），人民文学出版社，2013，第175页。

袖长衫，而在表现民族精神本身。作为一个有着强烈社会关怀的作家，他坚持对传统文化的劣根性进行批判和反思，也感受到在民族危亡之际中国传统文化的伟大力量。普通民众敢于反抗、勇于团结的爱国精神；刚正不阿、视死如归的民族气节以及传统道德中孝悌、忠信、礼义、廉耻等文化品格都是民族危难之际保存民族的重要力量，这些民族文化的精髓不应丢弃，值得我们坚守并传承下去。

历经民族危机之后，人们会更加重视优秀传统文化的审美价值，抗战中的老舍在对传统文化批判与反思的基础上多了一份对民族文化的认同。尤其是在抗战中，他发现了传统文化经过剔除、过滤、转化和提升后优质的文化因素，在他的小说创作中体现出一种使中华民族得以保存的民族精神，《四世同堂》中在屈辱与忍耐中偷生的知识分子找到革命战争中的自我身份，《蜕》中稚气未脱的学生决心联合抗敌，毅然走上保卫民族的道路，《鼓书艺人》中生活在底层的小人物通过微弱的力量表达对国家和民族的热爱。作者看到过去揭露和批判的愚弱的国民身上也有着可以照亮民族前行方向的亮光，虽然他们很贫穷也没有多少文化，但他们"有礼貌，还有热心肠，还肯帮别人的忙，还不垂头丧气"①，他们是有着几千年历史的中国文化的代表，在危亡与耻辱背后是"光华灿烂，到处是周铜汉瓦，唐诗晋字，与梅岭荷塘的中华"②，这些中国传统文化中蕴藏着强大的力量，有着顽强的生命力。

《四世同堂》中以韵梅为代表的传统女性正是中国传统文化中坚韧精神的象征。韵梅只是一个从未离开过北平城的家庭妇女，苦难的战争环境和残酷的生活条件不仅没有打消她的生存意志，反而让她变得更加坚强和勇敢，她更加意识到自己在家庭中的责任。正是一个个像韵梅这样的妇女担当起养老扶幼的责任，才使得由一个个小家庭构成的国家能够在严酷的环境中几经摧残而屹立不倒。原本没有文化的她也逐渐将眼界从眼前的四合院拓展到院子之外的高山大海，而那高山大海便是她心中的国家。在民族危难的时刻，传统文化教给她忍耐和宽容，她微笑着用自己的经验和忍

---

① 《老舍全集·四世同堂》（第5卷），人民文学出版社，2013，第787页。
② 《老舍全集·四世同堂》（第5卷），人民文学出版社，2013，第910页。

耐接过惊险和困难，去从容应对随时变化着的战争局势。"她没有骑着快马，荷着洋枪，像那些东北的女英雄们，在森林或旷野，与敌人血战；也没像乡间的妇女那样因男人去从军，而担任起筑路，耕田，抢救伤兵的工作；可是她也没像胖菊子那样因贪图富贵而逼迫着丈夫去作汉奸，或冠招弟那样用身体去换取美好的吃穿；她老微笑着去操作，不抱怨吃的苦，穿的破，她也是一种战士。"① 在老舍看来，在国破家亡的危急时刻，她用自己的顽强和勇敢撑起整个家庭，也是值得称颂的战士，而这种顽强和勇敢正是深厚的传统文化孕育的结果。

同样，在《四世同堂》中还有很多像韵梅这样的女性，她们朴实勇敢、任劳任怨，支撑着小家，保全了整个民族。新文化运动之后，西方先进思潮涌入，个性自由和妇女解放一时成为社会热潮，先进的女性更多追求新潮的服装和打扮、文明的行为举止，具有离经叛道的思想，和这类女性形成对比的是老舍笔下的如韵梅一样的传统女性，看似软弱的刘棚匠太太在敌人经济围剿下敢于跑到火车上去换取粮食，李四大妈以自己的菩萨心肠安慰和援助每一个她遇到的困难者。韵梅的坚强与自信，刘棚匠太太的勇敢与果断，李四大妈的无私善良与热诚都是传统女性中"美好"名词的代表。虽然她们都只是普通的家庭主妇，但在战争的威胁下，她们没有被吓倒，传统文化精髓外化为一种抵抗外族侵略的精神力量。她们不追求摩登，不追随喝咖啡、看电影等新式的生活方式才可能竭尽全力操持家务，维系好一个个小家；她们不故作文雅和清高才可能天不亮就起床站几个小时领粮食而不抱怨，被敌人鞭打而不退缩；她们固守着传统美德才不会盲目添乱，懂得担负起肩头的责任，用无声的抵抗保全一家人的清白。对这类传统女性的赞美不是老舍在战时的突发奇想，它与老舍早期小说《二马》中李子荣的爱情观相呼应，是老舍一贯坚持的文化立场。在战争的背景下这种民族精神的价值被凸显出来，它让读者看到民族未来发展的希望。所以老舍才指出："她不只是她，而是中国历史上好的女性的化身——在国破家亡的时候，肯随着男人受苦，以至于随着丈夫去死节殉难！真的，她不会自动地成为勇敢的，陷阵杀敌的女豪杰，像一些

---

① 《老舍全集·四世同堂》（第5卷），人民文学出版社，2013，第971页。

受过教育，觉醒了的女性那样；可是就事论事，瑞宣没法不承认她在今天的价值。"①

从《小坡的生日》中叙写中国人的伟大到《四世同堂》中看到普通人民身上强劲坚韧的民族精神，从而刻画苦难民族的顽强生命力，老舍着意发掘古老中华民族的文化精神，这种发掘不是一味地唱赞歌，而是在文化批判和文化检讨的过程中挖掘优秀的文化传统。他明白只有不断审视自己、矫正自己才能保持文化的生存和自由。

三　传统文化中蕴含的理想人格特征

"伟大文艺中必有一颗伟大的心，必有一个伟大的人格。"② 老舍一生的创作都执着于发掘和塑造理想人格，从刚健奋进的民气、自强不屈的骨气和正直善良的义气中可以看到老舍对中国优秀传统文化的传承，独具中国传统魅力的人格特征也是"中国本位"文化立场的体现。

刚健奋进、凝心聚力的民气是传统理想人格的重要特征之一。"民气"一词最早见于梁启超的《论民气》，这篇文章发表在1906年1月第72号的《新民丛刊》上，文章的开篇就谈道："一国中大多数人对于国家之尊荣及公众之权利为严重之保障常凛然有介胄不可犯之色，若是者谓之民气"。③可以看出，在梁启超这里，"民气"被定义为在维护国家尊严和民众权利时表现出来的一种凛然不可侵犯的气势，它是一个国家得以长存的重要因素之一。梁启超关于"民气"的观点最早被鲁迅先生所继承，他在《突然想到》一文中谈道："可惜中国历来就独多民气论者，到现在还如此。如果常此不改，'再而衰，三而竭'，将来会连辩诬的精力也没有了。所以在不得已而空手鼓舞民气时，尤必须同时设法增长国民的实力。"④鲁迅先生不仅否定政治家不切实际地鼓舞没有实力的国民，而且指出"不以实力为根本的民气，结果也只能以固有而不假外求的天灵盖自豪，也就是以自暴

① 《老舍全集·四世同堂》（第5卷），人民文学出版社，2013，第971页。
② 《老舍全集·大时代与写家》（第17卷），人民文学出版社，2013，第111页。
③ 《梁启超全集·论民气》（第3卷），北京出版社，1999，第725页。
④ 《鲁迅全集·突然想到》（第3卷），人民文学出版社，2014，第308页。

自弃当作得胜"。① 可以看出，在鲁迅这里，"民气"更多指的是作为一种存在于中国国民身上被统治者利用或盲目没有目标的性格特征，是被批判和针砭的对象，他提倡通过正面输入和培育"民力"，让个体能有理性思考，依靠实力和勇气对抗现实之黑暗，塑造理想健康的国民性格，最终实现社会的变革和国家的强盛。

在中国现代文坛中，老舍和鲁迅一样都执着于国民性的挖掘与批判，鲁迅的批判犀利而深刻，偏于理性；而老舍则着眼于丰富而真实的日常生活，在嬉笑怒骂中对人物个性思维、社会风俗习惯加以揭示。尽管老舍和鲁迅一样在创作中坚持对国民精神的关注，但在"民气"的理解上，老舍和鲁迅大相径庭。在老舍的笔下，"民气"是一个褒义词，更多指的是在中国深厚的传统文化熏陶下在民众身上存在的足以支撑民族自新自强的优秀道德品质和精神力量。尤其是在中日民族战争中，老舍重新思考中国的文化，看到在普通的民众中存在保存民族的重要力量。老舍曾说："中国既敢抗战，必定是因为在军事的估量而外，还有可用的民气。而这可用的民气正是来自这国家的深厚文化，正是一种深厚的文化力量使中国人能坚持抗战多年而不懈。"② 在此，"民气"是一种对国民精神的肯定，是支撑中华民族历经磨难而长盛不衰的重要力量，因为"民气"的存在多了一份对国家的信心。

民气表现为普通民众身上一种自强不息的精神。无论是对国家富有责任感、勇于担当的李子荣，还是勤奋踏实、永不放弃的祥子都有一种奋勇向前的战斗精神。李子荣汲取中外文化的优秀品格，在伦敦半工半读，积极进取，希望通过学习商业改变自己的生活和祖国的未来。祥子执着追求的是买辆属于自己的车，他把这一愿望看成不可动摇的伟大心愿，为此付出了巨大的努力，显示了顽强的意志。他认真对待生活，即使失败了也义无反顾地坚持，在第一次失败之后他虽然有怨言但还是咬紧牙关力图再次争取，在祥子一次次重新开始的过程中，我们看到了劳动者奋发向上的本色。小说《月牙儿》同样塑造了一个充满强大意志力和顽强生命力的女性

① 《鲁迅全集·补白》（第 3 卷），人民文学出版社，2014，第 329 页。
② 《老舍全集·四世同堂》（第 4 卷），人民文学出版社，2013，第 92 页。

形象。"我"作为芸芸大众中极卑微的一个，为了在社会中获得独立与自由，付出了超乎寻常的努力，"我"求生的愿望和抗争的精神，无疑是对"民气"最好的诠释。

民气的另一种表现是一种忍无可忍的决心和英勇的反抗精神。在《四世同堂》中老舍三次提到"民气"一词，他认为民气在抗战中发挥了巨大的作用，中华民族在漫长的发展过程中积淀的深厚优秀传统文化使得中国能在危难的时刻历经劫难而重生，弱小的民众在炮声轰鸣、战火纷飞的战场上敢于与外敌搏斗，在艰苦卓绝的战争环境下不畏艰险赢得了战争、守住了祖国故土都是民气使然，是深厚传统文化积淀下的国民原始性格所致。《四世同堂》伊始，老舍就表露出对民族的信心——"凭着几千年的文化与历史，民气是绝对可用的"[1]，在抗战中中国传统文化发挥了巨大作用，日本侵略者远远低估了中国民众的能力，虽然在军事和物质上我们有很多的不足，但是"在军事的估量而外，还有可用的民气"[2]，对民气的忽略会让侵略者堕入无底的深渊。同时老舍指出，中国确实有一些奴颜婢膝、出卖国家的汉奸，但是那并不是中国的全部，那些只看到男盗女娼而忽略民族文化中礼义廉耻的人们是错误的，"只要士气壮，民气盛，国家是绝不会被一两个汉奸卖净了的"[3]。可见支撑民气的是中华传统文化的强大力量，文化力量的源泉在民间。

"国家的衰弱根本是因为民力的单薄；民裕国才能富，民聪国才会强。"[4] 民气，是凝结民族历史文化传统精神而成的民族气质。历史的经验足以证明民盛则国盛、民衰则国衰的道理，当然饱含力量的民气离不开民族荣辱观和民族凝聚力的支撑。中华民族在漫长的发展过程中必然积淀了深厚的优秀文化传统，中国之所以能历经磨难而长盛不衰就在于每每危难的时刻必有保存民族力量的民气。

自尊自强、刚强不屈的骨气不仅是老舍人格塑造的特质，更是他对生命理解的方式。骨气与气节相关，关乎一个人的尊严，是个人坚定独立意

---

[1]《老舍全集·四世同堂》（第4卷），人民文学出版社，2013，第68页。
[2]《老舍全集·四世同堂》（第4卷），人民文学出版社，2013，第92页。
[3]《老舍全集·四世同堂》（第5卷），人民文学出版社，2013，第710页。
[4]《老舍全集·泰山石刻》（第17卷），人民文学出版社，2013，第116页。

志的表现。老舍把个人的气节看得很重，他一生都生活在民族危机严重的时代，并随社会形势的改变不断调整自己的创作，在情势危急的时候仍能保持文人的骨气。

老舍是一个尊严感极强的人，在战火纷飞的年代他坚持了一个文人最重要的气节。抗战爆发前夕，他因担心济南沦陷后被敌人逼着做汉奸而逃出济南，"做了俘虏，死亡是小，假若被他捉去而被逼做汉奸怎么办？这点恐惧日夜在我心头盘旋"①。1941 年，老舍在《述怀》一诗中写下："身后声名留气节，眼前风物愧诗才。"② 他首先想到身后的大事不是文章名气，而是气节。在抗战后期的 1944 年，日军为了挽回在太平洋战场上的失败，发动了豫湘桂战役，敌人进驻贵州，重庆危在旦夕，人们纷纷做好了逃亡的准备，对战争愤怒而绝望的老舍没有打算再逃，他做好了以死来维护尊严的准备："不用再跑了，坐等为妙，好在嘉陵江又近又没有盖儿。"③他深受传统历史文化中屈原、文天祥舍身明志的影响，做好了随时献身的准备。老舍也曾多次强调尽管贫困但不能没有骨气，要咬紧牙关忍受，"宁贫死，病死，或被杀，也不能轻易失去气节"。④ 正所谓"有骨头的才肯为国捐躯，有骨头的才肯死里求生；有骨头的今日死明日生；这就是民族的复活"。⑤

中华民族向来崇尚气节，看重个人品德操守，刚强不屈的骨气不仅是个人道德高尚的体现，也是民族尊严的象征。《杀狗》借敌人的一次搜捕事件来表现普通人刚强不屈的骨气，在危险到来之前，学生们夸夸其谈都骄傲地谈论民族的兴衰，然而真正的搜捕行动开始后学生们变得胆怯懦弱，一位不识字的父亲却表现出了勇气和果敢。在敌人的威逼利诱下，他能够不畏强权、昂首挺胸，自信地说出他对民族文化的信心："你们要得了我的命，可是要不了我的心气；这是一口气，这口气由我传给我的儿

---

① 《老舍全集·八方风雨》（第 14 卷），人民文学出版社，2013，第 379 页。
② 《老舍全集·述怀》（第 13 卷），人民文学出版社，2013，第 579 页。
③ 《老舍全集·致王冶秋》（第 15 卷），人民文学出版社，2013，第 605 页。
④ 《老舍全集·致友人》（第 15 卷），人民文学出版社，2013，第 611 页。
⑤ 《老舍全集·是的，抗到底》（第 14 卷），人民文学出版社，2013，第 106 页。

子，孙子，永远不能磕膝盖儿着土。"① 老舍通过对这一普通父亲形象的塑造借以表现："真正有骨气的倒是那不识字的人们，并不必等着几个读书人去摇旗呐喊才挺起胸来。"② 同样，在《四世同堂》中拉车的小崔过着穷苦的生活，自己宁愿挨饿也不愿让汉奸冠晓荷上他的车；亲日分子为了用中国古老的民间技艺取悦日本人，要求舞狮名手刘师傅在庆祝沦陷的大游行中表演，遭到刘师傅的断然拒绝："我不能给日本人要！我的老家在保定，祖坟在保定！我不能庆祝保定陷落。"③ 这种刚强不屈的骨气来自普通劳动者朴素的道德操守。

钱默吟是一位传统的知识分子，战争前过着"穷则独善其身"的理想生活，然而战争爆发，他变得坐立不安、心急如焚，急切想要了解战争的形势，因为他明白现在能享受的自由是这个古老而完好的民族给的，假若北平落在日本人的手里他也不打算苟活于人世了，当战争的残酷首先发生在这位看起来有点软弱的老者身上时，他用他的坚毅和沉默证明了什么是中国人的骨气。同样是知识分子，瑞宣不同于钱先生的果断，他为了维系四世同堂的大家庭而留在北平，虽然没有真正走上前线参加战争，但他深知"我们这走不开的老弱残兵也得有勇气，差不多和你们能走开的一样。你们是迎着炮弹往前走，我们是等着锁镣加到身上而不能失节！"④ 他为不能亲历战场为国捐躯而内疚，也因为这份内疚他十分珍惜自己身为中国人的勇气和责任，也深知危难之际即使失去生命也不能为了苟活而丧失民族气节，他从自身做起坚守民族尊严的行为是当时坚守战区的大多数知识分子的选择。

在老舍看来，敢死是一种骨气。他特别欣赏屈原，多次提到屈原、文天祥敢死的精神。《四世同堂》中的王排长宁死不做俘虏，一生磊落的祁天佑在遭到日军的羞辱和毒打之后想到了死，因为活着变得艰难，只有选择毁灭才能结束他带给祁家的耻辱。这和老舍先生对生命的理解是一致的，老舍在去世之前遭到了红卫兵非人的折磨和批斗，他选择了和祁天佑

---

① 《老舍全集·杀狗》（第7卷），人民文学出版社，2013，第480页。
② 《老舍全集·杀狗》（第7卷），人民文学出版社，2013，第480页。
③ 《老舍全集·四世同堂》（第4卷），人民文学出版社，2013，第256页。
④ 《老舍全集·四世同堂》（第4卷），人民文学出版社，2013，第42页。

一样的自杀方式——投湖自尽，尽管学界对老舍先生的死因还有很多争论，但可以确定的是在失去理性的疯狂年代，他觉得活着丧失了做人的尊严，希望以死捍卫内心精神，他用自己的生命诠释人的尊严之高贵，也给后来者留下太多的思考和叹息。

在遭受侮辱之后，选择挺直脊梁英勇反抗，在血与火中唤醒和维护个人与民族的尊严是骨气的另一种表现方式。《四世同堂》中的钱默吟遭受莫名的陷害被抓进监狱。在狱中历经严刑拷打也不愿出卖自己的灵魂。当他逃出监狱后仍直面冠晓荷并义正词严地告诉他："他们打破了我的身体，打断了我的骨头，可打不改我的心！我的心永远是中国人的心！"[①] 他从穿长衫吟诗作赋的君子转变为英勇面对战争不惧牺牲的战士，可以看出钱先生坚强的意志和决心为国牺牲的信念。他不因自己受到严酷摧残而屈服，不因儿子牺牲而悲伤，不因家破而退缩，而是振奋起来，不当亡国奴，脚踏实地从事抗日活动，由一个超然的隐士变成抗日斗士。这种直面困境的精神品质既体现了个人坚贞不屈的独立人格，也显示了整个民族的浩然正气。

正道直行、崇德尚义的义气贯穿老舍创作过程的始终。"义气"原指天地之间的肃杀之气。在《礼记·乡饮酒义》中："天地严凝之气，始于西南而盛于西北。此天地之尊严气也，此天地之义气也。"[②] 这里的义气指一种尊贵威严的气势，之后发展成一种刚直正义的气概，多与节烈、忠义相关联。董仲舒在《春秋繁露·王道》中说："仇牧、孔父、荀息之死节，公子目夷不与楚国，此皆执权存国，行正世之义，守惓惓之心，春秋嘉义气焉，故皆见之，复正之谓也。"[③] 在此"义气"已经演变为具有忠烈品质的勇士。现代汉语中的"义气"多指因私人关系不惜牺牲自身利益挺身而出，与正义相关的道德规范。老舍深受传统侠义文化的影响，他自幼喜爱武侠小说，也酷爱听《小五义》《施公案》等评书，乡间戏曲和评书中的英雄好汉如张飞、李逵、武松、黄天霸等都是他崇拜的英雄人物，这些传

---

① 《老舍全集·四世同堂》（第4卷），人民文学出版社，2013，第202页。
② 李学勤主编《礼记正义》，（汉）郑玄注，（唐）孔颖达疏，龚抗云整理，王文锦审定，北京大学出版社，1999，第1630页。
③ （汉）董仲舒撰《春秋繁露》，凌曙注，中华书局，1975，第141页。

奇的侠义故事以及对武侠小说痴迷的经历成为老舍后来写作小说的重要素材。《八太爷》中的王二铁渴望救弱扶贫，对武侠英雄膜拜的他日后成为京城康小八式的"英雄好汉"，《牛天赐传》中的主人公牛天赐常以三国中豪爽义气的张飞自比，渴望成为除暴安良、行侠仗义的超级英雄。

义气这一人格特质在老舍的作品中或体现为乐善好施的义举，如《四世同堂》中李四爷夫妇的古道热肠；或表现为一种杀身成仁、舍生取义的品格，如《猫城记》中大鹰的英勇赴死；或与复仇主题、民族大义相联系成为替天行道、除暴安良的高尚品德。

老舍在深刻把握民族传统性格的基础上，塑造了一系列具有民族传统的古道热肠式的人物，这种乐善好施、大仁大义的性格是义气的重要表现。《老张的哲学》中车夫赵四仗义疏财、热心助人，并在老张娶妾时及时将孙守备带到现场从而解救了李静，打破了老张害人的"美梦"。《四世同堂》中帮祁家人看坟的乡下老头常二爷正直善良，当盗墓之风盛行时他不顾战争危险跑到城里提醒祁家人是一种义举。老舍笔下慷慨助人的典型形象是《四世同堂》中的李四爷夫妇，他们在别人遇到麻烦时会毫不犹豫地提供帮助。李四爷多年来坚持"交情第一、金钱其次"的处事原则。他常常义务为邻居们服务，任何天灾人祸他都想尽办法保他人周全，为此深得邻居们敬重。尽管如此，李四大妈还是会责备李四爷不够细心，"她以为李四爷对朋友们还没有尽心尽力的帮忙，而这种责骂也便成为李四爷的见义勇为的一种督促"①。作为女性，李四大妈补充了丈夫不够温柔和细腻的部分，她既善于倾听又勇于承担责任，在她眼中没有美丑贫富的差距，只有可怜而值得同情的弱者，他们夫妇对一切苦人出手相救、热忱服务。这种刚强正直、急公好义的品格是对义气的最好阐释。

解困救急、慷慨疏财是讲义气的表现，行侠仗义、舍生取义更是对义气精神的实践。《骆驼祥子》中的祥子在走投无路的时候是曹先生给了他希望。《牛天赐传》中的王宝斋用自己辛苦赚的钱帮助牛天赐去北平上学。《黑白李》中的弟弟白李是个思想激进的新派人物，哥哥黑李则生活严谨，讲孝悌、重情义，当两个兄弟同时喜欢上一个姑娘时，忠厚老实的黑李成

---

① 《老舍全集·四世同堂》（第4卷），人民文学出版社，2013，第16页。

全了弟弟，当弟弟因为参加革命被追捕时，黑李毁掉脸上的黑痣替弟弟走上刑场，在危难时刻用义气保全了弟弟的性命，黑李代表着一种舍生取义的精神，是老舍笔下传统理想人格的代表。如果说这种付出和牺牲是为了帮助朋友、保全家人，那么《猫城记》中大鹰的英勇赴死则是希望用自己的死唤醒整个麻木的民族。《火葬》中的石队长是为了整个民族和国家的存续而牺牲自己的性命。《赵子曰》中的李景纯对军阀贺占元进行刺杀是要杀了"人民的公敌"，为民除害。他们用视死如归的义气彰显了民族精神大义，保全了民族和国家的利益，让读者为之动容。

在老舍的小说中，义气多与复仇相联系，短篇小说《小铃儿》《小木头人》《浴奴》等都和复仇主题有关，《小木头人》中主人公因舅舅被日本的飞机炸死，从为舅舅报仇的初衷出发，走上残酷的战场。《浴奴》则描写了一个普通的妇女为报杀夫之仇，装扮为陪浴妇女，将日本人掐死，之后跳楼自尽。在《离婚》中，张大哥一家被小赵陷害，几近妻离子散。穷困潦倒的丁二爷因为受过张大哥的帮助，决心替张大哥一家报仇，暗杀了小赵，这种壮烈的复仇行为既是对普通劳动者的赞颂，也是对义气的一种朴素理解方式。他把对复仇精神的理性阐发同他对整个传统文化的批判以及对国民性的改造联系起来，同时把复仇精神的价值指向同个体生命价值的实现、个性的张扬、独立人格的建构以及社会公正紧密结合。[1] 正是由于有这些侠肝义胆的普通小人物，才会有在抗战中真正在战场上舍身成仁、奋力拼杀的英勇士兵，老舍主张用个体的义气精神来高扬国民的正气，重建国民理想人格。

四　结语

老舍对"中华民族"这个共同体有着强烈认同，虽然他是一位满族作家，但他的作品并没有过多书写满汉冲突以及在当时的社会环境下旗人的生存境遇。相反，老舍更看重的是中国社会里蒙昧不觉悟的国民以及中华民族的生死存亡问题。在老舍的创作中很少表现满汉民族之间的纠葛与冲

---

① 陈夫龙：《转化与再造：老舍对侠文化的改造思路》，《宁夏社会科学》2007 年第 4 期。

突，更多的是关注国与国之间的矛盾，尤其是中日战争的爆发让他意识到团结对外一致抗敌的重要性。老舍幼年时，他的父亲死于八国联军侵华战争中，之后他又旅居英国讲学，归国后亲历抗战，这些经历都加深了老舍对民族国家身份的认同，因而他的小说更注重中华民族共同体的地位与命运，并在此基础上坚持"中国本位"的文化立场。

20 世纪初，中国的文化发生着翻天覆地的变化，五四启蒙者大多坚持以西方先进的文化改造中国，出于改革历史的决心和改变中国的希望，在中西文化比较中，大多数人完全认同西方文化的价值立场，以偏执的姿态青睐西方文化。而出身平民阶层的老舍更能深刻地体会到列强侵略中国的罪恶行径，在五四启蒙运动如火如荼进行之时，老舍正在英国教书，距离的阻隔使他与五四启蒙思潮始终保持一种旁观者的疏离。所以在他的文化观念中并不是将西方文化放在首位，而是用批判的眼光选择文化，不是采取中西文化冲突和对立的判断，而是坚持中国文化为本位，立足于本民族文化来对外来文化的合理成分加以吸收，既不主张盲目媚外、全盘西化，也非抱残守缺、宣扬民粹主义。他在批判和反思中既看到中国文化的痼疾，也能发掘烛照民族前行的精神动力，坚持不守旧、不盲从的中国本位的文化立场，这一点对当下中国的文化建设依旧有深远的意义。

老舍与中国文化的世界性视野

老舍在美国的中国故事书写

——以《四世同堂·饥荒》为中心

于　伟[*]

摘　要： 抗战胜利后不久，老舍应美国政府邀请赴美讲学。美国自然有他们的用心和考虑，而作为中国现代作家的老舍，也因此拥有了一次游走于中西文化边缘的机会。他通过演讲、创作和翻译等各种文化活动，尽力向美国介绍现代中国的变迁、国民性的提升、在血与火洗礼之下传统文化的新生。由于创作环境的变迁、创作目的的改变、思想观念的变迁以及他者眼光的引入，他的小说创作产生了与此前不同、颇为微妙的变化，《四世同堂》的第三部《饥荒》就是绝佳的例证，其中"因侨致易"而来的微妙变迁之处颇值得学界研究。同时，《四世同堂》等作品在美国的翻译、出版，以及环绕在这个过程中的老舍与美国人在译文上的博弈，也给今天中国文学的跨文化传播带来有益的启示。

关键词：《饥荒》　侨易　文学译介　跨文化传播　《四世同堂》

本文的写作基于两个重要的事实：一是在 1946 年 3 月至 1949 年 10 月，老舍应邀赴美国讲学，侨居美国进行文学创作，完成了《四世同堂》第三部《饥荒》等作品的创作与翻译；二是 2014 年 7 月，《四世同堂》英文翻译底稿在美国哈佛大学图书馆被发现，并依照该译稿对《饥荒》后半

---

　*　于伟，中国人民大学文学博士，北京语言大学发展规划处副处长，研究方向为中西比较诗学、中美文学关系、国际中文教育等。本文是中央高校基本科研业务费专项资金项目《20 世纪中美文学交流中的中国叙事研究》（项目编号：21YJ0018）阶段性成果。

部分再次回译。① 基于这两个事实，笔者一方面援引侨易学的理论，以《饥荒》为中心探求老舍在《四世同堂》中体现出的因赴美侨居而造成的思想观念与文学创作的变迁；另一方面将《饥荒》后半部分新老两个版本进行比对，两个版本分别是老舍与浦爱德（Ida Pruitt）合译的英文底稿，1951 年由美国哈科特和布雷斯公司出版的《四世同堂》的英文版 *The Yellow Storm*，从而找出出版社对底稿的删减之处，并分析这些删减背后的用意和影响因素。

一　从《惶惑》到《饥荒》：老舍在美创作的微妙转变

1946 年 3 月，老舍和曹禺等人受美国国务院邀请，乘船从上海出发前往美国西雅图。老舍和曹禺赴美讲学的项目，是美国国务院文化关系司设立的文化援助项目，老舍、曹禺等一行人是该项目的第四批也是最后一批受邀的中国学者、作家。此次赴美讲学并不是老舍第一次出国，他虽然不像许多现代学者、作家一样早年到海外留学，但 1925 年到 1929 年在英国伦敦大学东方学院担任汉语教师的经历也是他生命中的一个重大事件。去英国教汉语，本为谋生，不想竟改变了他的人生轨迹，意外成就了他的作家之名，1929 年归国之时，老舍已然发表了 3 部长篇小说，奠定了未来的文学事业。② 那么，1946 年的美国之行以及历时 3 年半的侨居，会不会给老舍的人生轨迹、思想观念与文学创作带来转变呢？答案是肯定的。

（一）《四世同堂》故事情节走向的转变

1944 年 11 月 8 日，重庆《扫荡报》"扫荡"副刊上刊登了《〈四世同堂〉预告》。全文转载如下。

---

① 《饥荒》由老舍在美国创作完成之后，1950 年 5 月起开始在上海《小说》月刊连载，但发表至第 20 章就中断了，后来在"文革"期间手稿不幸遗失，这就使得很长时间以来读到的《饥荒》的后半部分是根据 1951 年在美国出版的英文版回译的。此次《四世同堂》英文底稿的发现及其再次回译，使我们又有了读到美国出版社删节之前的、老舍和浦爱德译定的《饥荒》文本的机会。

② 李春雨：《汉语教学与老舍的文学创作》，《北京联合大学学报》（人文社会科学版）2018 年第 4 期。

预告——老舍先生新著《四世同堂》将在本刊发表

故事发生在北平。时间是从七七抗战到抗战的第七年。人物以四世同堂的祁家老幼为主，而佐以十来家近邻，约有五十人，或更多一些。其中有诗人，汽车司机，棚匠，人力车夫，扛肩儿的，票友，教员，庶务，掌柜的，摆台的，剃头匠，老寡妇，小媳妇……。他们和她们都有个人的生活与性格，又都有北平给他们与她们的特殊的文化和习惯。他们与她们所受的苦难，一半"咎由自取"，一半也因深受了北平的文化病的毒。故事分三大段：1. 自七七抗战至南京陷落——大家惶惑，不知所从；2. 南京陷落后，珍珠港被炸以前——惶惑改为消沉，任敌人宰割；3. 英美对日宣战后——敌人制造饥荒，四世同堂变成四世同亡！每段约有二十五万字，全书可能的达到百万字。①

有学者指出，这则预告虽并未收录到任何一本老舍文集或全集之中，但它实际上出自老舍的手笔，② 笔者认同这个看法，它为我们后面的讨论奠定了重要的基础。概言之，这则预告大约包含三个方面内容：一是《四世同堂》故事发生的时间、地点和所塑造的人物形象；二是《四世同堂》作品中所要表现出的作者对人物的情感趋向以及对塑造他们性格的北平文化的态度；三是《四世同堂》的故事梗概以及情节走向。

如果将这则预告与《四世同堂》小说的故事走向进行对照，我们会发现这部小说的最后成书，或曰故事结局，与当初的构想是有较大差距的。按照老舍的预告，故事结局应该是在日军制造的饥荒下，"四世同堂变成四世同亡"，应该是要讲述北平人在敌人的铁蹄下惶惑、偷生，最后招致灭亡。这是老舍当时的设想，既是一种小说故事情节合乎逻辑的发展，也符合老舍小说创作的一贯风格。关于这点，我们只需回顾一下老舍在《骆驼祥子》中给祥子无路可走的悲剧命运安排、在《猫城记》中让猫城在与矮子兵的战争中全军覆没的悲剧结局，以及他在写于 1943 年

---

① 史承钧：《关于老舍〈四世同堂〉的〈预告〉》，《文汇报·文汇学人 | 学林》2019 年 11 月 29 日。

② 史承钧：《老舍的一篇重要佚文——〈《四世同堂》预告〉》，《上海师范大学学报》（哲学社会科学版）1988 年第 3 期。

的另一部抗战小说《火葬》中给人们"在战争中敷衍与怯懦怎么恰好是自取灭亡"① 的警告和小说中人物命运的悲剧结局。但我们读《四世同堂》时发现，故事虽然也写了日军的残暴统治和饥荒给北平人造成的家破人亡，结局却是民众的觉醒与抗争，以及在觉醒与抗争中人们迎来了抗日战争的胜利。《四世同堂》是非同寻常的，老舍突破了自己在小说创造中一贯的对国民性的辛辣批判和将小说中的人物"置之死地"以引起民众觉醒的创作路子，在笔者看来这固然是因为小说完成的时候抗日战争已经取得胜利，在此大背景下写"四世同亡"有点不合时宜，但这应该不是老舍文风转变的主因，其背后深层原因耐人寻味，值得进一步探究。

（二）《四世同堂》人物形象的转变

《四世同堂》这部小说的人物形象塑造与预告中也有差异。预告中，小说中的人物在北平沦陷后从惶惑、不知所从到消沉、任人宰割，最后在饥荒中走向死亡，在分析"他们和她们"遭受苦难的缘由时，老舍的着重点在于"一半'咎由自取'，一半也因中了北平的文化病的毒"，从老舍的这种构思之中，我们不难想见老舍会在作品中对国民性进行辛辣的讽刺和批判，就像他早年在《猫城记》中所做的一样。② 在小说中我们发现，老舍十分难得地塑造出钱默吟、祁瑞宣这样的从传统文化中蜕变出来的正面形象，甚至老舍也让祁老人、韵梅等未受过新式教育的中国人在现实"血与火"的教训面前实现了转变与成长。

老舍在《四世同堂》中塑造了两个精彩的知识分子、革命者形象，祁瑞宣和钱默吟（钱老人）。说祁瑞宣和钱老人的形象精彩，一方面是因为老舍给他们的出身定位非常典型——处身于新旧之间，这种出身环境决定了他们自身的内心挣扎、纠结，以及因外界形势变化而给内心带来的震动与不安。老舍在小说中特意安排的祁瑞宣与钱老人几次会面的场景，更是将两者之间心灵的激荡刻画得生动而形象，这带给我们的震颤与触动是持久而深刻的。另一方面，则是因为老舍描述出两人因不同的遭遇而使人物

---

① 老舍：《火葬·序》，载《老舍全集》（第 3 卷），人民文学出版社，2008，第 328 页。
② 高旭东：《中国现代文学史（下）》，北京师范大学出版社，2017，第 408 页。

形象得到不同的发展。虽然祁瑞宣在《四世同堂》过半的篇幅里，一直处于自己内心的纠结与挣扎之中，但在《饥荒》中，因为老三祁瑞全的回归，他获得了新的启示，开始了自身性格的蜕变，他转变了自己的观念而投身抗日洪流之中。钱老人的人物形象转变，则更具有象征意味。日本发动侵略战争之前的钱老人，完全是一个消极避世、不问生计、饮酒赋诗、抚花弄草的隐士，他身上这种审美化的生活态度，正是中国闲适文化传统的体现。① 但几乎是在故事一开篇，老舍就让冠晓荷出卖了钱老人，让这个手无缚鸡之力、安享闲适审美生活之人饱受日本人的身心摧残，命悬一线。正是这种非人的折磨，让钱老人坚定了反抗的决心，死里逃生之后，心中只存复仇的念头，这种复仇的念头，使钱老人成为在日本人的残暴统治之下苟且偷安的北平人之中，孤独而绝望地进行反抗的"星星之火"。在《惶惑》《偷生》中，钱老人受刑、养伤、潜藏、复仇，行踪不定，不露痕迹，几乎直到《饥荒》中老三祁瑞全回归后，老舍才开始揭开掩在钱老人脸上的朦胧面纱，此时一个样态苍老、创伤累累，但内心坚定、思想精神几经蜕变升华的英雄反抗者形象才显露在读者面前。钱老人从一个一心报仇的个人英雄主义者，变成了能与人协作抗敌的爱国主义者，后来又变成了沉毅坚决、勇敢保卫和建设"未来和平"的世界主义者。

祁老人和韵梅，是老舍笔下两个从旧文化熏染中走出来的传统人物，他们因循守旧、苟且偷安，但老舍不仅写出了他们身上的诚实、勤劳、善良、谦恭的可贵品质，也写出了他们在新形势下的变化。祁老人在日本人的几次折辱之后，有了新的经历、新的想法。"老人不再是那个赶上兵荒马乱就用破缸顶街门的老人了，他有了新的判断，和作事的新办法。"② 韵梅是老舍笔下非常出彩而又与众不同的传统女人形象。在老舍的小说中，韵梅这个传统女人刚开始显然并不能讨祁瑞宣的欢心，毕竟不是他自己相中娶过来的女人，又是个没有受过新式教育的平庸女人，但她竟然凭借自己的朴实善良、谦恭孝顺、手脚勤快、能察言观色，讨得了老人的欢心，

---

① 李玲：《从重建民族主体性视野审视中国闲适文化传统——从〈二马〉和〈四世同堂〉说起》，《民族文学研究》2009 年第 2 期。

② 老舍：《四世同堂·饥荒》，东方出版中心，2017，第 1057 页。

在祁家站稳了脚跟。更可贵的是，这勤快不娇气的传统女人，在日本人制造的大恐怖、大饥荒面前，竟一步一步变得自立自强起来，在祁瑞宣看来，尽管"她不会自动的成为勇敢临阵杀敌的女豪杰"，可她有她的价值和可贵之处，"她老微笑着去操作，不抱怨吃的苦，穿的破，她也是一种战士"，"唯其因为她心中充满了家长里短，她才死心塌地的为一家老小操劳，把操持家务视成无可推卸的责任"，"这样，在国难中，她才帮助他保持住一家的清白"①。

（三）老舍在小说创作中传统文化观念的转变

《四世同堂》这部小说所体现出的老舍之中国文化观，与当初的构想亦有差距。人物是文化的产物，老舍构想中的人物是从因循守旧走向灭亡的，老舍对文化的反省和批判也应是不遗余力的。我们从老舍对冠晓荷、大赤包以及祁瑞丰等人的塑造上，确实感受到了这一点。但小说文本的可贵之处在于，塑造了祁瑞宣、钱默吟这样的处于新旧之间，吸收了中西文化双重滋养的人物形象。透过祁瑞宣在报国、顾家两头之间的挣扎与痛苦，透过钱默吟在遭受迫害酷刑之后毅然奋起抗争，以及透过两人在痛苦与抗争中实现了自身思想与精神的升华的过程，老舍认真地探索了中国传统文化的蜕变与新生。

在评论文章中，王德威说，"爱国是中国现代文学与文化最重要的议题之一，而老舍是此议题最重要的代言人……老舍所宣传的国家与民族主义的概念因此需要细心的解读。从他的作品我们看到复杂的辩证：作为一个现代意义下独立国家的'中国'，其实是与作为文化/历史实体的'中国'息息相关、拆解不开的"②。结合我们在《四世同堂·饥荒》中所发现的微妙变化来看王德威这段话，或许会产生这样一种观点，那就是：在前两部小说中，我们更多的是看到日本对华的疯狂侵略占领，对中国人民的欺凌、折磨，看到的是一个已经发展起来的现代民族国家——日本在工

---

① 老舍：《四世同堂·饥荒》，东方出版中心，2017，第 880 页。
② 王德威：《写实主义小说的虚构：茅盾，老舍，沈从文》，复旦大学出版社，2011，第 180~181 页。

业化、现代化刺激下的疯狂扩张和对贫弱、欠发达、未完成工业化现代化的另一个现代民族国家的肆意掠夺，看到的是两个现代民族国家之间在存亡之际的生死搏斗，而在第三部小说《饥荒》之中，我们跟随老舍的笔触，却越来越觉得两个现代民族国家搏杀背后，文化/历史的中国力量在不断生长，最终是文化/历史的中国战胜了战争机器的日本。

很多学者在评论文章中提到"家"在《四世同堂》中的价值和力量，的确，老舍笔下的家跟巴金笔下的家不一样，在巴金那里，"家"是腐败之源、专制压抑的象征，是年轻人渴望冲出的牢笼和羁绊。如果说"家"在《四世同堂》的第一、二部小说中还带有些许限制约束年轻人发展、羁绊他们报效国家的意味，在第三部中却能明显体会到老舍的转变，在这里，"家"变成了坚实的战斗堡垒，变成了日寇铁蹄横扫之下最后的避风港，成了人们活下去的唯一希望。"当'国'沦陷的时候，'家'变成了最后的根据地。一个家庭内部成员之间，家与家之间，如果能保留人情之美，这就是最后一个还能光复的根据地。"① 更富有象征意味的是，在作品的最后，老舍寓意深长地以老三祁瑞全回归"四世同堂"的小家庭和钱默吟回归小羊圈胡同这个大家庭做总结。这一切的构思与安排，无一不彰显着老舍越来越多地对文化/历史中国的体认。

二 因"侨"致"易"：《四世同堂》创作 走向变动的原因探究

本来作家的写作构想与最终成果之间有出入，是件很正常的事情，但因为老舍《四世同堂》的构思与创作恰逢时代的大变动，以及他个人生活环境的大变迁，所以这构想与成果的出入，也就值得细细探究了。有学者认为，是抗战改变了老舍，如果将《四世同堂》与《猫城记》相比，就会发现抗战使老舍的文化观发生的变化太大了②，抗战既改变了老舍的生活，

---

① 孔庆东：《〈四世同堂〉的当代文化意义》，《广西师范学院学报》（哲学社会科学版）2012 年第 4 期。
② 高旭东：《中国现代文学史（下）》，北京师范大学出版社，2017，第 408 页。

也改变了老舍的写作，抗战以及因全国人民艰苦卓绝的斗争所赢得的伟大胜利，的确是老舍思想发生转变的重要契机。但在笔者看来，我们也不能因此而忽略了老舍赴美这一"物质位移"所带给他的"精神变迁"。①

（一）创作目的的变迁

老舍、曹禺的美国之行备受中国关注，中国文艺界赋予两人此行特别重要的使命，希望他们能够"把我们中国的新文艺，介绍给美国作家"，"把真正的中国情形讲给美国人听，不受制定日程的限制，宣传抗战文艺和事迹"②，老舍和曹禺也把促进中美文化的交流、架起中美文学交流的桥梁当作自己的责任，老舍在中华文艺界协会的送行酒会上说，"此次赴美讲学主要向美国人民宣传中国人民的生活、中国的文艺和'文协'组织三方面的内容"③。同样在这次酒会上，曹禺也说："我们还有一个使命，就是把现代变化中的中国告诉美国民众。老舍的《骆驼祥子》英译本封面拉车的人还有一根猪尾巴，可见美国人对中国还认识得不够……我们要让美国人知道我国人民的生活，怎样选择真能代表中国的作品。外国人读中国作品不大方便，我们该自己选择，介绍出去，这是值得做的一件事。"④ 在发表于1946年6月的《旅美观感》中，老舍写道："在今天，许多美国人所了解的不是今日的中国人，而是千百年前的唐宋时代的中国人，他们对于唐诗，宋词都很欣赏。"⑤ 由此可见，老舍和曹禺赴美，美国国务院固然有他们的如意算盘，但老舍和曹禺作为中国作家，目的也是非常明确的。

怀揣着这样的目的，老舍和曹禺开始了他们的美国之行。据舒乙记述，老舍和曹禺在赴美之后的第一年里，多半的时间都在访问和讲学，足

---

① 叶隽：《变创与渐常——侨易学的观念》，北京大学出版社，2014，第21页。侨易学是叶隽在李石曾"侨学"的基础上引入《易经》的智慧创建的，"侨易学"之"侨"指侨动、移动；"侨易学"之"易"源自《易经》之"易"，含变易、交易、简易、不易四层含义，"四易"之中尤重交易，亦即侨易学主要关注的是侨易主体如何通过"相交"而因"侨"致"易"、产生质性变易的过程。参见段江丽《侨易学理论之内涵与启发》，《江苏师范大学学报》（哲学社会科学版）2016年第4期。
② 赵景深：《记一个作家集会》，《文艺春秋》1946年第1期。
③ 舒济等：《老舍年谱》，载《老舍全集》（第19卷），人民文学出版社，2008，第587页。
④ 赵景深：《记一个作家集会》，《文艺春秋》1946年第1期。
⑤ 老舍：《旅美观感》，载《老舍全集》（第14卷），人民文学出版社，2008，第408页。

迹踏遍大半个美国，在此过程中，他们按照自己赴美的目的，介绍中国的抗战、抗战文艺与中国现代小说。[①] 曹禺结束访问行程回国之后，老舍在美国纽约侨居下来，准备静心写作《四世同堂》的第三部《饥荒》，并进行中国抗战文学的翻译。老舍独自一人在纽约待了两年多的时间，不仅写完了《饥荒》，完成了《四世同堂》的全部创作，而且创作完成了长篇小说《鼓书艺人》和英文话剧剧本《五虎断魂枪》。结合《鼓书艺人》和《五虎断魂枪》，回望老舍出国之前的创作，尤其是《惶惑》和《偷生》，我们会发现，老舍在美国的创作明显呈现一个相对固定的模式：故事的开始，均是中国传统文化教化之下的国民，固守着自己的生活信条，过着一成不变的生活，接着时代形势风云突变，生活情形逆转，迷离惶惑之中，因循的国民开始分化，一部分秉承自身的善良与后天的教养，固守自己的节操、信念，在生活的旋涡里挣扎；另一部分则随波逐流，为了生存、生活而在情势面前主动或被迫低头，在滑向堕落的路途上越走越远。也就在这随波逐流、失节堕落者一时生活无忧、得意忘形，而洁身自好、固守节操者生活困顿、举步维艰之际，故事中必会出现一类半隐半显的知识分子、革命者形象，他们身负启蒙、唤醒民众的使命，引导民众投身革命的洪流，求取社会的进步与变革，故事以民众的觉醒、革命的成功与救亡的胜利而告终。

　　这样一种写作模式的采用，其实已然说明老舍在美国进行小说创作时对其赴美使命的认真贯彻，也明显透露出他创作小说时创作目的的变迁。老舍在国内构思和创作《四世同堂》，他的小说创作目的当然很多元，但主要目的则不出谋生与宣传抗战两者之右。因为老舍当时身兼中华全国文艺界抗敌协会常务理事以及总务组组长（相当于理事长）的职务，希望能够团结国内文艺界的力量，共同为抗战的文艺努力，所以宣传抗战以激发民众的爱国心，激励和安慰士兵们浴血奋战、保家卫国是其首要的目的。此刻时移世易，抗战胜利了，老舍身处美国，身负宣传中国抗战、讲述现代中国的使命，这就使得老舍在美国的创作，包括《四世同堂·饥荒》在内，目的变得多元，创作重心发生了变化。老舍要向美国人民讲述变化中

---

① 舒乙：《老舍先生》，中国青年出版社，2016，第 140 页。

的现代中国，要纠偏美国人对中国人的固定看法，要向他们介绍中国人民在日本帝国主义侵略面前的伟大抗争、在时代洪流面前的激流勇进，这样的写作模式和人物形象的塑造是最好的，这既符合中国的革命、抗战的实际情况，也符合美国人民在抗战期间对中国人民的想象与期待，更重要的是，也与老舍自身的思想变迁相吻合。

（二）思想观念的变迁

抗战改变了老舍，抗战使老舍与林语堂全力发掘民族文化的正气，使张恨水从文坛的边缘走向中心。考虑到战前老舍在《猫城记》中将传统与国民性看得一团漆黑，林语堂的西化连鲁迅都难以容忍，就知道抗战对中国文人所发生的影响了。[①] 正像抗战改变了老舍一样，赴美也对老舍产生了重大的影响，这影响却不像"五四"前后一代知识分子接触西方文化时，因对西方文化仰慕不已而俯首帖耳了，老舍经过抗战洗礼之后形成的新中国文化观，不是轻易能够动摇的。其实，老舍在美国的所见所闻，非但没有使他认同美国文化，反而促进了他对中国文化的自信。有学者在研究文章中说，在美国三年多的时间里，老舍思想发展的线索是一贯的，清晰的，是抗战阶段思想发展的延伸。[②] 这在笔者看来是符合实际的，而且逻辑上讲得通。

在美国的巡回演讲文章《现代中国小说》（*The Modern Chinese Novel*）中，老舍曾对中国现代小说创作倾向的转变做过描述，也分析过促成这种转变的主要因素，他说，"恐怕从未有过什么力量能比向内地大迁徙、大逃难更能使人们团结在一道。于是，过去不熟悉群众，不太关心群众的许多作家也了解到了他们同胞的诚笃、勤奋、耐心、慈和等可贵的品质。正是这些同胞站在战争的最前列，并且最终帮助赢得了这场战争"。正是在抗战期间，作家们深入士兵中间，深入群众中间，同各行各业的人交谈，向他们学习到很多创作素材和俚言俗语，也了解了普通大众内心深处的思

---

① 高旭东：《中国现代文学史（下）》，北京师范大学出版社，2017，第 405 页。
② 王家声：《论老舍四十年代赴美国期间的思想发展》，《中山大学学报》（哲学社会科学版）1986 年第 2 期。

想、感情、希望和忧虑，这些使得作家们的创作开始变得成熟起来，"今天的作家在他们的短篇小说、长篇小说和剧本中越来越多地使用简单明了、直截了当的人民的语言"，"作家们明白了他们想打动人民，就必须使自己的语言明白易懂。于是出现了抛弃复杂的语法结构，以普通人的语言创作一种新文化的运动"。老舍说，中国作家们正在创造一种不受外国语法结构、外国语词和西方写作技巧影响的"纯"汉语，他预测战后中国文学领域将涌现出大量反映"普通老百姓经过长期的为了国家的生存而斗争的艰苦岁月之后重返家园开始新生活时的斗争、矛盾和深刻的变化"① 的新文学作品。

如果将老舍这个对战后中国现代文学的预测与他对战前现代中国作家的讨论对比来看，我们就会发现，老舍此时的文学思想恐怕已经由"五四"时期的启蒙国民和抗战初期的唤醒民众转向深入人民之中、向民众学习和发掘民众的力量了。导致老舍发生这种思想观念转变的因素自然有很多，但在笔者看来，"二战"结束后美国国内对蒋介石政府及其精英知识分子的普遍失望与幻灭是一个重要因素。根据哈罗德·伊萨克斯（Harold Robert Isaacs）的研究，战后美国人对中国的看法，已不像战争期间那般钦佩与敬重，战争期间日本人对中国的侵略激起了美国人对中国人的同情，而中国政府和人民对日本侵略的坚决抵抗也获得了美国人的尊重，"当中国人成为我们英勇盟军的时候，已经受到重视的英勇地保护自己国土的中国人形象，获得了更广阔的范围"②，但蒋介石政府的腐败与无能并没有逃过美国人的眼睛，随着解放战争期间国民党军队的节节失利，美国人对蒋政府、对中国人的看法开始转变，他们开始把中国人看成"堕落的英雄"，把蒋介石及其夫人看成"石膏圣徒"③。尽管美国政府最后选择支持国民党，但在美国潜心写作、孤独思考的老舍，在思考民族、国家的前途命运的过程中，思想观念已悄然"向左转"，他从中国共产党和中国人民的身

---

① 老舍：《现代中国小说》，《中国现代文学研究丛刊》1986 年第 3 期。

② 〔美〕哈罗德·伊萨克斯：《美国的中国形象》，于殿利、陆日宇译，时事出版社，2006，第 240 页。

③ 〔美〕哈罗德·伊萨克斯：《美国的中国形象》，于殿利、陆日宇译，时事出版社，2006，第 244 页。

上看到了新生的希望，他对友人说"中国不久将获得新生了"，"中国已经有希望了。我要尽快回中国去"①。

（三）他者眼光的引入

事实上，在赴美之前，老舍曾经赴英国教书，这一难得的经历已经使他在书中引入他者的视角与眼光了。老舍在《四世同堂》中塑造了两个令人印象深刻的外国人形象，一个是意大利的窦神父，祁瑞宣曾在窦神父所在的天主教堂补习学校教中文，另一个是英国的富善先生，他是祁瑞宣在大学读书时的英文老师，后来一直在英国驻华大使馆做事，也是祁瑞宣在英国大使馆工作时的同事或领导。

在《四世同堂·偷生》第十四章中，老舍利用富善先生的出场，将这个四世同堂的大家庭进行了一次陌生化的审视。从这个我们几乎"熟视无睹"的四世同堂的大家庭里，富善先生似乎看到了一部激变中的中国近代史，"祁老人是代表着清朝人的，也就是富善先生所最愿意看到的中国人。天佑太太是代表着清朝与民国之间的人的，她还留着一些老的规矩，可是也拦不住新的事情的兴起。瑞宣纯粹是个民国的人，他与祖父在年纪上虽只差四十年，而在思想上却相隔一两个世纪。小顺子和妞子是将来的人。将来的中国人是什么样子呢？富善先生想不出。"② 富善先生感到纳闷，"这些各有不同的人还居然住在一个院子里，还都很和睦，倒仿佛是每个人都要变，而又有什么大的力量使他们在变化中还不至于分散。……他们把不同的时代揉到了一块，像用许多味药揉成的一个药丸似的。"③ 透过富善先生新奇的目光，老舍将经历"五四"新文化运动洗礼之后的中国家庭的样貌展现在读者面前。我们能很清楚地发现，在老舍的笔下，这个中国大家庭已经不是"五四"时期作家笔下封建的、腐朽的、压迫的、剥削的旧家庭，也不纯粹是一个经过革命"瘦化"之后的新家庭，这个家庭独具特色，新旧思想杂糅，新旧人物并在，但彼此各安其位、各得其所，互相

---

① 〔日〕石垣绫子：《老舍——在美国生活的时期》，载张桂兴编《老舍评说七十年》，中国华侨出版社，2005，第178页。

② 老舍：《四世同堂·偷生》，东方出版中心，2017，第550页。

③ 老舍：《四世同堂·偷生》，东方出版中心，2017，第550页。

体谅、互相照顾，和谐相处，其乐融融。对这样一个新旧杂糅的大家庭，富善先生想不清楚"这样的一家人，是否有光明的前途呢……更迫切的，这样的一家人是否受得住日本人的暴力的扫荡，而屹然不动呢"①。其实何止富善先生，当时执笔写作小说前两部的老舍，对此也未必有信心。

家庭在中国现代文学中是非常重要的文学母题。"五四的一个主要突破口就是要否定'家'、打垮'家'，大学生都认为中国要图强复兴，人需要自由进步，而旧家庭是罪恶的……。整整一代青年都认为'家'是万恶之源，非得逃出去不可。"②虽然老舍始终对家充满温情，但在《四世同堂》之前，或者准确地说在《饥荒》之前，好像也并未有过对家庭的特别礼赞。从这个角度来看，老舍在《饥荒》中对家庭的深情赞美，极有可能与他不自觉地对美国人眼光的引入有关。在笔者看来，这很可能与美国人眼中的中国形象有关，在美国人看来，"他们（中国人）无疑被加以奇形怪状的装饰，但中国人的形象鲜明地站立于其中，富于各种因他们不停息地与逆境的奋争、他们对家庭的全心全意、古老的过去、他们的国土、他们的适应能力、他们无所畏惧地致力于他们所珍惜事物的精神而赢得的勋章"③，亦即中国人注重家庭的形象在美国人心目中根深蒂固，老舍由此受美国人认识的影响而有意无意地强化家庭在抗战中的重要堡垒作用，重构甚至美化家庭在小说中的形象也就可以理解了。另外，也可能与老舍在美国作家间周游交际，受美国作家的创作影响有关。资料记载，老舍在美国期间与赛珍珠（Pearl S. Buck）交往较多，并曾仔细研读过福克纳（William Faulkner）的小说。赛珍珠此时已凭《大地》获得诺贝尔文学奖，她在文学作品中对中国人与土地之间深厚情感的细致描述，对中国人对家庭的深切依赖与深情眷恋的耐心发掘，想必也深深触动过老舍的心。而福克纳给予老舍的启发可能在另外一个层面上：福克纳借助小说中构建的"约克纳帕塔法世系"反观和审视人类历史文化，以发掘被现代文明所遮蔽湮

---

① 老舍：《四世同堂·偷生》，东方出版中心，2017，第551页。
② 孔庆东：《〈四世同堂〉的当代文化意义》，《广西师范学院学报》（哲学社会科学版）2012年第4期。
③ 〔美〕哈罗德·伊萨克斯：《美国的中国形象》，于殿利、陆日宇译，时事出版社，2006，第242页。

没了的某种具有永恒价值的精神质素，以重建更富有人性的人类文明形态，① 这有可能启发了老舍在抗战的血与火的洗礼中对中国传统文化中具有永恒价值的传统文化因子的发掘与赞美。

他者视角的引入，一方面使老舍烛照出国民性的缺憾与不足，另一方面使老舍跳出一味批判国民性的现代文学传统，客观审视古老中国文治武功教化之下的国民身上的复杂与多义，并悉心发掘了中国传统文化中具有永恒价值的精神质素，为战后文化的重建做出了有益的探索。

三　在"迎"与"拒"之间：美国人对《四世同堂》的选择性接受

1942 年 6 月，美国汉学家费正清被任命为美国情报协调局驻华首席代表，辗转来华并常驻重庆。出于要在美中两国之间，建造一个共同的立场②的目的和认识，费正清积极向美国国务院争取，建议邀请中国学者赴美考察。美国国务院接受了费正清的建议，这才有了从 1943 年到 1947 年，分四批邀请 26 位中国学者和文艺家赴美的故事。值得注意的是，这 26 位应邀赴美的中国学者和文艺家当中，大部分是知名的大学教授，比如金岳霖、费孝通、陈序经等，现代文学作家只有老舍和曹禺，还有一位是画家。

（一）"迎"：美国人邀请老舍的"良苦用心"

为何前三批邀请的都是中国的学者、专家，最后一批却邀请了除却专家学者之外的作家和文艺家呢？抗战后期，重庆、上海的作协之中云集着大批的知名作家，美国为何选择了老舍和曹禺呢？解答好这两个问题后，美国人的用意也就明了了。对此，学界已多有分析。

文艺家破例受邀请，也是费正清的主意。他认为，美国人在系统地阐

---

① 周宁、朱徽、贺昌盛、周云龙：《中外文学交流史（中国–美国卷）》，山东教育出版社，2015，第 371 页。

② 赵武平：《老舍美国行之目的》，《文汇报》2013 年 10 月 4 日，第 3 版。

述美国文化的价值准则，即我们现在称之为民主生活方式上，一直落后于形势的要求，苏联人做得却好很多。因此，他希望从根本上影响中国的知识阶层，让他们在潜移默化中，自愿接受并宣传美国的民主思想。他进而建议美国国务院调整策略，不仅接近重庆的文艺界，而且把橄榄枝伸向延安。

> 为何老舍成为首选……比较多的说法，是一九四五年《骆驼祥子》英文版畅销，老舍人在中国，声名却红遍美国。此时不请他，还能请谁？再者，就是俄国人捷足先登，已经对文坛左翼领袖人物发出邀请，联系郭沫若和茅盾等访问苏联。美国步人后尘，面对的只能是中间派，而其中最有影响的就是老舍……①

上面的引文，给我们提供了很多信息：第一，费正清以及美国政府邀请中国学者，尤其是中国作家赴美访问，是想对他们施加影响，向他们推广美国的价值准则和生活方式，希望他们在美国访学期间能够在不知不觉间接受美国的民主思想。美国自立国始，美国人就以上帝的选民自居，认为美国与众不同，美国不是一个历史形成的国家，而是依据这样一些原则建立起来的国家，这些原则应当成为全人类行为的共同规范，美国人的思想、价值观念、民主制度是最优越的，有向全世界推广的责任②。美国人认为自己是特殊和例外的，因此负有拯救世界的责任，所以几乎所有的美国来华的文化使者，包括传教士、外交官、汉学家、学者，都自觉以美国文化的推广和传播为使命，并不遗余力。美国政府的所作所为，更是带有这种明确的目的和诉求。第二，美国政府邀请中国学者、作家访美，也是出于与苏联争夺在华影响力的考虑。太平洋战争爆发之后，中美关系发生了很大的变化，中国成了美国反对日本法西斯的同盟国。美国一方面帮助中国抗日，另一方面又想控制中国，希望中国在战后能够成为美国的势力范围，以抵抗苏联在亚洲的势力扩张，并支持它成为战后新的世界格局的

---

① 赵武平：《老舍美国行之目的》，《文汇报》2013 年 10 月 4 日，第 3 版。
② 陶文钊：《中美关系史话》，社会科学文献出版社，2011，第 10 页。

支配者与领导者。① 鉴于苏联已经先于美国在文化宣传与文学交流方面做工作，接触了中国左翼文坛的领袖，美国自然不甘落后。第三，出于老舍等人政治立场的考虑等。老舍在赴美之前，其政治立场属于国民党认可的中间派。美国既然与中国成为战时同盟，与蒋政府密切合作，战时支持蒋介石"容共抗日"，战后又"扶蒋反共"，同时对共产党的力量心存警惕，所以去做工作积极争取所谓"中间派"的力量。老舍时任中华全国文艺界抗敌协会常务理事以及总务组组长，影响力非同小可，而且他的《骆驼祥子》等小说已经在美国出版并有了影响力，请他赴美可谓水到渠成。

美国政府对老舍的"迎"是别有用心的，背后是有明确的文化推广与政治渗透等任务驱动的。但事实上，美国政府对华的带有强烈政治意图的文化活动，并不那么容易奏效，正像费正清所说，"中国人会像日本人所曾做过的那样，接受我们的科学技术。但他们对现代科学技术的吸收，也未必会使我们联合在一起，它或许只是给予了中国反抗我们的力量"②。就像美国用庚子赔款设立基金建立清华留美预备学校，本意为培养亲美高端人才和领袖人物，以便将来更好地操控中国，未曾想却近乎适得其反，美国政府想要从文化、价值观上争取老舍的用心，非但未能奏效，反而促成了老舍思想的"向左"转变，这也是他们始料未及的。

（二）"拒"：老舍对美国人"良苦用心"的拒斥

当老舍带着自己的使命来到美国，他忠于自己的使命在美国各大城市间来回奔走宣传中国现代文学和现代中国的伟大变化，带着文化的自信积极从事文学创作与翻译来宣传中国人民的伟大抗战、发掘中国国民的优秀品性、弘扬中国传统文化的现代价值、传达自己的世界主义思想主张时，他发现这一切的进展并不顺利。正像美国人并未见到一个对美国价值观俯首帖耳的老舍一样，老舍也发现美国人其实并不真正了解中国，也不愿意见到富有活力的、新生的中国，他们按照自己对老舍的理解来塑造老舍和他的"古老中国"，他们对实际的老舍和他的"现代中国"视而不见。

---

① 陶文钊：《中美关系史》（第 1 卷），上海人民出版社，2016。
② 赵武平：《老舍美国行之目的》，《文汇报》，2013 年 10 月 4 日，第 3 版。

1945 年，纽约雷纳和希区柯克出版社（Reyna and Hitchcock）出版了由伊文·金（Evan King）翻译的《骆驼祥子》（*Rickshaw Boy*）。伊文·金对《骆驼祥子》的翻译，在意识形态和权力话语的操控之下，歪曲了原著的精神，篡改了小说的结局。在原著中，老舍让祥子在严酷的社会现实面前处处碰壁、步步堕落，并终于让祥子从勤劳、善良、健壮、体面、要强、老实、木讷的年轻车夫堕落为一个出卖朋友、肮脏懒散、自私邪恶的无业游民。而在译文中，伊文·金却给了祥子一个大团圆的结局，他删去了描写祥子游荡告密等丑事的极端极重要的文字，终于把他写成重回曹家工作，从三等妓院救出了小福子的心满意足的人①，他让在生活的重压之下乖乖认命、自甘堕落的祥子，摇身变成了反抗苦难现实并最终获得自由的美国式的个人英雄。另外，伊文·金还在译文中自行添加了人物形象和故事情节，其中的那个清华女生颇为引人关注，这个清华女生因为坐祥子拉的车而与祥子有了交集，是她的言行启发、改变了祥子。译文中对清华女生等三人临刑前的描写，明显带有美国式"自由民主"的味道，他们一路高呼着"出版自由""言论自由""打倒秘密警察""反对奸诈政客出卖正义"和"驱除政府腐败"的口号，"活泼泼"地表征出一个符合美国文化的、追求个性解放和自由的革命者形象。

可以说，美国人在老舍访美之前，几乎已经通过《骆驼祥子》的翻译和主流媒体的评论，创造出一个他们想象中的老舍，这个老舍是符合美国人的期待的，是符合美国政府希望争取的所谓"中间派"形象的。有学者指出，这是美国人误读了老舍，笔者倒是觉得也许有误读，但更多的也许是他们在有意虚构、塑造这样一位中国作家的形象。或许美国人还打着一个如意算盘：让老舍来美国访学之后，顺着美国人对他的想象与塑造，主动变成一个更加美国化的中国作家。事实证明，美国人的美梦落空了，老舍并不是一个愿意任人摆布的木偶，他到美国之后看到伊文·金的译文就明确表示了他对译本的不满，而在伊文·金还想顺着《骆驼祥子》的路子翻译出版老舍的作品《离婚》，并对原文做大量的修改与增删时，老舍愤

---

① 夏志清：《中国现代小说史》，浙江人民出版社，2016，第 204 页。

怒了，两人最终对簿公堂。① 老舍在被美国当局安排四处演讲时，也并未像他在当初提交给美国的项目申请书中所说的那样"深感荣幸"，反而感觉很痛苦："老舍……被拉到各处去作讲演。对此，老舍似乎感到非常痛苦。'我不知怎么说才好，如果他们都是想要了解中国的认认真真的听众，那当然很好。可并不是这样。长期以来的战争中中国人蒙受了多大的苦难，而且，至今这种苦难仍然还在继续呢。可他们却不想了解中国人的苦恼。'老舍稳健的声音里含着力量，指出大多数听众的兴趣所在只不过是对一个黄皮肤的最畅销书作家感到好奇而已。那愤慨难抑的心情溢于言表。"②

美国人对老舍的想象与塑造，随着老舍的赴美讲学而日渐改变了，当他们看到老舍并不接受美国人按照自己的价值观对他的包装时，老舍也就不那么受欢迎了，他的书滞销了，他的生活又陷入了困顿，他的作品被戴着有色眼镜的出版人过滤、删节，他想要在美国达成的出访使命也日趋艰难。这时候国内形势的变化，使得老舍有点身陷异国他乡、孤军奋战的味道，他一面在美国人的"迎"与"拒"之间孤独地坚守着，固执地向美国人讲述中国抗战的故事，讲述中国文化的坚韧与新变，一面时刻关心着祖国局势的变化，期待着重回祖国的怀抱。

（三）"弈"：老舍与美国人之间的博弈

正像老舍在文学创作时心中时时有个他者存在一样，在文学翻译时，他也总是会考虑美国读者的接受和审美心理。"关于翻译的删节，浦爱德晚年曾有回忆：老舍知道，美国人不喜欢篇幅太大的长篇小说，所以我们一起工作时候，他对原书作了较大的删节。"③ 浦爱德这段话透露给我们的是，老舍在翻译过程中考虑到美国读者的接受而主动割爱，对原书做过较大的删节。有学者对此做过分析，认为老舍面临"异质文化"选择的压力

---

① 舒乙：《老舍先生》，中国青年出版社，2016，第 140 页。
② 〔日〕石垣绫子：《老舍——在美国生活的时期》，载张桂兴编《老舍评说七十年》，中国华侨出版社，2005，第 174 页。
③ 赵武平：《〈四世同堂〉英译全稿的发现和〈饥荒〉的回译》，《现代中文学刊》2017 年第 3 期。

和跨文化传播的精神阻隔，他必须通过美国读者喜闻乐见的形式，让美国读者对中国的国情、现状和文化有一个真实的了解，① 这位学者在文中对《四世同堂》及其英译本 *The Yellow Storm* 进行了详细的比对，并逐部逐段列出了删节之处，发现"老舍在翻译过程中所作的删节工作，其劳动强度实不亚于创作一部新的文学作品"②，并认为删节之后的小说译本行文节奏变得紧凑，故事性、戏剧性得到了增强，语言也变得简洁、流利，富有动感。

但出乎老舍和浦爱德意料的是，尽管他们考虑到美国读者的接受而做了主动删减与调整，出版社在出版这部书的时候，又在此基础上做了大幅度的删减，"不幸，出版社删得更多，一个完整的人物被删去，——虽非主要人物，却是我最喜爱的人物之一，就是那个照应坟地的种地人"③。对此，在发现老舍和浦爱德的翻译底稿之前，学界只能想象而无法坐实，但底稿发现之后，立即就有学者对两个版本进行了详细的比对，"就《饥荒》而言，除去每章都有相当删节外，最主要的变动，是在后面的 16 章。首先，编辑将第 23 章'东阳病了'压缩后，同第 24 章'冰化了'并为一章。……其次，拿掉了第 27 章。……最后，将第 36 章删去"④。这篇文章的作者并未对出版社删节老舍和浦爱德译文的原因做进一步分析，但出版人或编辑对译文的删节所依据的标准或者说他这样操作的原则，是非常耐人寻味的。

仔细阅读不难发现，这些被删节的文字恰恰集中体现了老舍在美国借助《四世同堂》等作品想要表达的核心思想。为了表达清楚这样的思想，老舍采取各种策略，甚至不惜以牺牲作品的形象为代价，专门拿出一个单章以钱先生自白的形式向读者直接发言、陈述，他带着战胜国的民族自信和文化自信，想向美国人介绍宣传中国的现代变化、国民性的提升、传统

---

① 魏韶华：《〈四世同堂〉英译与老舍的国家形象传播意识》，《文学评论》2011 年第 4 期。
② 魏韶华：《〈四世同堂〉英译与老舍的国家形象传播意识》，《文学评论》2011 年第 4 期。
③ 赵武平：《〈四世同堂〉英译全稿的发现和〈饥荒〉的回译》，《现代中文学刊》2017 年第 3 期。
④ 赵武平：《〈四世同堂〉英译全稿的发现和〈饥荒〉的回译》，《现代中文学刊》2017 年第 3 期。

文化的新生，以及中国人民经受血与火的洗礼之后对战争的反思与警醒。可是当老舍诉诸文本欲借此传达于世之时，美国出版界的编辑们在不经作者和译者同意的情况下，将这些内容直接删除了，他们的粗暴行为也许为美国读者留下了一个节奏紧凑、用语简洁、易于理解的抗战故事，这故事却在很大程度上流失了来自中国文化、中国人民抗日战争伟大探索思考之结晶的中国价值。

了解了这些，我们也就不难理解为何夏志清在他的名著《中国现代小说史》中，对老舍的《四世同堂》进行评价时所产生的疑惑了，他认为，《四世同堂》的视景是狭隘的爱国主义（在结尾的时候，还稍稍渗进了一点自由国际主义的色彩），使人们不得不怀疑，有什么东西使作者动了这么大的兴致，一步一步地追溯几个家庭的兴衰存亡，有关北平所做的横断面描写，以及对于北平沦陷区的深入研究？老舍所要描写的，只不过是正义和投机取巧的对立，英勇和怯懦的冲突，以及大无畏精神和邪恶之间的斗争而已。[①] 为什么夏志清会疑惑，为什么他会把老舍的内涵如此丰富、艺术结构如此宏阔的文学创作，简化成正义与邪恶的冲突和对惩恶扬善原则的机械运用呢？原因就是夏志清根本没有读到老舍的原文，也没有看到《饥荒》的后半部分英文底稿，他的评论所依据的是美国正式出版的《四世同堂》英译本 *The Yellow Storm*，由于美国出版商的删节，他失去了从老舍和浦爱德的译稿原文中读出老舍良苦用心的机会。

四 余论

因缘际会，老舍在抗战胜利不久后获得了赴美访问讲学的机会，美国人邀请老舍自然有自己的用意和考虑，而作为中国现代作家的老舍，也并不是任由美国人牵着鼻子走、亦步亦趋的傀儡，对美国之行他有自己的考虑和目的，这一方面来自中国作协同人们寄予的厚望，另一方面来自他自己的主观意愿。他成名之前在英国教授汉语的经历，给了他弱国子民处身发达国家的切肤之痛，也给了他以文学进行跨文化传播的宏大心愿，他希

---

① 夏志清：《中国现代小说史》，浙江人民出版社，2016，第380页。

望此次美国之行可以向英美、西方世界介绍现代中国的变迁、中国国民性的提升、中国文化在血与火的洗礼之下所获得的新生等。他太想改变西方人对中国、中国人的看法了，他不像胡适等人那样到处做政治演讲，在美国的主流报纸、杂志上发表政论文章，他选择了他擅长的方式，创作和翻译小说和话剧，他知道，一部小说与一部剧本的介绍，其效果实不亚于一篇政治论文。创作环境的变迁、创作目的的改变，使他的小说创作产生了前所未有的变化，他在美国创作的《四世同堂》第三部《饥荒》，尽管还是循着他在国内确定的创作思路进行的，但其中微妙的"因侨致易"，颇值得人们深思高举。他愤怒于美国译者对他的作品进行符合美国人思想和价值观的改译和重写，他谨慎地选择翻译伙伴，为了使作品符合美国人的阅读和接受习惯，不惜自己对作品进行大量的删改与重写，尽管有时候这样的改动所产生的工作量不亚于重新写一部小说，他希望他作品的译本能以美国人民喜闻乐见的方式让美国人民了解中国、了解中国人民与中国文化，但美国出版机构对作品的译稿所做的二次删减，使得老舍的很多苦心经营付诸东流，给老舍也给中国现代文学留下了很多跨文化传播的遗憾。

欧游经历促发的跨文化视野

——浅谈老舍的跨文化意识

李东芳[*]

摘　要：老舍的跨文化视角，是站在人类文化共通性的立场上的，而非从狭隘的民族主义出发。只有对本民族文化与其他文化利弊皆有审视与反思的人，才能具有世界性的视野与胸怀。而这种理性思考离不开老舍早年的欧游经历和宗教活动参与——包括加入基督教会和参与佛教的慈善活动。老舍的跨文化意识就是对 20 世纪上半期处于"挑战－应战"模式中的中国文化的审视与反思。

关键词：跨文化意识　民族文化　欧洲　老舍

丰厚的传统文化教育体验与英国任教的异国经历使得老舍的思想、创作都打上了"跨文化"的烙印。他一贯以平和的文化精神来看待中国与西方，他认识到东西方文化的优缺点，以积极的创作态度和丰厚的创作实绩，肩负起中国传统文化的改造、转化和创新的文化使命。老舍从《二马》的创作开始，不断在其作品中对东西方文化进行比较、思考。而《二马》的创作时间，正是比较文化学在英国方兴未艾之际，这一时代的潮流势必影响着老舍的创作运思。老舍在英国期间的跨文化体验，促使他的艺术风格和思想风格发生变化。

这种理性思考除了与欧游经历有关之外，也离不开老舍的母亲和刘善人的影响、满族身份的影响、早期接受师范教育以及从教的影响，乃至宗教活动的影响——包括加入基督教会和参与佛教的慈善活动。这些人生经

---

*　李东芳，北京语言大学汉语国际教育学部汉语进修学院副教授，研究方向为中国现代文学。

历的影响，形成了老舍看待东西方文化的基本视点：既不因热爱本国文化
而护短，也不因盲目崇拜他国文化而自卑。正如《四世同堂》中所说的：
"生在某一种文化中的人，未必知道那个文化是什么，像水中的鱼似的，
他不能跳出水外去看清楚那是什么水。假若他自己不能完全客观地去了解
自己的文化，那能够客观地来观察的旁人，又因为生活在这种文化以外，
就极难咂摸到它的滋味，而往往因一点儿胭脂，断定他美，或几个麻斑而
断定他丑。"① 老舍创作中的跨文化视野主要表现在以下两个方面。

一 与世界文化的对话意识以及对殖民主义话语的抵抗

老舍走上文学之路的真正原因是什么？众所周知，老舍先是在国内受
到了"五四"新文化运动的影响，获得了一双看世界的"新"的眼睛，反
帝爱国情绪再次从心中燃起。② 旅英期间，老舍在教书之余阅读了大量西
方文学作品（尤其是狄更斯的作品）后，他的文学创作从模仿开始。从模
仿创作到登上文坛，他具有了通过文学创作与世界对话的意识。

老舍说："设若我始终在国内，我不会成了个小说家——虽说是第120
等的小说家。"③ 老舍的创作区别于其他作家的一个关键点是：欧游经历，
在英国伦敦教书时登上文坛，其在英国期间的早期作品在某种意义上可以
说属于海外华文文学的一部分，当时的青年老舍在本土以外从事汉语写
作，是处在旅居国（英国）主流文化之边缘的"他者"，直接体验到两种
文化的接触与碰撞，既有对自身文化的反思，也有希望与旅居国的文化，
乃至世界文化平等交流的对话意图。

而当时在英期间开设的讲座"唐代的爱情小说"中，老舍已经流露出
跨文化对话的意识，比如针对英国人对中国人包办婚姻的疑问，老舍的回
答是："当一个中国男人发现他的婚姻是不美满的时候，他决不会向命运
挑战，他以为，生命之水都必须归顺主宰生命的大河，享乐的最高形式便

---

① 老舍：《四世同堂》，载《老舍全集》（第4卷），人民文学出版社，2013，第98页。
② 老舍是满族人，其父亲在八国联军侵入北京时英勇殉国，这在老舍内心埋下了反帝爱国
的情感记忆。
③ 老舍：《我的创作经验》，载《老舍全集》（第17卷），人民文学出版社，2013，第68页。

是简单地将他自己交付给这条大河。因此，他便忘掉了自己的痛苦。"①

另外，回答为什么中国的情人们不像欧洲小说或者美国电影描绘的那样，在困难的时候挺身而出，而是总等着别人来救他们时，老舍说："这不是因为他们怯懦，而是他们受的教育不同。中国的教育是将青年训练成上等人，拥有高雅的态度和崇高的心，他们是哲学家，是绅士，优雅而亲切，绝不能去打架！打架是勇敢的将军们的事，而将军们只不过是优雅亲切的绅士们豢养的狗。所以，当中国情人们处于困境时，他们并不为自己而战斗，总是旁的人把他们解救出来，有时甚至是靠想象出来的英雄。"②

老舍曾经多次在文中流露，要想创作出世界一流的文学，狄更斯、但丁和托尔斯泰等就是榜样。英国人集体无意识中的种族优越感和殖民主义心态，以及英国人重视工商和法理的精神以及公民意识，促使他想要运用文艺提升中国的世界形象，唤醒民众，进行启蒙的文化自觉。这也促成了他至高的文学创作理想："我们必须教世界上从文艺中知道，并且敬重中国的灵魂，也必须把我们心灵发展，提高到与世界上最高伟明哲的心灵同一水准。"③

由于初登文坛，身在异国的他是在双重文化背景中进行写作，常常具有东西方文化的对话叙事，这是其作品中一条隐含又贯穿始终的叙事主线。

针对当时的英国人之于中国的想象，老舍的创作是一种抵抗话语。当时英国流行把中国人写成"一种奇怪可笑的动物"，没钱到东方旅行的德国人、法国人、美国人到伦敦中国城找写小说、日记和新闻的材料，这些作品中的中国人形象是："抽大烟，私运军火，害死人后把尸首往床底下藏，强奸妇女不问老少，和做一切至少该千刀万剐的事情的。"④

老舍看到"做小说的，写戏剧的，做电影的都按这种传说描写中国，通过看戏，看电影，念小说的姑娘、小孩、老太太、英国的皇帝，把这些记在脑子里，于是中国人已经变成世界上最阴险、最污浊、最讨厌、最卑

---

① 舒乙：《我的思念》，中国广播电视出版社，1999，第198页。
② 舒乙：《我的思念》，中国广播电视出版社，1999，第198页。
③ 老舍：《敬悼许地山先生》，载《老舍全集》（第14卷），人民文学出版社，2013，第296页。
④ 老舍：《二马》，载《老舍全集》（第1卷），人民文学出版社，1980，第409页。

鄙的一种两条腿儿的动物"①。由于艺术生产和艺术传播的强大功能，当时的欧洲文艺生产出一种关于"中国想象"的权力话语，使得欧洲人对中国人的看法"真理化"和"知识化"了。《二马》中英国牧师伊牧师在中国传教 20 多年，实际上是假借传教推行殖民主义："他真爱中国，半夜睡不着的时候，总是祷告上帝快快地叫中国变成英国的属国；他含着热泪告诉上帝：中国要不叫英国管起来，这群黄脸黑发的东西，怎么也升不了天堂。"②

再看老舍笔下一个英国主妇心中的中国印象：伊太太在保罗无理挑衅时奋勇反击，感到不能忍受，"她动了怒，完全是因为马威——一个中国男孩——敢和保罗打架。一个英国人睁开眼，他或她，看世界都在脚下：香港、印度、埃及、非洲……都是他或她的属地，她不但自己要骄傲，她也要别的民族承认自己确乎是比英国人低下多少倍"。③

可见，当时英国人普遍具有浓厚的种族优越感和殖民主义意识。而老舍的创作一开始就具有这种跨文化意识的自觉——抵抗基于欧洲中心主义的殖民主义话语。

二　东西方文化间的对比与互鉴

首先来看文化对比。老舍一方面虽感慨于英国人具有国家意识和公民意识，但又并不完全认同英国人在工商和法理精神背后的冷漠与自私；另一方面老舍在同情和留恋中国文化中深厚的人情味和礼义之时，又批判老马等所代表的中国人国民性中内化的半殖民地性格，是一种苟且、国家观念薄弱的文化自卑心理。

老舍试图运用手中如椽巨笔，"比较中英两国国民性的不同"④，进行文化对比。要表现"中国人与英国人不同之处"，"我不能完全忽略了他们

① 老舍：《二马》，载《老舍全集》（第 1 卷），人民文学出版社，1980，第 409 页。
② 老舍：《二马》，载《老舍全集》（第 1 卷），人民文学出版社，1980，第 390 页。
③ 老舍：《二马》，载《老舍全集》（第 1 卷），人民文学出版社，1980，第 576 页。
④ 老舍：《我的创作经验》，载《老舍全集》（第 15 卷），人民文学出版社，1990，第 292 页。

的个性，可是我更注意他们所代表的民族性"①。老舍既反对西方人的东方观中所包含的西方霸权主义，又反对"老"民族的"老"分子身上落后的"半殖民地性格"，如《二马》中的老马，愚昧、懒散、卑躬屈膝。老马听说英国要出兵中国，竟然规规矩矩地站起来说："欢迎英国兵！"因为"（他）那一辈的中国人是被外国人打怕了，一听外国人夸奖他们几句，他们就觉得非常的光荣"。"他连一丁点儿国家观念也没有。"而作为对照，小马代表了理想的新国民："只要能有益于国家，什么都可以放在一旁。"②

老舍一直关注教育，他的跨文化视野使得他认为 20 世纪早期的国民教育是千疮百孔的。老舍"差不多与教育事业没断过缘"，与教育相关的小说占了其作品相当大的一部分，嬉笑怒骂之间，直指中华民族的精神痼疾。

老舍创作《老张的哲学》时身处英国，但他对英国文化并非全盘接受，也没有全部倾向于中国传统文化，他善于取其精华弃其糟粕，在跨文化的视域融合中进行中英文化的交互参照，以客观的视角剖析审视中国与英国的不同。

在老舍看来，英国人身上独立理性的品质和社会公德心正是中国人所欠缺的。中国之所以落后，是因为国民无思想，教育理念和制度滞后。所以对国人自尊的唤醒和能力的提高是救国的必要途径，教育在此时被提升至极高的地位。"在写'老张'以前，我已做过六年事……这成全了'老张'。"③ 从《老张的哲学》中可见社会转型时期的一组恶性循环：颠倒黑白的社会无法提供有实质意义的教育，家庭教育也在逼迫孩子重蹈覆辙，导致一代青年涣散如蝼蚁，最终这样的人又流入社会、组成家庭，继续将这种思想上的"遗传病"传染给自己的下一代。

另外，老舍也进行了文化借鉴。比如老舍在独特的跨文化背景下，以开阔的视野和世界性的眼光，建立了多元的文化选择体系。那么作为一个具有跨文化意识，进行跨语境写作的作家，是怎样借助英伦的景物在小说

---

① 老舍：《我怎样写二马》，载《老舍全集》（第 16 卷），人民文学出版社，1990，第 175 页。
② 老舍：《我怎样写二马》，载《老舍全集》（第 16 卷），人民文学出版社，1990，第 173 页。
③ 老舍：《我这一辈子：老舍自传》，江苏凤凰文艺出版社，2011，第 686 页。

中呈现一种东方格调的呢？

毋庸置疑，在中国现代文学史上，老舍是一位景物描写的圣手，一登上文坛，即被朱自清誉为"写景的大师"，他曾经这样评价老舍："写景是老舍先生的拿手戏，差不多都好"。好在哪里？这个"好"与他阅读康拉德等英国小说家的作品具有某种关联性。

老舍的景物描写极具个性，在他的小说中，景物是他描绘的典型环境中不可分割的部分，他不仅将写景融入小说的整体结构框架之中，更将景物与人物紧密联系。从景物描写和老舍的跨文化意识入手，可以发现：（1）景物描写是中国古典美学的主要组成部分；（2）在跨文化视角下，不同文化语境下人们对自身与外部环境关系的观念有很大差异。

《二马》是老舍在英国任教时所写的三部长篇小说中的最后一部，记叙了马氏父子在英国的生活故事，作者本意是将中英两国文化做一番对比，却又在故事讲述中集中体现了老舍景物描写的精湛技艺和独特风格。作品里的景物描写，在英伦的景色下以传统的中国文化为核心，以西方文化为参照，揭示出老舍多元的文化选择态度。他在文学创作中不自觉地"以画作文"，将绘画艺术融入景物描写之中。老舍与绘画的不解之缘和独特的人生经历，使得景物描写呈现绘画美。

移步换景式的构图美、融画于文的色彩美，老舍在其作品中极其重视景物的色彩运用，使作品的景物描写充满了绘画感。老舍小说所表现出来的五光十色的画面感，明显具有对康拉德印象主义的借鉴与模仿。

老舍受到当时国内白话文运动极力推崇的但丁所提出的欧洲俗语论，以及创作《二马》时英国社会环境等多重影响，创作的小说《二马》是其第一部域外使用白话著成的小说。

欧游归来、又在南洋短暂停留的老舍，其跨文化意识还反映在对待儿童的态度上，老舍明显借鉴了西方文化中平等、尊重、情感教育等富有现代性和前瞻性的教育理念和价值内涵，呼吁人们对很多对待儿童的错误方式进行反思，这至今仍有现实意义。

受"五四"新文化运动的影响，老舍立足于人道主义，坚持儿童本位，强调儿童平等的地位，提倡尊重儿童，在儿童与儿童之间、成人与儿童之间，以及不同族群的儿童之间都强调平等和尊重的关系。

在儿童成长上，老舍受到卢梭自然教育的影响。老舍的《新爱弥耳》采用了对卢梭《爱弥儿》进行仿写的手法。在老舍看来，儿童的健康成长应为生理、心理两个方面都健康发展。他希望儿童在生理上能健康强壮、充满生机与活力。老舍特别珍惜儿童的天真心性，希望儿童被尊重、被爱护，认为儿童教育应该顺应儿童的生理、心理特点，要摒弃旧式的落后教育思想、教育方式，要以爱和情感培养发展儿童，让儿童成长为人格健全的人。老舍提出"情感教育"，成人应该给予儿童爱的教育，爱儿童，也使儿童学会爱人爱己，不应仅是给儿童灌输知识、技能和思想，把儿童制造成与机器无异的"有知识的空心人"。

此外，老舍还指出陈旧腐朽的大环境只会让人性被压制，新的文化环境才能让儿童健康地成长。希望新中国的健康环境能够培养儿童爱国的思想意识，培养社会责任感；追求真善美，培养优秀的道德品质，使儿童成长为对国家、民族、社会有用之人。

另外，文化对比必然会引起文化反思与文化批判。老舍的旅英经历使他的思想和创作在很大程度上受到英国文学的影响。特别是英国文豪狄更斯作品中具有反讽意味的社会批判风格，被老舍深深地吸收运用于自己的作品中，于是有了老舍风味的"幽默"。此外，英国哲学家、思想家罗素，尼采等人的"婚恋""存在哲学"思想也在老舍的创作中留有痕迹，关于"婚姻自由""生命哲学"的深入思考在老舍的作品中屡屡显现。

在中国现代文学作品中，与婚恋相关的文本不在少数。一来，这些话题呈现的内容是与每个生命个体切实相关的问题；二来，随着西方启蒙思潮逐步影响中国，有识之士受到西方先进思想的熏陶，开始批判、反思中国封建文化中束缚、摧残人性的糟粕，积极宣扬追求自由、平等的观念，因此，对婚恋、男女平等等问题的关注是应运而生的跨文化产物。

老舍作为中国现代文学的重要作家之一，对婚恋问题也有敏锐而持久的关注，并从作品中彰显出他跨文化视野的丰富性、客观审视问题的思辨性、不拘泥于现实的超越性以及具有跨时代眼光的前瞻性。

老舍1933年的作品《离婚》，从离婚主题出发，以其独特的"京味儿"幽默语言，描绘了北平市民阶层灰色的人物生活群像，给生命个体以形而上的关怀。这种犀利而敏锐的批判，既有西方思潮影响的痕迹，又从中国现实出发，从当时人们热议的离婚话题出发，用机警幽默的语言引发人们对现实生活和理想诗意生活的思考，这样的跨文化视野在中国现代作家中是很有分量的。

此外，在长篇小说《骆驼祥子》，中长篇小说《鼓书艺人》，短篇小说《抱孙》《生灭》《一筒炮台烟》等作品中，老舍都谈及了有关生育的问题，虽然老舍并没有像女作家一样直面女性的生育之痛苦，但他通过对传统生育习俗的批判以及对理想女性生育的关怀等展现了对传统文化的反思。在这一过程中，尽管老舍接受了西方某些先进的文化与思想，但对东西方文化的判断也没有走向单纯推崇西方文化的偏激，因此老舍的文化启蒙有着他独特的客观性与超越性，老舍的跨文化眼光是既开阔又冷静的。

从跨文化角度剖析、评析老舍小说的离婚以及生育叙事，这两个话题本身无论在文学世界还是在现实社会都是不容忽视的主题，有着不容忽视的当下意义。随着社会离婚率的持续上升、婚姻伦理观念的不断变化、"三胎"政策的放开，有关婚育的文学叙事更应得到作家以及读者更多的关注与挖掘，因此，从这个意义上讲，老舍先生的作品又有着划时代的超越性。

既然老舍从在英国登上文坛那一刻起，就具有了文化批判与文化反思的跨文化意识，那么老舍的这种跨文化视野是否受到包括基督教在内的宗教伦理的影响呢？

事实证明，20世纪20年代参加基督教的活动，并未使老舍走向超验的宗教和对上帝的追寻，却开启了他对人的心灵（或曰灵魂）的探寻。这个"灵"并非个体对于超验性宗教体验的追寻，也不是个体生命的灵修，而是在超越世俗层面的角度上所指涉的高尚的精神追求。以《四世同堂》为例，老舍以宗教情怀的视角从善与恶、个人与家国伦理的关系，以及生与死三个方面辨析了中国传统文化的精华与糟粕。

总体而言，老舍的世界眼光与跨文化视野，与英国历史学家汤因比不谋而合。汤因比强调，为了持一种公正的全球观点，必须抛弃自己的幻觉，即把自身所处的特定国家、文明和宗教当作文明的中心并认为它们比别的国家、文明和宗教优越。这样的历史立场是全面认识世界真实景象的巨大障碍。①

汤因比在他那部著名的《历史研究》中，通过对 21 个文明诞生过程的研究提出了挑战与应战模式，"挑战"，指的是外在的自然环境和社会环境向人们提出了一些不容回避的历史课题；"应战"，指的是人们面对新的文化现实采取的文化对策。汤因比的历史研究证明：每一种文化的形成与发展，都是成功应对挑战的结果。换句话说，每一次成功应战，都会为一种文化模式的出现和发展积蓄能量。每一次不成功的应战，或无力的应战，都可能导致一种文化模式的衰亡。

老舍的跨文化视野还表现在当他看到 20 世纪上半期中国文化在世界文化格局中面临的挑战时，试图从一个现代作家、一名现代知识分子的角度对中国文化的应战做出的思考和尝试。

对于老舍的跨文化视野，王本朝先生的论断深中肯綮："在现代主义面前，老舍是传统的；相对传统主义，老舍又过于西方，有鲜明的反传统倾向。可以说，老舍是不中不西，既现代又传统的作家，他站在从传统到现代，既西方化更趋中国化的中间地带。"② "老舍是一位伟大的作家，他的意义不仅在于其丰厚的文学贡献及其资源，而且在于他作为一位富于传统人格和现代思想的知识分子，还具有某种文化学和思想史的当代价值"③。

---

① 〔英〕阿诺德·汤因比：《汤因比历史哲学》，刘远航编译，九州出版社，2010，第 1 页。
② 王本朝：《老舍的意义》，《光明日报》2016 年 9 月 26 日，第 13 版。
③ 王本朝：《老舍的意义》，《光明日报》2016 年 9 月 26 日，第 13 版。

《老舍五则》：从短篇小说到话剧

丁会欣[*]

摘　要：《老舍五则》是由老舍先生的五部短篇小说改编成的话剧，由北京人艺导演林兆华执导，这是老舍的短篇小说首次被搬上舞台。本文基于《老舍五则》话剧演出的舞台实践，重点分析了五个故事的表现方式、故事主题的内在一致性和连贯性，并通过小说原文与话剧的比较，阐述话剧对短篇小说的改编，以及不同表现形式对老舍文学创作风格的延续和呈现。《老舍五则》的成功上演，为经典作品的再现、改编提供了一种可能，具有较高的参考价值。

关键词：《老舍五则》　短篇小说　话剧　改编

《老舍五则》是由老舍先生的五部短篇小说改编成的话剧，2010 年 3 月在香港艺术节首演，2010 年 5 月 27 日至 29 日在北京保利剧院进行内地首演，这是老舍的短篇小说首次被搬上舞台。这五部短篇小说包括《柳家大院》《也是三角》《断魂枪》《上任》《兔》，以创作时间为序，《柳家大院》和《也是三角》收录于短篇小说集《赶集》，《上任》收录于短篇小说集《樱海集》，《断魂枪》收录于短篇小说集《蛤藻集》，《兔》收录于短篇小说集《火车集》。老舍在《赶集》的序言中说，他本不会写短篇小说，但因沪战后，刊物增多，约稿也多，写长篇办不到，于是改为写短篇。他对这些短篇的态度是："现在要出集了，本当给这堆小鬼一一装饰打扮一番；哼，哪有那个工夫！随它们去吧；它们没有出息，日后自然会

---

* 丁会欣，同济大学出版社编辑，同济大学外国语学院博士研究生在读，研究方向为比较文学。

受淘汰；我不拿它们当宝贝儿，也不便把它们都勒死。"① 这或许是老舍先生一贯的幽默和自谦。这些创作于 20 世纪三四十年代的短篇小说，不但没有被时间淘汰，反而走上舞台以话剧的形式与现代观众见了面，依然焕发出艺术的生命力，依然有出息。

　　老舍的戏剧作品有很多，直接写给舞台的有《茶馆》《龙须沟》等，小说改编的有《骆驼祥子》《正红旗下》等，这些都为观众所熟知。这一次为什么会选择老舍的短篇小说来改编成话剧呢？这五篇小说是老舍之子舒乙向出品人王翔和导演林兆华推荐的，时间契机是纪念老舍先生 111 周年诞辰。最初舒乙推荐的不止五篇，包括《断魂枪》《兔》《也是三角》《柳家大院》《上任》《微神》《柳屯的》等，② 最终从中选了五篇，定名为《老舍五则》。舒乙在《〈老舍五则〉之缘起》中讲到，老舍的短篇小说是未被开垦的处女地，可以改编成好看的戏剧作品，他将老舍先生的短篇小说归结为六大特点："有头有尾"，既有中国古典小说的传奇性，又有现代性；"以人物描写为重点"；"不说教，不直接点题"，给读者思考的空间；"小人物"，关注小人物的命运；"艺术性"，写作手法出新；"批判性"，注重国民劣根性的改造。③ 老舍短篇小说的这些特点，如人物的鲜活、语言的幽默、故事的完整等为其被改编为话剧提供了可能，在改编过程中也因舞台而在细节上有所取舍和改变，但精气神儿和京腔京味儿自身的幽默感是不能丢的。

一

　　话剧五幕的大背景自始至终没有更换，都是悬挂着的草席，只在每一幕中根据实际情况变换具体的道具，如桌椅等摆设。草席给人一种大时代背景下，底层人民生活的风雨飘摇之感，不更换背景也让这五场戏及戏中的所有人物有了联系。这是同一时代、同一座城里的人民，他们各有各的

① 《老舍全集·小说》（第 7 卷），人民文学出版社，2008，前言。
② 舒乙：《〈老舍五则〉从何而来》，《北京观察》2011 年第 3 期。
③ 详见舒乙、郝媛媛《〈老舍五则〉之缘起》，《新华航空》2010 年第 3 期。

悲苦，各有各的荒唐，即便喜事也都是带泪的，而且没有一个人不既是受害者又是加害者，没有一个人的命运是自己说了算的。话剧从《柳家大院》中小媳妇的死演起，到《兔》中小陈的死落幕，中间有从战场上退下来的兄弟兵共娶一个妻子的荒唐，有昔日匪"从良"为官的闹剧，有神枪沙子龙英雄末路的悲凉。每一幕戏的结尾都戛然而止，初看觉得仓促，细品就如留白，充满戏剧的张力。而且这种"戛然而止"给观众留下充分的思考空间，死去的已经死去，活着的又能走到哪里去呢？

柳家大院中住的都是穷人，穷人之间有互帮互助的温情，更有彼此折磨和恶斗的残酷。小说中，算命先生说："世界上不应当有穷有富。可是穷人贴着有钱的，往高处爬，比什么也坏。"① 老王和二妞就是如此。老王对洋人赔着笑脸，洋人对他说句话，他的尾巴能摇半天，甚至可以为了钱给洋太太下跪。但因为给洋人做事，却又觉得高人一等。在家对儿媳妇百般挑剔，无端指责，做足了公公的架子。按理说，老王的女儿二妞与嫂子年龄相差不多，又都是女性，应该对嫂子有些同情，但事实上她仗着自己是上过学堂的"文明人"，对嫂子看不上眼，明里暗里使损招，折磨嫂子。小王也受老王和妹妹的挑唆，动不动就打自己的媳妇。最后不堪折磨的小媳妇上吊自杀。小媳妇出场时已是穿着红色丧服的"死人"了，她所受到的凌辱自己无法言说，多由算命先生和邻居张二嫂来转述。结尾处，二妞也身穿红色，那是她的嫁衣，又何尝不是她的丧服呢？这红色与她嫂子出场时穿的红色一样，没有一点喜气，反而更多的是血腥、压抑，是一种张扬的残酷，是一种热闹的无情。二妞穿着嫁衣，因为她被自己的父亲卖了。舞台上老王卖女儿多有无奈，但在小说中，老王的打算是干脆把她打发了，进点彩礼，给儿子再续一房。有人来给小王提亲，老王更是恨不得立刻把二妞"铲"下去。亲生父亲尚且如此，她的命运会比死去的嫂子好吗？不过也是走嫂子的老路罢了。

同样被父亲卖掉的还有林姑娘。林姑娘的父亲是拉洋车的社会底层人，生活困顿，疾病缠身，朝不保夕。父女俩命贱如草芥，生死无人在意，唯一关注他们的是媒人李永和。他关注的不是二人的生活或生命，而

---

① 《老舍全集·小说》（第7卷），人民文学出版社，2008，第83页。

是林姑娘的价钱。林姑娘的命和老林的命加起来也就值五十个洋钱,老林被贫困所逼,不得不为了一口饭和一口棺材将女儿卖了。媒人李永和看起来做的是说媒拉纤的好事,促成了一桩姻缘。可是,实际上在他眼里,这些人都不过是行走的洋钱。他给林姑娘介绍的是两个前线溃败下来的逃兵。只要钱到手,他是不管别人死活的。两边糊弄,把这桩买卖做成,抽了佣金,这些人对他来说就再没有了利用的价值。这样看来,媒人何尝不是刽子手呢?不过是将林姑娘从贫困的处境推向了更加悲惨的黑洞。林姑娘本已认命,心里无奈却也不得不接受这桩婚姻,但最终得知自己嫁给了两个人,"一女侍二夫"让她悲愤、崩溃而又孤立无助。她能有什么办法解脱?结尾她要离开小屋去找父亲,可是即便找到病病歪歪的父亲又能有什么主意,况且她一出门就遇到了马得胜和孙占元两个丈夫。他们会放她走吗?她的未来是什么样子?三角最稳,可是也最荒唐。

荒唐的事情还有很多。尤老二这个昔日的混混和土匪走马上任成了"官",做了稽查长,受命去查"反革命"。他找了一帮旧相识来做伙计,黑和白混在一起。看似当了稽查长,有李司令撑腰,可是他依然做不了主。连买报纸装样子和购置洗脸盆、毛巾也要反复琢磨。曾经一起混的土匪来找他,看似道贺,实则要挟,问他要"上山"的路费,他虽然腰里有枪,却也不敢不给,最终钱五这个土匪头儿让他不要干了,他也只能辞职。应了那句"昨天的匪就是今天的官,今天的官可能是明天的匪,今天的官也可能就是今天的匪"。舞台上做稽查的与宋占魁、钱五等来要路费的土匪是相同的演员扮演的,只不过换了衣服和椅子的方向,其实这些官和匪本来就是同一群人,官就是匪,匪就是官。辞职了的尤老二应该会做回老本行,那新上任的稽查长会不会又是一个尤老二?尤老二会不会变成去要路费上山的土匪?官匪身份的转换一直循环,这是超越了时代的黑色幽默与荒诞。

神枪沙子龙的境遇更加悲凉。开场沙子龙并没有出现,自称是他徒弟的王三胜在卖艺,提到自己的师父沙子龙无人能敌,尤其是江湖传说的五虎断魂枪更是传奇。但事实上,因为战乱和洋枪洋炮的进入,他的"枪"已经只是传说了。镖局改为客栈,英雄末路。舞台上是王三胜在和观众互动,耍完武艺,观众投入地叫好扔钱,像是当年现场的围观人群一样。孙姓的年轻人来和王三胜比武，赢了之后点名要见沙子龙。老舍的小说中，这位姓孙的先生是个老人家，虽然无论年长还是年幼，姓孙的人都是想要见识沙子龙的五虎断魂枪，想要将这门武功绝学学到手，但是老人和年轻人的意味不同。将求教者由老者改为年轻人，这种武艺的传承感会更强。不传给老者，老者可能只是少门武功，但不传给年轻人，这武艺就是彻底失传了。传还是不传这是个问题。不传才更有英雄末路和时代变迁的苍凉感。代代相传，多加习练，却也比不上洋枪的子弹。武林盟主，时代英雄，却也打不过持枪的侏儒。同样是"枪"，五虎断魂枪里有江湖、有传统，但是洋枪只是机械，只有冰冷。沙子龙不传，因为属于他的这杆"枪"的时代和江湖都不在了。

　　传统与现代的冲突以及文化的传承在《兔》中也有体现，在《断魂枪》中是武艺，而在《兔》中是戏曲。在五篇小说中，《兔》的篇幅是比较长的。小陈一心想要学京剧，师父俞先生是个老票友，教的戏也正统。但是小陈耐不住性子，想要速成，学了新调也会向师父显胜。师父看不惯他日常穿着花鞋，担心被人戏弄。但小陈直说，师父的"玩艺"太老了，他要学新的。后来小陈下了"海"，做了别人的傀儡。这场戏也有与观众的互动，说到小陈是"兔"时，演员会对着观众说，"听说现在叫 gay"，这种互动既解释了"兔"这个词就是同性恋的意思，也让观众有了参与感，打破了舞台上下的界限。多少人以艺术之名，干着苟且之事，嘴里说着别人低俗的可能就是自己低俗。比如楚总长，戏里给他加的台词是"为了艺术"，多么讽刺，他说这句话的时候摸着小陈的手，而小陈的妹妹就在旁边。小陈这一条命，在别人眼里，只不过是个被把玩戏耍的玩具，是用来赚钱和利益交换的工具。小陈的死是必然的，他成不了角儿也是必然的，不在于他的嗓子和别人的利用，而在于他拿自己的妹妹给自己铺路，也是一个假借艺术之名的人。他死了，他的死是舞台表演结束后字幕上留给观众的信息，仿佛是讣告，又仿佛小陈的死无足轻重，不过是偌大空白上的一行小字。小陈死了，他的妹妹还活着，可是她的人生也已经被葬送，如同前面几场戏中的小媳妇和林姑娘，等待她的只会是更加悲苦的黑洞，她无力改变，也无法挣脱。

二

这些悲苦都是泪，但剧场里依然有笑声，笑的不仅是时代的荒唐，还有语言本身的幽默。老舍的小说中既有相声、曲艺等多种语言风格，也有北京日常话语中的歇后语等，非常生动，京腔自带一份鲜活。小说语言的这份生动，给舞台的改编带来难度，台词尽量原汁原味，但毕竟只能呈现一部分，一些描述性的语言是难以全部表现出来的。在《柳家大院》中算命先生说小媳妇像窝窝头，小媳妇虽然在这场戏中多半是躺在那里，但是窝窝头让她平日的形象"活"了起来。如若不是没有吃喝，怎么会长成窝窝头的模样呢？在《也是三角》中，李永和知道马得胜和孙占元的钱不多，但是这笔买卖还得做，他说这兄弟俩是萤火虫的屁股——亮不大，但到底亮儿是个亮儿。李永和为了这一点亮儿，就把林姑娘推向了更大的火坑。在《上任》中，本无话可说的伙计，听说要去五福馆吃饭，"老赵的倭瓜脸裂了纹，好似熟透了。老刘五十多年制成的石头腮帮笑出了两道缝。老王老褚也都复活了，仿佛是，大家的嗓子里全有了津液，找不着话也舐舐嘴唇"[1]，馋相毕露，这一点靠点菜的台词和演员的肢体动作来表现。《断魂枪》的结尾，夜静人稀，沙子龙关好门，自己想起当年，叹一口气，用手指慢慢摸着凉滑的枪身，微微一笑："不传！不传！"怎样传达这种余韵呢？舞台上沙子龙最后唱了一段悲凉的唱词，配合音乐，英雄迟暮的沧桑、武艺不传的无奈，留给观众的都是唏嘘。在小说《兔》中，楚总长没有直接与他人的对话，在舞台上他用方言说了一句"为了艺术"，犹如黑色幽默，艺术是块遮羞布，高雅背后都是低俗，笑声背后是道德的沦丧和生命的消逝。

除了对内容和语言的改变和重新解读，林兆华在形式上也贯穿了他"全能戏剧"的理念。前面在对内容的分析中提到了舞台表演中演员与观众的互动，如王三胜要完把式，观众叫好，扔硬币，王三胜与观众开玩笑，"怎么不扔点红的呢"？红的就是百元大钞，观众大笑，舞台上下

---

[1] 《老舍全集·小说》（第7卷），人民文学出版社，2008，第154页。

"打"成一片，打破了时间和空间的限制。林兆华曾说："戏剧是那么丰富，为什么只有一种表现方式？我是想让人们看到更多的样式。"① 林兆华在《老舍五则》中用了多种表现形式。每一出戏的演员大多面对观众，直接向观众讲述。《柳家大院》中的算命先生、《也是三角》中的李永和等都是直接把自己和他人的故事说给观众听。《兔》中各位演员坐在椅子上排成一排，面对着观众，如辩论般争相向观众交代自己的故事和想法，即使是角色间的对手戏，也是面向观众说台词，就像是要观众来评理一样。这种直接面向观众的讲述也是一种心理活动表现的手法，让观众不再置身事外，不再有明显的间离感。

此外，《老舍五则》中文戏和武戏都有，《断魂枪》中王三胜和前来挑战的孙青年都是实打实在舞台上比武，一招一式都见功夫。《兔》中小陈也是真的唱了一段京剧，他本人也是京剧扮相，水袖、绣花鞋，还画着脸。《也是三角》开场时马得胜和孙占元兄弟俩你一言我一语，就像说相声，把二人的来龙去脉、爱好品行都说得清清楚楚。《柳家大院》中算命先生就像是天桥上说书的，活灵活现地再现了小媳妇的悲惨遭遇。而小媳妇虽然已是"死人"，但听到公公和二姐的辱骂还会坐起来回应。这些表现形式既丰富了内容，也丰富了观众的观看体验。《老舍五则》还有一个特色不能忽略，那就是演员。雷恪生、方旭、刘佩琦、李诚儒等演员精彩的演出让大家感受到经典的魅力。雷恪生等演员是北京人，而且是老北京人，有的演员不是北京人，但在北京生活多年，对北京的文化非常熟悉。他们一开口京味自然来，再加上语言本身的幽默，老舍笔下的那些人物在舞台上就复活了。

这既不是老舍先生的作品第一次被搬上舞台，也不是导演林兆华第一次导演老舍先生的作品了，他之前也导过《茶馆》等；也不是演员第一次演老舍先生的作品了，方旭等演员演过老舍先生的不少作品，但这确实是老舍先生的短篇小说第一次被改编成话剧，这是开创性的，如舒乙所言，是"吃螃蟹"，具有尝试意义。《老舍五则》自上演至今已经演了100多场，在香港的首场演出博得满堂彩，有的城市不只演过一场，有时连演

---

① 刘潇文：《故事新说——林兆华和〈老舍五则〉》，《南方人物周刊》2011年第18期。

多场。可以说，观众还是喜欢看的。《老舍五则》也成为首个被博物馆收藏的话剧。演出的成功和观众的接受证明老舍的短篇小说这块尚未被戏剧开拓的"处女地"也是改编的沃土，这对重新解读和再现经典作品有着启示意义。

老舍早期小说中的国家观与世界观

——以《二马》为中心

吴秀峰[*]

摘　要： 从《老张的哲学》到《二马》，老舍完成了从中国传统家国天下观念到现代国家观念—世界观念的转变。其中，《二马》的特殊性在于，这是老舍唯一一部以英国为背景的长篇小说，小说中的人物表现出中英文化中的不同特征。在小说中，老舍以一种兼具民族性与世界性的跨文化视野，关注中国传统观念与现代国家观念、世界观念的区别与联系，同时思考现代民族国家观念中狭隘的一面，表达了对狭隘的不满与警惕，以及对国家间互相尊重、平等对话的追求。

关键词： 老舍　《二马》　国家观　世界观　爱国主义

伴随着现代国家之间频繁的交流，以及不同文化思想的介入，"国家"已经不再是孤立的"单子"，而是与他者共存的主体。中国传统家国天下体系，具有自给自足的封闭性与日常伦理化取向。近代以来，中国传统家国共同体受到了强有力的挑战，其中一个重要原因就是家国与天下面临着世界性视野中的国家观转变。正因如此，何为"国家"，以及"民族"、"国家"与"世界"的关系成为中国现代知识分子颇为关注的问题，其实质指向的是现代民族国家在世界体系中的身份认同。

作为同时接受过中国传统文化熏陶与西方现代文化洗礼的现代作家，老舍的观察视角与思维方式兼具民族性与世界性。由于父亲为抵抗八国联

---

[*]　吴秀峰，同济大学博士研究生在读，研究方向为比较文学。

军侵华而牺牲，老舍从小就接受着最为直接、最为现实的爱国主义教育，对父亲等八旗将士守卫国土的爱国精神深以为然。伴随着清末民初现代民族国家观念降临中国文化版图，老舍对于国家的认识兼具传统与现代双重意义，较之父辈们的家国意识更进一步，也更能理解父亲为国牺牲的价值。"爱咱们的国"成为人生头等要务。他在旅外期间全面学习西方文化、接触西方社会后，对国家与民族的认识更为宽宏，排除了其中的狭隘因素，但国家至上的观念并未改变，并适时地转化为救亡图存的意志。只是相比同时期主张以革命救国的进步作家，老舍选择了温情主义的方式。故而，他在赵子曰、李景纯、马威、李子荣等人物身上寄托的爱国主义情感与救国策略往往被读者淡化或遗忘。小说《二马》尤具特殊性，将场景移置于英国，让坚守传统的"老"中国人与虽莽撞但又不失朝气与责任感的"新"青年受到西方现代社会的冲击。由于小说语境的关系，他不仅关注中国人的国家观，也关注英国人的国家观。这种跨文化视野，相比于同时代作家是较为罕见的。

鉴于此，本文拟以《二马》为中心，兼及《老张的哲学》《赵子曰》等老舍其他早期小说，对其中的国家观念书写进行考察，以探明老舍作为一个现代知识分子是如何看待并反思民族国家在现代世界体系中的地位的，进而管窥其国家观念书写的真正意涵。

一 "老"中国人的家国天下观

孟子曰："天下之本在国，国之本在家，家之本在身。"所谓家国天下，是一个以自我为中心向外推展的差序格局，即起于身（自我）而止于天下，且由亲到疏，内外有别。在这一社会连续体中，相较于个体性的身与终极性的天下，家国之间的关系相对暧昧不清，特别是"国"的含义尤为特殊，"中国人心目中所有者，近则身家，远则天下，此外便多半轻忽了"。① 实际上，这是由中国古代家国一体的伦理秩序造成的，即受到儒家

---

① 梁漱溟：《中国文化要义》，中国文化书院委员会编《梁漱溟全集》（第3卷），山东人民出版社，1990，第163页。

三纲影响，宗法家族是封建制度的社会基础，人情观、道德观等伦理取向则是王朝统治者的治国法则。同时，我们从先秦时期天下体系的源头寻起，可以发现孟子所说的国指的是诸侯列国。在一家一姓统治的封建王朝时代，国代表的是王朝政体，"易姓改号，谓之亡国"。① 可见，家国天下体系中的国，并非近代以来现代意义上的民族国家，传统中国人只知家族、王朝，不知国家的观念有着特殊的历史语境。

伽达默尔（H. Gadamer）认为历史性是人类存在的基本属性，人类隶属于历史，谁也不能脱离历史与传统的影响而置身事外，而这种影响在潜移默化中形成我们理解事物的前见结构。所谓"前见"，是人类认识和理解事物前所形成的知识体系与认知模式，既与历史背景、民族文化等外在环境有关，也包含认知者个人的教育背景、人生经验等主观条件。我们正是带着这样的文化背景去看待世间万事万物的。由此，鉴于历史性对人类思维结构及其形成过程的固有影响，我们就可以理解，为何尽管当时中国遭受列强的欺压，甚至面临亡国灭种的危险，多数传统意识浓厚的社会民众却缺乏现代意义上的爱国意识了。

早在《老张的哲学》中我们就可以看到，在国家进行现代转型变革、各种进步思潮涌动的清末民初，仍出现人们并不关心国家政权甚至主权归属的情况：乡下人"对于城里挂着'龙旗'，'五色旗'，或'日本旗'，是毫不关心的"②，城里人虽然热衷于政事，例如成立了救世军、自治会等组织，但也并非出于对国家的责任感，而是寻找升官发财的机遇。即使到了抗战时期，《火葬》中文城人最初的思想依旧是关心个人利益："标语没有教豆腐便宜一个铜板，话剧也没有教谁走了好运。因为他们没有得到什么实际的便宜，便也犯不上多关心什么国家大事。"③《四世同堂》中代表着传统中国人的祁老太爷首先想到的仍是修身齐家，过好八十大寿，祈得四世同堂、家族繁荣。而钱默吟这一传统士大夫之所以走出喝酒、种花的封闭生活，是因为外族侵略者带来的危难危害到他自身存亡，致使子女罹

---

① 顾炎武：《日知录》，黄海成集释，上海古籍出版社，2013，第756页。
② 老舍：《老张的哲学》，载《老舍全集》（第1卷），人民文学出版社，2013，第37页。
③ 老舍：《火葬》，载《老舍全集》（第3卷），人民文学出版社，2013，第363页。

难、家庭破裂，由此他开始了作为个体的反抗。

在《二马》中，马则仁思想中的传统家国观念，在西方现代性语境中得到了特殊观照。老马是典型的中国老派市民：好面子，不太爱思想，遵守过去的准则。如果不是因为哥哥的去世让他带着儿子马威一起移居伦敦，他将同北京的老市民一样"下雨不出门，刮风不出门，下雾也不出门。叼着小烟袋，把火添得红而亮，隔着玻璃窗子，细细顺摸雨、雾、风的美"。① 也许，他也能完成当官的梦想，而不是远赴他国、屈尊于哥哥的古董店。鉴于此，学界往往将老马定位为迂腐且不求上进的人。但是，老马终究不是"丑陋的中国人"，且无可否认的是他爱着自己的国家。在小说中，只要听到有人说中国好，即使是虚情假意，他也要请人吃饭。他也因不能给中国人丢脸，而拒绝了伊牧师邀请他合作写书的好意。老马颇骄傲自己是一个中国人，中国是最文明的，什么都是好的。他始终忘不了带着哥哥的骨灰回国。老马的身上也有老舍的影子。后来，老舍在《想北平》中说，北平寄托着他过去的历史，是他心灵的港湾。伦敦、巴黎、罗马再好都不如北平，可以让他心中安适，无所希求。

这里不得不提的是，在传统的家国天下体系中，自我无法脱离家国的伦理秩序而直接与天下沟通，"离开家国秩序，自我将不复存在"。言下之意，自我与天下之间需从自我出发，以伦理秩序为行为准则，以家国为媒介，以天下为旨归。因此，即便是缺乏常识，作为传统中国人在现代世界四处碰壁的老马，也想要"回到人人可以赏识踏雪寻梅和烟雨归舟的地方去"。② 在此，"踏雪寻梅和烟雨归舟"是传统天人合一美学的代表词，因为烟与雪之中住着一个中国人心里的美神，而"人人赏识""在什么地方都能看出美来"则是中英审美差异的区分标志，即最普通的中国人都具有天人合一的审美天性。这种审美意识与家国观念在中西对比中越发突出。

但是，老马又对将来感到茫然，无所适从。他想要回国，却不知何为国家。伊牧师等英国人也认为，中国的老人一向不说"国家"二字。这是因为老马是乡土中国的子民，国家在他心中是自己叶落归根的地方。在异

---

① 老舍：《二马》，载《老舍全集》（第1卷），人民文学出版社，2013，第526页。
② 老舍：《二马》，载《老舍全集》（第1卷），人民文学出版社，2013，第526页。

国他乡，中国是他的根而非一个概念，是指向天下这一终极性审美目标的中间物。这是一种属于"老"中国人的国家情结，是现代文明世界不能理解的乡土意识。而小说中的国家，毕竟是属于西方语境下的现代性概念。老马这个最老派的中国人，并不明白国家及其组成部分在现代世界是何意味，这也导致他在小说中做出迎合英国军队侵华以求获得身份认同、参与辱华电影拍摄等所谓完全丧失民族意识的行为。

老马的家国意识是属于老派中国人的悠久传统。老舍对此虽有批判但又能理解。他承认传统文化与现代世界存在差异，也希望这样的传统能够在现代社会得到合理转化、调和。正如舒乙所言，作为现代作家，老舍看世界的目光是双重的。一方面，他对穷人或是乡土中国的子民抱以同情与理解；另一方面，现代知识分子的身份又让他以思辨与批判的视野来观察民族文化。在老舍心中，"中国人忘不了'美'和'中国'，能把这两样充分的发达一下，中国的将来还能产出个黄金时代"。①

二 "新"青年的国家—世界观

近代以后，伴随着西方列强的侵入，中国被动地开始了现代化进程，政治、文化、科技、军事等都迎来与世界接轨的机遇与挑战。家国天下体系也就此发生明显的断裂，即传统的王朝国家开始向现代民族国家转型。这一转型为当时的中国社会带来三点变化。

其一是国家从家国共同体中脱嵌出来，成为具备自主性的独立主体。一如前述，国家在传统家国一体的体系中并不具有独立性，其本质是嵌入家国共同体中的一部分。因此，甲午、庚子等一系列战败，现代国家观念的迅速崛起与平等、自由等西学的介入，使得近代以来的启蒙知识分子认为，家族制度是专制主义的根据，而家国一体是中国社会发展进步的重要阻力。加之救国心切，他们力图追随西方式的家国分离，打倒宗法宗族，进行家庭革命，为国破家。伴随这种伦理规范变化而来的是个体面临身份认同的重建与责任意识的觉醒，即主权在民与国家至上。传统的"家人"

---

① 老舍：《二马》，载《老舍全集》（第 1 卷），人民文学出版社，2013，第 526 页。

要让位于"国民",即个体先为一国之民,之后是父母之子,其首要任务是救亡图存,而非修身齐家,这也造成了家国分离、地位更替的事实。

其二是国家在世界体系中的再嵌。传统天下观也面临着现代世界观的挑战。传统的天下是由中国以及与中国有朝贡、册封关系的域外国家所构成的政治系统①,且以中国为中心,与之相伴的是由来已久的夷夏之见,并有亲疏远近之分,所含地理范围也并不是定值,处于弹性变动中。现代世界则与之不同。在地理大发现时代后,人类世界的区域范围基本明确,人类世界包含众多独立的民族国家,而中国只是其中一员,并不具有天朝大国式的民族优越性。这代表着国家从传统的家国天下体系中脱嵌后仍需获得在世界体系中的再嵌。因而,当时中国人的身份认同面临另一个层面的思想冲击,即思考如何在世界范围内获得自我存在的位置,实现"天朝型"世界观的祛魅;以及如何为人类社会的共同利益而奋斗付出,也就是胡适所说的个体之"小我"向人类之"大我"转变。

其三是国家在现代世界中寻求富强的主体需求。从 19 世纪下半叶开始,中国人便有了强国梦,并逐步向西方学习现代化。究其原因,主要是近代中国的大门被打开后,屡遭外敌侵略,于世界范围内处于被人欺凌的弱势地位。尤其是进化论与物竞天择思想的译入,导致生存竞争的观念深入人心。在这一点上,严复、梁启超和孙中山等早期启蒙知识分子有着清醒的认识。即便他们的认识在具体侧重上有所不同,但都坚持民族独立、国家富强、文明进步是中国屹立于世界群体之林的根基。这种全方位的强国梦落实于社会发展各方各面,对于个体而言,则需要提高自身综合素质,培养现代国家情结与爱国意识,树立世界视野。

鉴于上述社会历史背景,国家观念在清末民初发生重大变革,脱嵌于传统而再嵌于现代,并且促使人们对自身社会责任与历史使命进行重新认识,这在接受了现代启蒙教育的年轻中国人身上发挥着革命性的作用,对于作为时代知识青年的老舍而言,其意义也非同寻常。但有所不同的是,老舍满人的民族身份使他始终对于动荡不安的政治局势抱有冷静的旁观态

---

① 甘怀真:《重新思考东亚主权与世界观》,载《东亚历史上的天下与中国概念》,台湾大学出版中心,2007,第 26~27 页。

度，而在"五四"之前已有相当阅历的人生经验让他对于"五四运动"中社会青年们的激进思想与爱国行为既有认同也有批判。

故而，我们在《赵子曰》这部以社会青年为主要描写对象的小说中看到了众生百态。例如，作品中的赵子曰、武端、周少濂等人属于看似接受了新思潮的感召，却并未真正领会国家、国民、爱国等时代精神的年轻人，属于社会变革中幼稚的跟风者。他们服从、完全欧化，认为改造中国只需大总统一声令下，一切从洋即可，至于学习思想精神、科学发明这些本质内容显得浪费时间。而欧阳天风，这位来自上海滩的流氓恶少，是年轻化的老张，是传统封建遗毒与新生资本主义的病态融合，遵循着"名、钱、做官"的三位一体哲学，国家乃至国难只是大发横财的工具与机遇。相较于前两类人，李景纯作为一个理想化的小说人物，才是真正代表了典型的时代进步青年。他有着鲜明的国家观念，认为"没有国家观念的人民和一片野草似的，看着绿汪汪的一片，可是打不出粮食来"；① 追求读书报国，认为国家之崛起在于以充分的知识开启民智、引导国民觉悟；明确个人于国家的责任使命，认为在国已不国的局势面前，个人不能完全沉迷于恋爱交际而成为亡国奴；愿意为国家牺牲，认为民族的历史文化是民心团结、国家发展的原动力，他愿意为此牺牲流血以激起国民的爱国心。他的爱国意志与报国行为最终也感染了赵子曰等人，使其幡然醒悟。

郁达夫曾说："只在小安逸里醉生梦死，小圈子里夺利争权的黄帝之子孙，若要教他领悟一下国家的观念的，最好是叫他到中国领土以外的无论哪一国去住两三年。"② 从当时的社会环境来说，这并非郁达夫的个人体悟，在一定程度上还代表着当时旅外知识分子的真实感受。老舍对此深有感触，通过《赵子曰》描绘了国内青年的众生相后，意犹未尽，在后一部小说《二马》中，让马威作为中国青年的代表，走出国门，置身西方列强之中，让他直接感受中国与世界的关系变化与国民责任意识的召唤。

既然选择把小说背景设置为国外，那么中国的国情与现状也不再是限

---

① 老舍：《赵子曰》，载《老舍文集》（第1卷），人民文学出版社，2013，第357页。
② 郁达夫：《雪夜——自传之一章》，载《郁达夫文集》（第4卷），花城出版社，1991。

于国人内部的自我感知，而是有了与世界对比的必要。因而，文中对此做出了详尽的描述。

> 又搭着中国不强，海军不成海军，陆军不成陆军，怎么不叫专以海陆军的好坏定文明程度的欧洲人看低了！再说，中国还没出一个惊动世界的科学家，文学家，探险家——甚至连万国运动会上场的人才都没有，你想想人家怎么能看得起咱们！[①]

从上述引文来看，国家在当时社会已具备军事、科学、文学、体育等现代性因素。这些因素也成为衡量一个国家在世界范围内强弱的标准。但是，在这些因素对比中，中国与当时的世界强国相去甚远，进而造成中国人在世界上备受歧视的现实。这种歧视让老马父子在英国吃尽苦头。与老马不同的是，马威作为时代青年受到了新思潮与现代国家观念的影响，对此表现出愤怒与暴躁。马威表达了当时社会青年的不满情绪，但无济于事。新的国家观与世界观在他的脑海中逐步形成——现代世界由众多国家组成，国家实力是决定其在现代世界中的话语权与主体性地位的根基。使国家强大的途径则是读书——这与李景纯知识救国的思想一致，而读书实质是指读科学之书，读能够对国家的现代发展有所作用之书。这也正体现了老舍自己在英国的感悟："想打倒帝国主义么，啊，得先充实自己的学问与知识，否则喊哑了嗓子只有自己难受而已。"[②] 至此，曾打过纸旗、随着人家呐喊的马威思想发生了转变，他认为：

> 英国的强盛大半是因为英国人不呐喊，而是低着头死干。英国人是最爱自由的，可是，奇怪，大学里的学生对于学校简直的没有发言权。英国人是最爱自由的，可是，奇怪，处处是有秩序的。几百万工人一齐罢工，会没放一枪，没死一个人。秩序和训练是强国的秘宝，

---

① 老舍：《二马》，载《老舍全集》（第1卷），人民文学出版社，2013，第455页。
② 老舍：《东方学院》，载《老舍全集》（第14卷），人民文学出版社，2013，第71页。

马威看出来了。①

根据现实环境的引导，马威已初步具有现代性的国家意识。在他看来，与作为现代强国的英国相比，中国无论是在军事、科技还是在社会制度层面都十分落后，而落后的原因则是英国人坚持实干精神、尊重知识与遵守秩序。尤其是在秩序层面，英国持有万物有序的世界观，而英国的示威游行也不等于暴乱，是经过政府申请、秩序井然的群体活动。可见，马威为他们强烈的国家意识所深深折服。言下之意，国内青年学生们随波逐流，空有表面的摇旗、呐喊，却不能脚踏实地学习知识，并在游行的暴力与反暴力之间破坏正常社会秩序，对于国家富强缺乏实质意义。对此，马威从国家具体到个人。他认为对于中国而言，人人都读好书、守秩序、为国家做实事才是正途，这也是新青年最重要的责任。他甚至愿意为老中国献身，可以青史留名。纵然马威是急躁且近乎理想的，但一个"老"民族如果想要焕发活力的话，既需要朝气与冲劲，也需要国民有如此的责任感。可以说，"中国与世界"的国家观念与国民责任意识在马威身上得到了辩证契合。

概言之，老舍在《二马》等小说中，以书中人物为符号进行发声，认为中国人只有认识现代意义上的国家才能做到自尊、自强，才能通过秩序与训练使中国成为世界强国。这也印证了老舍思想中的国家至上意识与世界性视野。同时，这种思想是长久性的。在后来的《四世同堂》中，钱默吟认识到：从19世纪末20世纪初到抗争结束这50年间，中国人意识到了国民不同于传统的爱国义务与报国责任，进而将其凝聚成反抗、战胜日本侵略者的原动力。

三 爱国主义观念的辩证审视

爱国主义是人类自古有之的情怀，是对国家的忠诚和热爱。伴随着现代意义上的民族国家时代的到来，爱国主义的对象与意涵也发生变化。对

---

① 老舍：《二马》，载《老舍全集》（第1卷），人民文学出版社，2013，第529页。

此，老舍有着清醒的认识。他不仅如上文所述，关注爱国主义在中国传统社会与现代世界的区别与联系，也审视爱国主义在世界其他民族国家的表现与影响，视野十分开阔。比如在《二马》中描写英国人时，老舍说自己"专注意了他们与国家的关系"，并因其"褊狭的爱国主义"，他"连半个有人性的也没写出来"。[①] 换言之，在老舍的自述中，人性成为一种国家伦理精神层面的符号指涉：英国人因其以自我为中心的"褊狭的爱国主义"，做出了泯灭人性与道德的行为，使得自身走向褊狭与肤浅。

从表现形态上来说，爱国主义并不是单一的，至少存在狭隘、非理性的与反思、理性的两种形式。其中，非理性的爱国主义往往基于单纯的血缘与种族联系，以自我国家为中心，对本国一切事物充满期待与崇拜，具有盲目排他性。这一点，与狭隘民族主义极为相似。这种相似性在"主张政治和民族单位应当是重合一致的"现代民族国家背景下，被进一步放大，往往共同作为理性爱国主义的对立面出现。

实际上，非理性爱国主义或狭隘民族主义，由于他者的出现，不再仅限于对本国的热爱和推崇，在近代殖民扩张中也发挥着重要作用。在殖民扩张的过程中，非理性爱国主义或狭隘民族主义所带来的自私性，让殖民者从单一的本国利益与自我中心出发，赋予殖民扩张、掠夺的合理、合法性质。他们甚至认为，殖民扩张是高等民族国家对低等民族国家的教化，是值得骄傲的事情，"有什么能比征服外国领土和有色人种更光荣呢"。[②]

大英帝国有着漫长的殖民史与遍布全球的殖民地。这种长期的殖民状态也造就了英国人高高在上的身份认同心理，往往以一种独有的傲慢与偏见的"英式尊严"来藐视他者，认为他者这种天生的"低俗"与"卑贱"不容反抗。《二马》中的伊牧师夫妇便是典型代表，并且各具象征意义。

伊牧师作为基督教的传道者，是西方传统基督教文化的代表人物，体现了老舍对于宗教虚伪性的鞭笞：英国人爱国爱上帝，但不爱人类。他摆出传教士的两副面孔，表面上与中国人交好，但是一转身便表现出不屑的

---

① 老舍：《我怎样写〈二马〉》，载《老舍全集》（第16卷），人民文学出版社，2013，第173页。

② ［英］艾瑞克·霍布斯鲍姆：《帝国的年代：1875－1914》，贾士蘅译，中信出版社，2017，第77页。

态度。小说中说他知道中国所有的事情，并且"真爱中国人：半夜睡不着的时候，总是祷告上帝快快的叫中国变成英国的属国；他含着热泪告诉上帝：中国人要不叫英国人管起来，这群黄脸黑发的东西，怎么也升不了天堂"！①

这里，伊牧师的想法显示出基督教文化在殖民扩张中的特殊地位。从根源上来说，一方面，基督教徒认为自己是"上帝的选民"。选民观念源于《圣经》中"神的选民"一说。在加尔文新教改革后，预定论的绝对性与"神为自己的目的而呼召选民"的意识，使得英国人认为英国是被神恩宠的国家，而自己是被上帝选定的子民，具有神圣感和使命感。因此，他们认为自己有责任去教化、支配那些被上帝遗弃的子民，使他们文明化、基督教化。这也是为何老马在被亚历山大灌醉露宿街头后，伊牧师会非常不满，觉得自己的传教努力被破坏了。另外，基督教有着悠久的传教历史。在传教士看来，把基督教的福音传播给世人，挽救那些迷途的羔羊，是上帝赋予他们的职责。尤其是在新教改革后，基督教传教士虽成了文化交流的使者，但越来越多的证据表明，他们也是殖民扩张的先驱。在殖民强国的过程中，宗教传播起到了至关重要的作用。"宗教改革为殖民者提供了中间人，他们与殖民者有某些共同的成见，帮助提供驯服的劳动力。"② 由此可见，尽管伊牧师的想法在我们看来显得荒唐可笑，却又真实地代表了基督教传教士内心的殖民意图。换言之，伊牧师在中国的传教行为主要是配合英国的殖民统治，在宗教层面对封建帝制国家的低等有色人种进行教化、引导，使其走出所谓的"迷途"，进入基督教世界的"天堂"。他们认为自己来到只晓得魔鬼却不知道天国的中国，是为了替天行道。

不过，殖民主义的宗教教化并不授予皈依者高级地位。"东方的基督教徒长久以来被视为奴隶、被征服的农奴、被鄙夷的商人，或者非法同居者和酒鬼的混血后代。"③ 而皈依基督教也并没有给他们带来实际利益，人

① 老舍：《二马》，载《老舍全集》（第1卷），人民文学出版社，2013。
② 〔英〕C. A. 贝利：《现代世界的诞生：1780 – 1914》，于展、何美兰译，商务印书馆，2013，第386页。
③ 〔英〕C. A. 贝利：《现代世界的诞生：1780 – 1914》，于展、何美兰译，商务印书馆，2013，第386页。

们往往通过参与形式上的宗教活动，来获得"特殊的经济或教育优势"。这就造成东方的基督教徒不一定是真正地信仰、皈依基督教。三教一体的老张如此，闲着没事上教会逛逛的老马也如此。他们领洗入教往往是出于实惠，或是装腔作势糊弄他人。这样既透着虔诚，还不用花钱。从这一点上，我们可以看到老舍对于基督教的态度颇为复杂。与其说他在去英国之前与宝广林等人一起参与宗教活动并接受洗礼，是对基督教的信仰，毋宁说是源于他对大同世界的希冀和造福社会的渴望。宝广林的教义阐释也是中国化的，并且是一种超越单一宗教信仰层面的共性意识。而到了英国后，老舍再无参与宗教活动的记录。

伊太太作为一个在半殖民地国家生活过的英国主妇，殖民倾向同样明显。伊太太与伊牧师一样，为中国设置了下等民族的前提。她不让自己的子女说中国话，因为学习下等语言，以后绝不会有高尚的思想。天下最好的语言就是英国话，让孩子学习法语只不过是她试图向英国贵族文化看齐，遵守土地贵族的教育观与道德观。可见，她有着典型的狭隘民族主义思想，过分崇拜自我而贬低他者。同时，她也认为自己最了解中国人与中国事，知道的东西远比驻华公使、中国文学教授这些人多，是真正明白中国人灵魂的人。当然，这种了解粗浅而自以为是，"象征着传教士对中国人的无知而又施恩颁赏的态度"。① 她心中所谓的灵魂也不过是低贱的代名词，需要伊牧师这样的基督教传教士进行教化。

过去的中国情结与家庭职业的虚伪性，使她在一开始还试图保持克制，没有直接暴露出对中国人的殖民心理。而在儿子保罗与马威打了一架并被打败以后，伊太太的殖民者情绪得到彻底爆发。

> 我告诉你，马先生，你们中国的孩子要反啊！敢打我们！二十年前，你们见了外国人就打哆嗦，现在你们敢动手打架！打死一个试试！这里不是中国，可以无法无天的乱打乱杀，英国有法律！

在伊太太看来，马威跟保罗打架最大的罪过是反抗。"一个英国人睁

---

① 夏志清：《中国现代小说史》，复旦大学出版社，2005，第122页。

开眼，'他'或是'她'看世界都在脚下：香港，印度，埃及，非洲，……都是他，或是她的属地。"① 长久的殖民历史已经让伊太太这样的英国普通国民养成了高傲自大的殖民心理。在她看来，种族不仅具有优劣之分，还具有统治与被统治的关系：优等民族有权管控劣等民族，并塑造劣等民族的人格，且这种权威地位不容质疑与反抗。因为反抗是作为被殖民者不应该有的行为，与她一直以来的殖民优越感相违背。

此类典型的殖民主义思想，背后隐含了殖民者对民族独立思潮崛起的恐惧心理。19 世纪末 20 世纪初，伴随着现代民族主义的出现、跃进与弥散，人民的民族认同意识大大增强。同时，鉴于民族主义附着于"民族/国家"之上的事实，人民基于民族共同体而积极报效国家的爱国心由此萌生。与此相对的是：一方面，在欧洲如英国、法国、意大利等国的民族运动中，民族主义往往成为右翼支持本国侵略扩张的工具，走向狭隘化与极端化；另一方面，致力于改变国家、民族被压迫地位的民族独立运动在世界各地风起云涌。也就是说，民族主义的政治性决定了其双重性：既是殖民者扩张的合法性支撑，也是被殖民地人民反抗殖民者的力量来源。这在当时作为半殖民地半封建国家的中国同样如此，"核心与边缘地区之间相对的剥夺与被剥夺唤醒了民族的情感与理性"②，马威这一代已经初步有了现代国家意识的年轻人，显然不会无动于衷。在小说中，马威立志报效祖国，敢于反抗。这种国家至上的意识让殖民者感到害怕，害怕威胁到自身的统治地位。在伊太太看来，20 年前，中国人并无反抗意识，也缺乏反抗的能力与手段。但是，在第一次世界大战后，大英帝国开始走下坡路，而相对的是，中国本土民族独立运动正在兴起。此消彼长，"无法无天"的中国人甚至已经敢于在法律健全的"文明"国家"野蛮"反抗。伊太太之所以愤怒，主要还是因为在马威这代年轻的中国人身上感受到了实质性的威胁。

马威来到英国后，视域的拓展和融合让其国家观念发生了变化，并由

---

① 老舍：《二马》，载《老舍全集》（第 1 卷），人民文学出版社，2013，第 576 页。

② 〔英〕安东尼·史密斯：《民族主义——理论、意识形态、历史》，叶江译，上海世纪出版集团，2011，第 52 页。

意识觉醒进入行动层面，形成一种理性爱国主义观念。而作为殖民者的伊牧师夫妇，其爱国主义的狭隘性与非理性也表现得淋漓尽致。显然，他们陷入了单一文化主义的怪圈，将英国看成了独立存在的"单子"，过于强调自我国家的主体性，囿于自我立场，缺乏尊重他者的意识，并以双重标准的民族主义来审视自我与他者存在的平等性，使其爱国主义走向了极端。

总而言之，老舍在不同文化语境中完成了对爱国主义观念审视的深化。尽管他爱着自己的国家，希望祖国强大，希望祖国在现代世界中获得地位与尊重，但是中国人在国内与国外同为弱势民族的处境，又使他极力避免陷入单一文化主义的偏执极端。

在全球化时代，世界各国联系日益紧密，对彼此的需求程度不断增加，与之相对的是，自我中心主义等封闭性因素并未减少，导致保守主义回潮，国际冲突加剧。可以说，当今世界上的许多国家仍在全球化与民族化之间摇摆不定。在此背景下，中国提出了人类命运共同体理念。这是符合时代发展与人类共同价值的智慧和方案，得到了世界上多数国家的认同。但是，鉴于国内外现状，我们也要警惕狭隘民族主义观念与极端民族主义思潮的抬头，提倡理性爱国。在这样的时代背景下，老舍的国家观念无疑为我们思考如何面对时代挑战提供了现实启示。

老舍研究与中外文化比较

浅析《老张的哲学》中的基督教文化影响

史 宁[*]

摘 要：老舍的长篇小说处女作《老张的哲学》是作者在欧洲文化场域影响下的产物，当时的英国文学和欧洲文学大多与基督教文化有密切关联，因而在深入解析《老张的哲学》这一小说的文本内容的过程中也能发现其中隐藏的基督教文化特性。本文通过梳理老舍旅英前的生平轨迹，再对照小说文本内容可以发现两者之间有极多的相似性，因而可以证实老舍的长篇小说处女作中的绝大部分情节来自作者的真实生活经历，同时作者又以基督徒视角对故乡北京的社会状况做了一番特殊的审视。

关键词：老舍 《老张的哲学》 基督教

老舍的长篇小说处女作《老张的哲学》1926 年写于伦敦。在这部作品之前，老舍还没有长篇小说写作的经验，目前已知在此之前仅有两篇短篇小说习作和一首新诗发表。因此，老舍之所以能写出《老张的哲学》这样相对规整的现代白话文长篇小说，不能不说是受英语文学（文化）场域长期影响的结果。

一

法国学者皮埃尔·布尔迪厄的场域理论能够很好地帮助我们发现老舍旅英之后从事文学创作的原委。布尔迪厄曾阐释："我将一个场域

---

* 史宁，光明日报社编辑，研究方向为中国现代文学。

定义为位置间客观关系的一个网络或一个形构，这些位置是经过客观限定的。"① 1924 年，老舍在教会的委派下来到伦敦大学东方学院担任华语讲师，主要讲授中国官话课程。为了能够更好地教学，老舍在业余时间大量阅读英文。他自己说为了学习英文，所以拼命念小说。"拿它作学习英文的课本。"② 老舍在赴英任教之前已在燕京大学比较系统地学习了近一年的英文，加上他此前在缸瓦市基督教堂所开设的英文夜校的学习，他已经具备了英语阅读的基本能力。到伦敦后他想寻求更高的目标而选择了读英文小说。在小说作品的选取上，老舍有过盲目无序的阶段。在《我怎样写〈老张的哲学〉》中他指出，"对外国小说我才念了不多，而且是东一本西一本，有的是名家的著作，有的是女招待嫁给皇太子的梦话。"③ 但在后来的业余时间里，老舍系统地阅读了大量近代欧洲文学的优秀作品，从荷马史诗、古希腊罗马戏剧，到文艺复兴以来欧洲 18 世纪、19 世纪的重要史学与文学名著。可以说，老舍在这种西方文学（文化）场域中的生活直接促进了其文学创作的生成。

老舍本身是一名基督教徒，在广泛涉猎欧洲历史文化名著的过程中，对其思想信仰方面有进一步的影响。众所周知，欧洲文学的两大源流是古希腊文学和希伯来文学，在传统文学史上它们素来被称为"二希"传统。它们在漫长的历史流变中呈现矛盾突出和互补融合之势。欧洲近代文学的人文观念和艺术精神的基本内核，都来自这两大传统。其中的希伯来文学即早期的基督教文学。希伯来文学中所蕴含的"人"的观念，经由中世纪基督教文学对后来的欧洲文学产生了深远影响。希伯来文化是一种重灵魂、重群体、重来世的理性型文化。因此，古希腊文化与希伯来文化各自蕴含着人性中既对立又统一的两个侧面，因而这两种文化之间的关系也是既对立又统一的。基督教文学是希伯来文学直接发展衍生的产物，它的人文观念大大有别于古希腊文学，其中蕴含的是一种理性化的人本意识，或

---

① 〔法〕皮埃尔·布尔迪厄：《实践理性：关于行为理论》，谭立德译，生活·读书·新知三联书店，2007，第 148 页。

② 老舍：《我的创作经验》，载《老舍全集》（第 17 卷），人民文学出版社，2013，第 68 页。

③ 老舍：《我怎样写〈老张的哲学〉》，载《老舍全集》（第 16 卷），人民文学出版社，2013，第 162 页。

者说是一种宗教人本意识。① 早期基督教文学产生于公元 1 世纪中叶到 2 世纪末，是希腊文化和希伯来文化碰撞的结果。它既受到希腊文学的影响，又是欧美文学的另一个源头。这样，基督教文学就在古希腊文学和近代欧美文学之间起到了桥梁的作用。"二希"文学传统在两三个世纪里始终相互补充、相互冲突、相互交融，它们不仅是西方文学母题、神话系统、成语故事、史诗叙述、戏剧模式等的源头，更是西方人文精神、政治体制、宗教观念等文化基因的初始。可以说，文艺复兴以来的欧洲文学名著中的许多作品都直接或间接地取材于古希腊文学与希伯来－基督教文学。这种文学场域对老舍日后创作《老张的哲学》产生了决定性的影响。

老舍在《我的"话"》中说："及至我读了些英文文艺名著之后，我更明白了文艺风格的劲美，正是仗着自然的文字来支持，而不必要花枝招展，华丽辉煌。英文《圣经》，与狄福、司威夫特等名家的作品，都是用了最简劲自然的，也是最好的文字"。②

在《老张的哲学》这一小说文本中，我们能够比较清晰地看出基督教文化的某些影响。例如，全书开篇第一句话："老张的哲学是'钱本位而三位一体'的。"③ 其中"钱本位而三位一体"由两个词语组成，即"钱本位"与"三位一体"。这两个词如今的使用频次都较高，许多领域都会出现这两个词。然而追本溯源，"三位一体"最早是基督教中的宗教术语。在基督教《圣经》中有"三一神论"的概念，这里的"三一神论"正是所谓的"三位一体"。"三位一体"是基督教重要的基本教义，是表明神的属性——独一的真神，有三个位格：圣父、圣子和圣灵。三个位格为同一本质和同一属性。在圣父为首的三位一体的本性上，圣父、圣子及圣灵是完全平等的。圣子为圣父的独子，圣灵出自圣父及圣子。因而，他们三位在永恒中都是同存及同住的。三圣实则是一位神。如《新约·马太福音》中说："所以你们要去使万民作我的门徒，奉父、子、圣灵的名给他们施洗。"

---

① 郑克鲁：《外国文学史》上册，高等教育出版社，1999，第 5 页。
② 老舍：《我的"话"》，载《老舍全集》（第 17 卷），人民文学出版社，2013，第 306 页。
③ 老舍：《老张的哲学》，载《老舍全集》（第 1 卷），人民文学出版社，2013，第 1 页。

三位一体中的三个位格在不同情况下呈现各异，有时会呈现其中一个或两个位格，有时则是三个位格同时存在。《新约·约翰福音》中说：（耶稣说）"我与父原为一。"《新约·哥林多前书》中说："这一切都是这位圣灵所运行，随己意分给各人的。"

古罗马帝国时期天主教思想家奥古斯丁有一部很重要的著作《论三位一体》，这部著作侧重于从上帝三位一体本身的角度来考察神与人的关系。由此可见，在历史上"三位一体"长期以来都是一个宗教领域的专用词语。随着时代的发展，这一词语犹如佛教教义中的"觉悟""刹那"等词汇，从宗教逐步进入世俗社会的语汇中。如今一些新闻报道中时常出现的诸如"四位一体"或"五位一体"等提法，实质上无一不是从"三位一体"演化而来的。

在老舍写作《老张的哲学》一书时的1926年，"三位一体"这一词语更多仍属于宗教性范畴。因此，老舍写作此书时，创造性地将这一词语运用到文学中，可谓匠心独运。老张说话三种，信教三种，洗澡三次……莫不根据"三位一体"的哲学理想而实施。这一切的背后无一不是钱本位作祟，此之谓"钱本位而三位一体"。同时，作者在描述老张三位一体的哲学思想时也不忘再次借用"三一神论"中不同位格的概念："猪肉贵而羊肉贱则回，猪羊肉都贵则佛，请客之时则耶。"① 老张信奉多种宗教，在不同时期情况不同，具体情况完全取决于金钱，这样在小说一开头就对老张的伪基督徒形象进行了讽刺和否定。可以说，老舍《老张的哲学》一书的成功，间接地促使"三位一体"这一宗教名词逐步融入世俗社会之中。因而，在《老张的哲学》这部小说的开篇就能看出老舍受到基督教文化的影响，并且能够对此加以创造和发展。

二

小说中除了老张之外，还有几个基督徒的形象：李应、龙树古、龙凤和赵四，他们都是救世军教会的信徒。

---

① 老舍：《老张的哲学》，载《老舍全集》（第1卷），人民文学出版社，2013，第1页。

李应这一人物曾说："我今天早晨出门在街上遇见了老街坊赵四。他在救世军里一半拉车，一半做事。他说救世军很收纳不少青年，挣钱不多，可是作的都是慈善事。我于是跑到救世军教会，听了些宗教的讲论，倒很有理。"①

实际上，救世军是基督教新教中成立较晚的一个教派，20世纪初才传入中国。救世军作为基督教中的一个组织，其基本信仰仍属于大多数福音派所信奉的基本原则，与卫斯理宗的信仰基本相同。奉新旧约圣经为准则，认为管理天地万物的主是一位真神，而且神为圣父、圣子、圣灵三位一体。相信人的灵魂永存，死后接受末日审判，而生来就有罪的人，只要信仰和服从耶稣就可得救。他不要求信徒在教义上的绝对一致，并尽力避免教义上的分歧。参加救世军者可以与原有教会保持联系。强调信徒均应遵循"牺牲自己，救助他人"的道德原则与关心社会下层生活之改善。救世军主要以下层群众为传播对象，重视街头露天布道，采取各种引人注意的方式进行传教活动。

从1916年起，救世军组织正式传入中国。救世军在北京开办之初，没有适合的专用建筑，只能租赁民房临时充当会堂，兼作军官训练所。而救世军在北京的最重要建筑当属在王府井大街的中央堂建筑了。②

1922年2月14日，宏伟的救世军中央堂建成并举行了盛大的落成典礼。该建筑位于北京王府井大街71号（现址为王府井大街24号、26号、28号）。

1922年夏，老舍受洗正式加入基督教之后，曾一度加入北京地方服务团这样一个基督教外围组织。它是由基督教公理会主办的。公理会位于北京东城区灯市口大街的中部。老舍参加北京地方服务团的时间为1923年下半年到1924年上半年，他在其中担任干事。同时，1923年5月基督教联合会在公理会附堂开会，决定成立主日学委员会。后来老舍又担任该会主日学总干事。由此可见，老舍在1922年至1924年多次到灯市口大街的公

① 老舍：《老张的哲学》，载《老舍全集》（第1卷），人民文学出版社，2013，第60页。
② 姜中光：《救世军及其在北京的中央堂建筑》，载《中国近代建筑史国际研讨会论文集》，1998。

理会开展活动。而救世军中央堂在王府井大街上，两者直线距离只有 200 米。作为王府井一带著名的几个基督教地标建筑，老舍即使没有实际造访，也会因多次路过而熟悉这座救世军中央堂。

老舍自述："'老张'中的人多半是我亲眼看见的，其中的事多半是我亲身参加过的。"① 尽管目前没有资料能够进一步说明老舍曾参与救世军的活动，但是老舍日后对基督教重精神、轻仪式的信仰，与救世军"牺牲自己，救助他人"的道德原则和关心社会下层生活之改善的理念更加接近。在小说里，作者借李应之口表达出虔诚的信徒对宗教所持的态度："他们说人人都有罪，只有一位上帝能赦免我们，要是我们能信靠他去作好事。我以为我们空挣些钱，而不替社会上作些好事，岂不白活。②"因此，老舍在《老张的哲学》中对救世军的多次描写，绝不仅仅是道听途说的一鳞半爪，而是来自耳闻目睹的真切感知。

三

在欧洲的英语文学场域内，很少有哪一部文学作品能够完全做到和基督教教义、文化或思想毫无关联，因此在这样的文学场域影响下，老舍一方面开阔了文学视野，获得了真正的文学启蒙，另一方面在思想上深化了对基督教教义与文化的领悟。甚至可以说基督教思想充当了老舍发轫于文学创作的触媒作用。在这一时期对老舍影响最大的一位作家当属 19 世纪著名的英国现实主义作家查尔斯·狄更斯。他的作品甚至在某种程度上直接催生了《老张的哲学》一书的创作。老舍在《谈读书》一文中说："我年轻的时候，极喜读英国大小说家狄更斯的作品，爱不释手。我初习写作，也有些效仿他。"③

关于狄更斯的作品对老舍从事文学创作的影响，历来已多有论述，已经产生了不少有分量的比较文学论著。归纳起来，大致有以下几点。

---

① 老舍：《我怎样写〈赵子曰〉》，载《老舍全集》（第 17 卷），人民文学出版社，2013，第 167 页。
② 老舍：《老张的哲学》，载《老舍全集》（第 1 卷），人民文学出版社，2013，第 60 页。
③ 老舍：《谈读书》，载《老舍全集》（第 16 卷），人民出版社，2013，第 646 页。

（一）人道主义关怀层面上

狄更斯的小说倾向于以悲天悯人的人道主义情怀展示社会底层小人物的悲惨命运。在富人的骄奢淫逸的糜烂生活和穷人为生计垂死挣扎的强烈对比下，肯定小人物的价值和尊严，在控诉社会的不公平、揭露黑暗社会对人性的摧残和压迫，并对此强烈批判的笔调下，流露出对穷苦人民的人道主义关怀。

（二）幽默艺术层面上

狄更斯是幽默大师，他的小说的重要特点之一就是他无所不在的妙趣横生的幽默，字里行间可以见识到他诙谐风趣的妙语连珠。虽然狄更斯对资本主义社会中人性腐朽的罪行进行了深刻揭露，他用的却是幽默的手法，给这些冠冕堂皇的贪婪、虚伪，蒙上了一层温情脉脉的外衣，对丑恶的社会现实用反讽的手法巧妙地做了幽默化的喜剧处理，"即使在着重指出教训时，也能引起纵情的大笑"。[①]

（三）人物塑造层面上

狄更斯擅长从人物的外貌入手进行喜剧性的刻画，并加上夸张的描述、奇特又形象的比喻，以及戏谑的语言运用等手法。狄更斯更擅长从外貌来刻画讽刺性角色的形象，运用夸张甚至漫画式的手法描写人物外貌，表现人物的性格和内在本质。

实际上，狄更斯对老舍的影响绝不限于我们目前熟知的简单的文学观、语言风格与叙事技巧等，还包括更深刻的宗教思想。狄更斯是英格兰教会成员，基督教对他的人生有极大启发。英国学者库尔森说，狄更斯有许多作品都契合了超越时代的福音信息，[②] 他希望自己的作品能够反映"耶稣所说寓言"的隐喻意义。狄更斯的宗教思想是在宗教世俗化的思想

---

① 廖利萍：《狄更斯对老舍文学创作的影响——〈尼古拉斯·尼克尔贝〉与〈老张的哲学〉比较研究》，硕士学位论文，福建师范大学，2006。
② 转引自〔英〕阿利斯特·E. 麦克格拉思：《科学与宗教引论》，王毅等译，上海人民出版社，2000，第37页。

大背景下形成的。他极力主张基督教的人道主义关怀，强调世人要在上帝的感召下相互关爱，要减少对穷人的冷漠和歧视。他坚持传教者和信教者都应该摆脱刻板教规的左右，注重爱心的传播与拥有。

他的宗教道德观包含基督的仁慈和上帝对穷人的关爱。而关心穷人、关心现世、自由信奉是狄更斯宗教伦理思想的三大特点，这在他的作品中得到极大的呈现。因此，狄更斯作品中重点体现出的是其基督教伦理性的思想观念。他认为基督教的仁爱精神可以感化最顽固不化的人。[1] 我们与其说老舍服膺狄更斯作品中浓郁的人道主义，毋宁说是他自己对狄更斯作品中蕴含的基督教的普世关怀的一种极大认同。对贫困者与一切弱小者的同情是狄更斯大部分作品的感情基调，后来这也成了老舍所秉承的基本态度。这既与自己的出身有关，也同基督教文化的影响有深刻的关系。有论者指出，《老张的哲学》同狄更斯的《匹克威克外传》存在极大的相似性，而有人则认为《老张的哲学》结构上更接近《尼古拉斯·尼克尔贝》。实际上，抛开具体的作品本身，我们应看到老舍受到狄更斯文学创作中所蕴含的基督教思想的深刻影响，这才是探究《老张的哲学》诞生的题中之义。从老舍当时所处的文学场域来看，包括老舍在旅英后期最喜欢的但丁的《神曲》，莎士比亚的戏剧，都不同程度地传达了基督教的人道主义思想。因而有论者指出，艺术和宗教一向密不可分，欧洲小说与戏剧都源起于基督教。[2]

因此可以说，老舍走上文学道路的理路，既有纯粹的文学力量的吸引，也有宗教力量的巨大感召。

四

老舍在《老张的哲学》一书中重点描写了老张等人成立北郊地方自治筹备会的经过。经张桂兴先生的史料发掘，我们已经知道老舍本人在青年时期也参加过类似的活动，这就表明小说中所叙写的情节同样是作者本人

---

① 刘建军：《基督教文化与西方文学传统》，北京大学出版社，2005，第233页。
② 朱维之：《基督教与文学》，吉林出版集团有限公司，2010，第244页。

经历过的。目前来看，《老张的哲学》中的核心情节是北郊地方自治筹备会的成立，但正因为小说以伪基督徒老张这一人物形象展开叙述并串联全篇，我们也可以认为小说不仅批判了以老张为代表的国民市侩气，也写实地描写了当时北京社会中基督徒的种种形象，对基督教的吃教现象做了尖锐的讽刺和揭露。所谓"吃教"，特指某些以信教为名而谋私利的行为。作为基督徒的老舍，在参与基督教的教会事务和社会服务中，耳闻目睹了众多教徒的面孔，因而他笔下所塑造的老张加入基督教的吃教现象在当时或许具有一定代表性，作者通过这样一个人物的描写，批判了吃教教徒的虚伪。因此老舍创作这部长篇小说处女作的出发点恰是从基督教的角度来反思国民性，也对"五四"以来社会上出现的宗教救国论提出了自己的见解和主张。

通过以上分析我们发现，老舍在第一部长篇小说写作过程中，主要运用了自己在出国前夕最重要的两大生活经历——入教与参加地方自治筹备会。这两个经历都有一个总的目的，即以宗教视角考察和反思国民性。正是由于创作《老张的哲学》之前作者所处的文学（文化）场域，他能够冷静而客观地看待中西方两种国情和世情，体察不同社会形态中基督徒面貌的真与伪。以基督徒的视角看待 20 世纪 20 年代的北京社会，或许才是老舍这部小说创作的原始动机。《老张的哲学》小说问世后，许多人将之视为基督教文学的产物。在朱维之先生所著的《基督教与文学》一书中，第七章第二节"几本有关于基督教的小说"部分，明确将《老张的哲学》列入其中。如果考虑到小说创作时作者所处的文学场域，就丝毫不会怀疑其中所蕴含的种种基督教文化意蕴。在伦敦生活的老舍，无论是生活环境抑或文学环境，莫不受基督教文化的包围和渗透。因此，"我们可以说，不懂基督教而能读懂西方文学作品，这是不可能的事情"①。基督教文化成就了文学家老舍及其日后一系列的文学创作，这一序幕正是从其长篇小说处女作《老张的哲学》开启的。

---

① 莫运平：《基督教文化与西方文学》，中央编译出版社，2007，第 1 页。

卢梭《爱弥儿》与老舍《新爱弥耳》中的
教育思想之比较

杨会敏*

摘　要： 老舍与卢梭是中西文化的代表人物，教育思想是二人文学创作中的关键内容，其文学作品中的教育思想反映出中西方思想的演变，进而折射出两人在教育观念上的差异。卢梭的《爱弥儿》体现了在自然教育理念下，爱弥儿通过启发式教育法，最终成长为一个自我决断型的青年，老舍的《新爱弥耳》则体现了在一种压迫的社会教育下，小爱弥耳被严酷的注入式教育法摧残，最终形成被动顺从的性格。

关键词： 卢梭　《爱弥儿》　老舍　《新爱弥耳》　教育思想

卢梭与老舍的教育思想在《爱弥儿》和《新爱弥耳》中体现得最为丰富。前者通过《爱弥儿》阐发自然教育理念，老舍在此基础上论证自然教育对于中国当时的国民教育具有重要的启示。老舍在《文学概论讲义》中，重点论述了卢梭的自由主义，他认为卢梭提倡的自由不单是向文艺挑战，更是向社会的一切挑战。因此，《爱弥儿》就是卢梭对抗社会教育的产物。老舍深受其影响，写出了《新爱弥耳》。在论文《谈教育》中，老舍评价卢梭的《爱弥儿》是返于自然的创造之作，是高尚主旨与深刻想象的结合。纵观国内的研究发现，学者们对卢梭教育思想的研究虽然丰富多彩，但是研究角度过于单一化和片面化。比如，陶雪丽的《卢梭〈爱弥尔〉道德教育思想研究》，仅仅分析了卢梭的道德教育思想。当然也有少

---

* 杨会敏，文学博士，宿迁学院副教授，研究方向为中西比较文学。

部分学者开始从比较的角度研究卢梭的教育思想，比如方敏的《洛克与卢梭教育思想的异同》主要是从教育目的、原则以及内容三个方面来比较，整体架构偏向宏观。所以，在前人的基础上，本文对卢梭与老舍在《爱弥儿》和《新爱弥耳》作品中所体现的教育思想从三个方面进行比较。这三个方面分别是两部作品所体现的教育理念、教育方法以及最终的教育效果。爱弥儿在卢梭自然教育理念下，接受一种顺其自然的启发式教育，这不仅符合自身的生长规律，也培养了他独立判断、独立思考的能力。但是，《新爱弥耳》中"我"的社会教育理念完全违背正常的教育规律，导致小爱弥耳在注入式教育方法下，形成了一种被动顺从的性格。

一 两部作品体现的教育理念之差异及其成因：自然教育与社会教育

《爱弥儿》是卢梭的一部教育小说，体现了卢梭最核心的教育理念，即自然教育。卢梭的自然教育有三个基本内涵：第一，自然教育就是顺应本能自由发展，儿童的德智体美劳发展有其内在规律，教育的过程也就是儿童的内在生长规律发展过程；第二，保持儿童的自然纯真，要避免人为对儿童的干扰，给儿童能够获得平等幸福的自然空间；第三、在《爱弥儿》中"自然教育"① 还指在自然环境与社会环境中的教育，它与每天抱着书本啃理论知识、死记硬背的传统社会教育相对。翻看卢梭的其他作品，不难发现，卢梭对贵族的封建式教育非常不满，同时，在卢梭漂泊无依的一生中，乡村生活培育了他对大自然的浓厚感情，所以，当他遭受生活的苦难时，优美的自然景色与无拘无束的自然氛围成了卢梭唯一的心灵寄托，他把文学创作的热情寄寓在自然之中。因此，《爱弥儿》也可以看作卢梭寄托自然情怀的作品。

乡村是卢梭实施自然教育的场所。爱弥儿刚出生，卢梭就把他带到了乡村进行教育，他认为城市的灯红酒绿会摧毁爱弥儿的成长，大自然中的一切却是教育爱弥儿最好的课本。几片美丽的四叶草叶子，几颗饱满的石

---

① 〔法〕卢梭：《爱弥儿》，李平沤译，人民文学出版社，1982，第 14 页。

榴籽，一只可以听到清脆啼叫的布谷鸟，这些自然的事物本身具有的教育价值不亚于城市儿童手中的玩具，甚至它们会使儿童玩得更高兴，而且从一开始就能养成朴素自然的习惯。当儿童奔跑追逐于田野中时，湛蓝的天空、广袤的草原、清新的空气都是哺育儿童最好的营养品。当儿童痴迷于花鸟鱼虫、山河湖泊的时候，他的感觉能力、观察能力、好奇心以及审美情趣都能获得最好的发展；乡村简朴的生活会使儿童形成良好的道德品质。所以，爱弥儿在这样的成长环境中，必然会成为一个身心健康的孩子。

卢梭的自然教育理念体现在爱弥儿成长的三个时期。婴儿期，爱弥儿不会说话，没有意识，只有感觉，卢梭反对把这一时期的婴儿包裹在襁褓里，主张给予婴儿一切享受活动和伸展四肢的自由，只有这样儿童才会长得高大强壮、身材匀称。爱弥儿进入理智睡眠期后，判断和记忆的能力有所欠缺，他所获得的是一种直接经验，即通过感官去获得丰富的知识。卢梭在这一时期对爱弥儿采取的自然教育是以游戏和活动为主，避免理论知识的灌输。例如，卢梭通过种植蚕豆的活动，自然地把"财产"这个原始的概念教给了爱弥儿。他一直秉持着行动多于口训的原则，因为身教是最好的工具。自然教育最大的敌人就是成人带有偏见和愚昧做法的社会教育。卢梭的自然教育在这一时期最大限度地保持了儿童的自然状态，没有对儿童进行过多的干涉，爱弥儿在这一时期享受最多的就是自由与快乐。青春期之后，卢梭主要对他进行了智力和劳动方面的教育，培养他的好奇心、学习兴趣和独立判断的能力，虽然在这一时期，儿童有了一定的理解能力，但是卢梭认为纯理论的知识并不适合孩子，所以，他所秉持的仍然是自然的做法。爱弥儿在学习地理知识时，卢梭没有直接教他如何看地图，而是叫他进行实际操作，制作简单的地图。通过画地图，爱弥儿不仅学会了如何估计距离和位置，还知道了如何用不同的事物来代表不同的地理特征。这种方法不仅锻炼了爱弥儿的动手操作能力，而且遵循了儿童自身接受知识的规律，自然教育有时候不在于学生获得了多少知识，而在于学生是如何获得这些知识的，不同于传统的灌输式教育，自然教育更善于引导和激发孩子的学习兴趣。

但是，《新爱弥耳》中"我"的教育理念和卢梭的自然教育存在极大的反差。在《新爱弥耳》中，"我"主张的是压迫儿童天性的社会教育。小爱弥耳刚出生三天便离开了母亲，由"我"负责他的一切教养任务。此时，小爱弥耳就已经开始接受成人的社会教育，首先，这种社会教育体现的就是教育者"我"与小爱弥耳之间的一种单向被动关系。其次，父母是社会教育中必然存在的两个主体，但是，"我"的社会教育理念更偏向于父系教育，对母性教育存在一定的偏见，认为母亲存在恶天性。所以，小爱弥耳出生三天就离开了母亲的怀抱。最后，在《新爱弥耳》中，老舍通过"我"的社会教育理念表现了成人的强制压抑教育无法自行其是。小爱弥耳在母爱的选择上毫无主动权，只能被动听从。食物喂养亦是如此，断母乳、吃面包，这种违反儿童生长规律的做法暗示了小爱弥耳悲惨的下场。在学习说话时，小爱弥耳也受到了严格的限制，"我"教给他的语言都是最正确的语言，不存在任何不理解的意义及任何引起幻想的字，如今所说的"童言无忌"在小爱弥耳身上根本不存在。作为教育的对象，小爱弥耳六岁学习抽象名词，八岁学习政治原理，听惯了革命、斗争、正义这些名词，那些重要深刻的思想渐渐在他心里萌芽，可是这些学习内容不是他真正的兴趣所在，勉强接受必然使他变成教育的"畸形儿"。

自然教育将爱弥儿培养成一个自然人。在知识的获得上，卢梭并不重视爱弥儿最终能得到多少知识，而是强调学习能力的养成，在《爱弥儿》中，他多次强调："纯理论的知识不大适合于孩子，即使孩子在接近于长成少年的时候，对他也是不大适合的。"[1] 所以，教师或成人在教育孩子时，不是直接告诉他应该学什么，而是他自己希望学到什么东西，这种由兴趣产生的学习愿望，会使得孩子更善于去理解和使用他所学到的东西。

但是，《新爱弥耳》体现的教育理念则是一种极端压迫的社会教育。这种社会教育更多地体现在"我"对小爱弥耳革命意识的培养上。小爱弥耳的抚养人"我"是个地地道道的封建主义者，对刚出生的婴儿就进行了社会教育，不允许小爱弥耳哭泣，认为"哭便是示弱"[2]，所以，小爱弥耳从那儿之后，再也没有哭过。这种扼杀天性的残酷教育，使得小爱弥耳走

---

① 〔法〕卢梭：《爱弥儿》，李平沤译，人民文学出版社，1982，第256页。
② 《老舍小说全集——火车集·贫血集–集外》，长江文艺出版社，2012，第290页。

上了一条错误的道路。生理上挨饿，心理上孤独，即使生病也要听革命理论解闷。这种违背自然规律的社会教育使得小爱弥耳仅仅八岁就被折磨死了。短暂的生命时光对于小爱弥耳来说极其痛苦，不能哭笑、没有玩伴、只能像机器人一样被教育，幼儿的快乐和人性几乎被连根拔走。小说中，"我"对于社会教育中的革命主义表现出一种疯狂和执着，以致在儿童身上进行社会教育的试验，然而这种理念付出了巨大的代价，人性的被扼杀和教育价值的丧失，最终只能产生死亡和人性灭绝的行尸走肉。小爱弥耳承受的超负荷运转，使人不禁想到卢梭的自然教育是多么正确。

　　两部作品体现的不同教育理念必然与作者的文化背景有着某种联系。卢梭生于18世纪的法国，当时的法国是欧洲大陆上典型的封建君主专制国家，腐朽的封建专制制度压迫着平民，天主教会禁锢人们的思想，这些都使得资产阶级分子与其对立。因此，启蒙运动的爆发是一种必然趋势，卢梭作为启蒙运动的代表人物，激烈地抨击了封建制度的腐朽，倡导自然平等的思想。对于教育领域，卢梭认为封建专制教育不顾及儿童身心发展水平，扼杀儿童的天性，因此，他提倡自然教育理念，认为儿童只有顺应自然规律自由发展，这样儿童的天性才能得到充分发展，教育方能发挥真正的作用。卢梭的自然教育理念强烈地抨击了摧残儿童成长的社会教育，深刻影响了后世教育家的思想和实践。

　　老舍的《新爱弥耳》在一定程度上受到了卢梭的影响，但老舍更多表达的是对当代中国国情的本土化理解，以及从当时中国的国情反映国民教育中存在的问题。《新爱弥耳》的出版，正值中国"五四"新文学盛行时期，所以，从客观上来说，老舍强烈地意识到这是一个特殊的时代，兴奋中潜伏着痛苦，痛苦中孕育着希望，"五四"这一历史时期，正在向世界展示中国的新文学。但是，当西方侵略炮舰的硝烟进入中国之后，国家的强弱顿时显现，因此，必须以顺应儿童天性发展的自然教育为中心提高国民文化水平。《新爱弥耳》就是从正面来描写现有社会教育并不能成功教育孩子，反而摧残了孩子的天性。从主观上来看，老舍在英国伦敦大学东方学院的五年教书经历，使得他对中西方文化进行了融合思考，通过比较中国和英国的民族性，深化和具体化了对国民劣根性的批判，卢梭对于封建专制的批判使得老舍在对英国国家主义的肯定中夹杂了对帝国主义侵略的愤慨。所以，教育爱弥耳时施行的压迫的社会教育理念体现了书中"我"急功近利的意图，暗示了老舍对国民教育的担忧。

二 两部作品体现的教育方法之差异及其成因：启发式教育法与注入式教育法

　　启发式教育法与注入式教育法如同一对孪生姐妹，一同降临在教育方法的摇篮中。从此，二者便开始在教育的两极间进行对峙和此消彼长的抗衡，其中，注入式教学法遭到一致的反对，启发式教育法受到越来越多的欢迎与青睐，两者之间的利弊得失、是非曲直在卢梭的《爱弥儿》和老舍的《新爱弥耳》中可略见一二。

　　追本溯源，可以发现启发式教育法在东西方早有体现。中国古代教育家孔子提出的"不愤不启，不悱不发，举一隅不以三隅反，则不复也"，侧重于方法上的举一反三。古希腊哲学家苏格拉底的产婆术则认为应激发学生对于学习的主观能动性，这种主观能动性来源于学生对知识的渴求与思索，提倡以师问生答的方式探索真知。这一点与卢梭的启发式教育法有异曲同工之妙。卢梭对爱弥儿所采用的启发式教育法注重的是从经验中获取对知识的热爱，而非停留在口头上。他强调用生活和实践教育儿童。例如，爱弥儿种蚕豆与园主发生冲突，卢梭借此来启发他对财产的理解和认知；当爱弥儿看见一个新现象、新事物的时候，会一声不响地仔细观察，卢梭看到他的好奇心被充分调动起来了，就会趁机提出简单的问题，引导启发他去解答心中的疑惑。在知识学习方面，卢梭大量运用了直观体验的启发式教育法。他认为，授人以鱼不如授之以渔。所以，在爱弥儿学习知识的过程中，卢梭更多的是启发引导他自己去寻找真理，而不是直接告知。例如，卢梭在教授爱弥儿光的折射原理时，本可以简单地把棍子从水中拿出来给爱弥儿看，虽然这是一种既简单又直接的方法，但是这种方法会扼杀儿童主动思考的习惯，所以，卢梭采取了多种方法来研究这根棍子，比如通过观察、搅动、放水甚至触摸的方法，让爱弥儿了解光的折射原理。这种直观体验的做法也许在成人看来很繁重，对于儿童来说，却是理解和解决问题的最好方法。

卢梭的启发式教育法体现了教师与学生相互作用的教学过程。师生之间相互尊重、和谐相处也使得启发式教育法能够更好地实施。但是，如果教育者与受教育者之间是一种单方面的被动关系，那么启发式教育法只能转变为注入式教育法。

注入式教育法在我国最早见于《学记》，它的特点是教师只重视知识的传授，让学生死记硬背。很多学者都反对这种教育方法，王阳明先生认为：注入式教育法只重视学生智育的发展，忽略了德育的培养；蔡元培先生认为：注入式教育法只重灌输，学生缺少主动思考，学习兴趣和积极性得不到激发和调动。不难发现，老舍笔下的小爱弥耳就是注入式教学法的产物。小爱弥耳三岁时，"我"就教给他最正确的语言，每个字都必须完全了解它的意义。先不谈这种教育方法的病态之处，单单从儿童的年龄来看，这种教育方法就已经违背了正常的身心发展规律，小爱弥耳被动接受的语言没有一点虚幻和想象的空间。比如，在教给他关于月亮的知识时，"我"会把月亮的大小、年龄、形成过程都告诉他，这种填鸭式的注入教育完全忽略了小爱弥耳自我主动思考的过程，导致他只有关于月亮的事实知识，却没有任何关于月亮的神话或传说故事；在本该玩耍的年纪，小爱弥耳却没有时间玩耍，因为"我"不准他知道小孩可以玩耍，直接给小爱弥耳注入了一种属于成人的思想观念——工作和劳动是最高的责任。小爱弥耳六岁之时，"我"开始教给他一些抽象的名词，这些名词晦涩难懂，但是"我"认为，教育是一种循序渐进的过程，幼儿时期听惯了的东西，在年纪稍大时就会明白。这种想法没有错，却是属于成人的想法，儿童处在被动状态下，勉强接受这些新概念，最终的结果就是极不合逻辑地把一些抽象名词和事实联系在一起。小爱弥耳在这种教育方法下，最终成为一个只会呼喊革命的畸形儿。注入式教育法使学生片面发展，缺乏自主性和创造性，教育者"我"在对小爱弥耳进行一种封闭式的甚至是压制式的迫害，摧残了儿童的个性和天性。因此，小爱弥耳最终走向了死亡的深渊。

两部作品中的两位儿童的结局迥然不同，这在很大程度上取决于他们的教育者采取了不同的教育方法，这两种教育方法与教育者的时代背景、人格精神以及自身期望有很大的关系。

卢梭之所以采取启发式教育法，主要有以下三个方面的原因。第一，欧洲启蒙运动兴起，一些资产阶级教育家从理性观念出发，肯定人的价值，倡导儿童的自由与解放，重视他们的个性发展，主张教师要尊重儿童的人格、重视启发学生自觉学习，反对强迫和压制。第二，教育的对象是人，人的本性是教育教学的基本出发点。卢梭是一位人性自然论者，坚持教育要顺应自然的法则。在自然法则下，人的主观能动性和创造性必然得到充分发展，但是，人自身又隐藏着受动性和依赖性，所以，在无法改变人性的情况下，启发式教育法显得尤为重要。第三，卢梭的教育思想中最核心的观点就是自然教育，所谓自然教育就是指在人身心发展的不同阶段，要有相应的教育方法与之相适应，而教育方法的选择要从整体上遵循人的自然本性，要以发展儿童天性为目的。所以，卢梭在教育爱弥儿的过程中，始终注意引导他去探索、发现问题，启发他主动思考问题。

但是，纵观《新爱弥耳》的注入式教育法，不难发现，老舍笔下旧教育者采用的教育方法与卢梭的启发式教育法大相径庭。"我"采用注入式教育法在很大程度上是由于作者受当时所处的外部环境所影响，当时的中国正处在"五四"爆发的时期，新思想的传入使得老舍改变传统的封建思想，他坚决反对在儿童教育中掺杂任何形式的迷信，他认为旧的封建迷信是摧残儿童天性的敌人。所以，《新爱弥耳》从正面角度论述了封建旧思想对儿童的摧残，社会教育的注入式方法忽视儿童的年龄特点，以僵化枯燥的革命理论传授知识，最终结果势必悲惨。同时，注入式教育法反映了老舍自身对于国民教育的深刻反思，他借民族危亡的背景和中西国民人格的比较，凸显了社会教育的错误和人格教育的重要性。

三 两部作品体现的教育效果之差异及其成因：自我决断型与被动顺从型

在自然教育下，爱弥儿形成了自我决断型性格。美国德西教授的自我决定理论很好地论证了卢梭在自然教育下的教育效果。在事情的处理和决断上，爱弥儿更多的是自己思考和选择。德西教授的理论强调发展自由性及才能。所以，卢梭在发展爱弥儿自由性时，最先关注的就是爱弥儿要有一个健康的身体，因为健康的身体是一切发展的前提，儿童要想享受幸福、满足自己的愿望就必须要有一个健康、自由的身体做保障，所以，卢梭在书中意味深长地说："除了体格以外，谁还能找得到什么真正的幸福呢？"① 身体虚弱，精神也会跟着衰弱，一个人身体越强壮，精力就越充沛。反之，一个身体不健康的人，他的精力无法满足他的欲望，而且他会将有限的精力花在保全自己的生命上，那么这样的人又如何形成自我决断的性格呢？又能享受多少幸福呢？爱弥儿刚出生时，卢梭没有把他紧紧地包裹在襁褓中，而是给他穿肥大的衣服，让他的肢体自由伸展，不给他戴帽子系带子，让他接触自然的空气，经受季节和气候的变化，感受大自然的季节和气候特征，这是增强儿童体质的好方法。有了身体健康这一大前提，爱弥儿的自我决断性格的养成就有了充分的保证。卢梭在教育爱弥儿的过程中，非常注重培养他的主动思考能力。他说："在爱弥儿养成锻炼身体和手工劳动习惯的同时，我还在不知不觉中培养了他爱反复思考的性情，从而能够消除他由于漠视别人所说的话和因自己的情绪的宁静而产生的无所用心的样子。②"所以，爱弥儿既能像农民那样劳动，也可以像哲学家那样深思，在思考的过程中，他的自我决断力得以强化。成年之后的爱弥儿掌握了一门手艺，但是通过反复思考，他认为这一时期不能使用这门手艺，所以，他又将注意力转移到农业上，爱弥儿喜欢干农活，但是一成不变的农活并不能使爱弥儿一直感兴趣，因此，卢梭结合爱弥儿的自身条件，引导他自己进行判断，到底是选择安逸还是选择挑战，爱弥儿最终做出了自己的选择——打猎。爱弥儿的自我决断性格使其在成长过程中收获颇丰。他能够在生活情境中主动质疑，善于思考，独立自信，面对人生的选择时，能够进行自我决断。

但是，在社会教育下，小爱弥耳完全成为被动顺从的傀儡。又是什么导致了小爱弥耳的悲惨结局呢？纵观全文不难发现，导致小爱弥耳走向死亡深渊的幕后之手，就是在旧教育者"我"毫无规律的社会教育下所形成的被动顺从的性格。这种性格最大的特点就是不敢反抗，一味地听从别人的要求或者命令，自我主见在小爱弥耳身上完全没有得到体现。例如，小

---

① 〔法〕卢梭：《爱弥儿》，李平沤译，人民文学出版社，1982，第 85 页。
② 〔法〕卢梭：《爱弥儿》，李平沤译，人民文学出版社，1982，第 303 页。

爱弥耳刚出生时，"我"竟命令他不准哭泣，所以，从此以后，他真的没有再哭泣过，即使生病也没有流过眼泪。顺从的性格从正面来说是听话乖巧，可是，从反面来讲则是一种天性的压抑。婴儿的啼哭本就是一种正常的生理现象，婴儿通过哭闹向父母传达一种需求信号，可是这种信号却被教育者看作示弱。小爱弥耳稍大一些后，"我"便教给他一些抽象名词，给他讲解历史故事和地理知识，全然不顾小爱弥耳的身心发展水平，这种注入式的教育方法必然使得小爱弥耳处在一种被动的状态中，顺从教育者的一切指挥，所以，小爱弥耳的性格更多的是依赖和被动顺从。

　　"我"的教育有一个最鲜明的特点就是不准小爱弥耳想象和笑，这也是小爱弥耳形成被动顺从性格的最重要的因素之一。想象是儿童时期最富足的活动，每一个孩子都会用自己独特的想象力来构思他们眼中的世界，而"我"则认为想象是几个世纪前的文学因素之一，小爱弥耳并不能从中获得任何帮助。因此，"我"禁止小爱弥耳想象，而他也没有反抗，只是默默听从，最终被动地接受一切。可是这种被动顺从的性格，使得他失掉了小朋友，也不招人喜欢。同样的，小爱弥耳不会笑，在"我"给他注入的思想中，笑是人类最没出息的表现，是最贱的麻醉。所以，小爱弥耳从未笑过。由此可见，被动顺从型的性格让小爱弥耳失去了儿童时代最宝贵的东西，在本该欢乐嬉戏的童年，小爱弥耳却俨然成了一个听话的"小大人"。

　　究其原因，两位受教育者在性格上存在的巨大反差，与他们所受的教育密不可分。卢梭的自然教育观念和老舍作品中体现的社会教育理念，最终导致的教育效果迥异。首先，卢梭笔下的爱弥儿是一个自由的人，他不受任何约束，卢梭的最终目的就是要把他培养成一个"自然人"。爱弥儿刚出生时他就说："爱弥儿是大自然的学生"①，所以，处在自然的外部环境下，爱弥儿的自我决断力早已在无形之中萌芽了。其次，卢梭对爱弥儿采取的启发式教育法，是他形成自我决断性格的重要因素，在生活中，卢梭一直引导爱弥儿发现问题、积极主动地思考问题，在处于两难的境地时，会激发他追求自己内心真实的想法，最终做出决断与选择。最后，从

① 〔法〕卢梭：《爱弥儿》，李平沤译，人民文学出版社，1982，第295页。

卢梭的自身性格来看，他在青年时期就具有非常果断的自我判断力和执行力，他曾经与华伦夫人有过一段难以言说的感情，两个人在一起度过了几年的快乐时光，但后来华伦夫人有了新的情人，对待卢梭也不再像以前那般热情，这种前后的态度反差，使得卢梭下决心改变自己，他开始做家庭教师接触教育领域，他曾经写了一篇名为《关于德·圣玛丽先生的教育的计划》的论文，这篇论文可以说是《爱弥儿》的雏形。这种果断的自我决断力是卢梭自身具有的性格，所以在《爱弥儿》中，卢梭必然会把这种性格加在爱弥儿身上，培养爱弥儿的自我决断力。

反观老舍笔下的小爱弥耳，符合他的标签，只能是行为呆板、思想僵化、不知变通、被动顺从、毫无主见，老舍塑造这样的小爱弥耳，难道只是为了抨击社会教育下儿童天性的丧失吗？更深层次的原因有两个。其一，老舍本人非常重视父母的教育，尤其是母亲示范的力量，他把母性教育称为"生命的教育"，然而，小爱弥耳出生三天就被抱离母亲的怀抱，没有母爱的呵护，没有母性独特的教育，他的性格中必然缺少一种主动，这种主动是母性教育下孩子特有的权利，比如通过哭泣换来母亲的注意。其二，老舍对中国国情本土化的理解，更具体地说是老舍对国民教育的反思。"五四"新思想的涌入加上老舍留学在外的经历，使他在对中西方文化的认知中突然间醒悟：中国传统封建的教育已经不能支撑国家的发展，旧教育下的被动顺从型儿童逐渐被时代淘汰，新时期的中国需要有个性、有主见的青年。所以，老舍通过小爱弥耳这一人物形象的特征——被动顺从型来引起国民的反思，以达到改造国民教育的目的。

四 结语

卢梭和老舍的教育思想作为中西方文化宝库中的重要组成部分，无论是从过去的角度思考还是从现在的角度审视，它们都具有积极的意义，值得我们不断研究。其中，《爱弥儿》和《新爱弥耳》作为两位作家教育思想的代表作，更是为后人的研究提供了文本支撑。首先，在教育理念方面，卢梭的《爱弥儿》提倡自然教育，他强调教育要遵循自然，顺应人的本性自然发展，不要试图去改变儿童身心成长的自然规律，《新爱弥耳》

所主张的社会教育却与其相反，儿童作为社会群体中的一员，必然要接受社会教育，小爱弥耳在这种教育理念下没有自由可言，无论是身体，还是心理都受到了极大的摧残。因此，通过对自然教育和社会教育的比较，我们可以分析出：自然教育理念更适合儿童的发展，而日益激烈的社会教育严重地扼杀了儿童的天性，阻碍了儿童发展。所以，教育必须顺应受教育者的天性，尊重客观规律，遵循他们的年龄特征和心理特征，从而促进他们健康成长。其次，在教育方法上，卢梭的启发式教育法注重儿童在教育过程中的主体性，当儿童面对问题时，启发式教育法为儿童设置真实的问题情境，引导孩子从实际生活中发现问题，或者让他们亲身经历一个问题情境。如此，既充分发挥了儿童的主体性，又启发了儿童的思维活跃性，促进其内在主体性的发展。但是"我"的注入式教育法严重限制了儿童的发展，压抑了受教育者的自我主体性，小爱弥耳在受教育的过程中，几乎没有任何的话语权，生活和知识的学习都是听从"我"的安排，注入式教育法过分强调教育者的主体性，导致儿童在这一过程中毫无自主能力。最后，在教育效果方面，卢梭的自然教育和老舍的社会教育所取得的教育效果迥然不同，自然教育下的爱弥儿有主见、有个性，能够对遇到的问题自我决断，社会教育下的小爱弥耳就大不一样了，他刻板僵化、思维迟钝、没有主见，所有事情只能顺从"我"的安排。

狄更斯《艰难时世》与老舍《牛天赐传》中的儿童形象之比较

付春明[*]

摘　要：本文以《艰难时世》与《牛天赐传》为例，探析狄更斯与老舍在儿童形象塑造上的异同。在反抗精神特质与方式上，《艰难时世》中的儿童采用了温情、感性来反抗冷漠、理性，《牛天赐传》中的儿童采取了中庸、随遇而安的消极反抗。在善良的实质上，狄更斯笔下的儿童是用"善"感化他人，老舍则希望通过儿童之"善"重塑国民精神。另外，狄更斯与老舍在塑造儿童形象时所使用的带有悲剧性的幽默手法也有所不同，前者采用夸张手法，后者善用铺张手法。

关键词：狄更斯　《艰难时世》　老舍　《牛天赐传》　儿童形象

《艰难时世》是狄更斯在创作全盛时期所写的一部长篇小说，作品中塑造了多个性格迥异的儿童形象。露意莎、毕周、西丝与汤姆的人生是狄更斯谴责19世纪英国社会的教育制度、批判金钱本位的畸形家庭环境的武器。《牛天赐传》是老舍众多城市题材小说中的一部。"这是个小资产阶级的小英雄怎样养成的传记。[①]"老舍用牛天赐的生命轨迹来展现纯真的爱，以此体现成人社会的异化。牛天赐的人生轨迹既是老舍对人性解放的呐喊，也是对国民性官本位思想的批判。

老舍说过，他的创作就是从模仿狄更斯开始的："我极喜读英国大小

---

* 付春明，文学博士，宿迁学院讲师，研究方向为中西比较文学。

① 老舍：《牛天赐传》，译林出版社，2012，第210页。

说家狄更斯的作品，爱不释手。我初习写作，也有些效仿他。"① 老舍于
1924 年去往英国。在伦敦期间，他阅读了许多英文小说，其中就有狄更斯
的一些作品。相似的生活环境和性格特征激发了老舍小说创作的热情。在
小说题材的选择上，两人都选择了自己熟悉的生活图景。在小说人物塑造
上，两人都把人物放在中心位置来写。在创作方法上，两人都善于使用幽
默的手法。这些小说创作的特点在《艰难时世》与《牛天赐传》中儿童形
象的塑造上都有所体现。

　　《艰难时世》与《牛天赐传》中的儿童都具有反抗精神。狄更斯笔下
的儿童用温情、感性战胜冷漠、理性，如此积极的反抗是作者对功利主义
事实哲学的批判。老舍笔下的儿童采取了中庸、随遇而安的消极反抗，这
是对国民性官本位思想的批判。狄更斯与老舍怀着人道主义怜悯与同情来
塑造儿童形象，这些儿童都凸显了人道主义的"善"与"爱"。但是狄更
斯笔下的儿童是用自己的善去感化他人，老舍笔下的儿童是以自己的善达
到重塑国民精神的目的。另外，作品在塑造儿童形象时所使用的幽默手法
也有所不同，狄更斯采用夸张手法，老舍采用铺张手法，但二者的幽默都
带有悲剧色彩。

一　精神品质的异同及成因——以露意莎、
西丝和牛天赐为例

（一）反抗精神之异——积极反抗与消极反抗

　　人物的精神品质是人物形象的内在因素，尤其是在小说的创作中，人
物是写作的轴心，人物的精神品质向来都是作者塑造形象的最好切入点。
在《艰难时世》与《牛天赐传》中，儿童形象的精神品质极具典型性。两
部作品中的儿童都具有反抗精神，但是露意莎和西丝的反抗是充满温情的
积极反抗，牛天赐的反抗却是中庸、随遇而安的消极反抗。

　　"对于异域文学中的人物形象我们常常能发现他们在人性、品格以及

---

　　① 《老舍全集》（第16卷），人民文学出版社，1980，第140页。

情感方面的相通性。"① 在这两部作品中，作者都不约而同地在儿童的行为上体现着反抗精神。牛天赐从小就知道和牛老太太的条条框框对着干。他会故意跑去纪妈怀里，而不去牛老太太怀里。在抓周时，牛天赐没有选择牛老太太放的铜盘，而是抓了四虎子的哗啷棒。在众多人中，牛天赐偏偏最爱和最没有官样的四虎子玩。露意莎带着弟弟偷偷去看马戏表演。西丝在被人告诉她被抛弃的时候，她选择相信父亲会回来，父亲并没有抛弃她。

在《牛天赐传》中，牛天赐选择了中庸、因循守旧、随遇而安的消极反抗。牛天赐上了学，却没有孩子愿意和他在一起玩，他竟渐渐习惯了在学校里没地位。在满月时，牛天赐被裹着手脚不能动，他就象征性地哭一哭，后来就认命了。牛天赐的父亲去世之后，雷公奶奶把家里搬空了，牛天赐竟然一点主意与思想都没有。当他被管束时，只是躲起来用自己的方式反抗。当他不被允许和其他孩子玩耍时，他的反抗便是自己找乐，在院子里闲逛。他的母亲去世之后，他被认作私孩子、不允许跪灵时，他的反抗就是无所作为、沉溺幻想。老舍让牛天赐对一切的反抗就是不反抗，沉溺于幻想，任别人处置。牛天赐在幻想中反抗，最终生活一团糟。强权教育导致了消极反抗的必然性。压制和束缚必然会导致反抗。牛天赐从小受到牛老太太一言堂式的教育。牛老太太处处为牛天赐着想，在小市民庸俗虚伪、尔虞我诈的恶毒氛围中，牛老太太非要扭曲现实，偏偏要把牛天赐培养成一个有官样的儿子，并且这种强权教育从牛天赐幼儿时期就开始了，最终把一个新生儿培养成了一个一无是处的废物。牛天赐的精神世界与物质世界被强行侵占，导致他缺乏自主意识，自身变得无能，精神世界更是极度匮乏。牛老太太使出了所有的手段，竭尽全力地控制着天赐。他过着囚徒似的生活，和外面的世界完全隔绝开来，精神上成为畸形、病态的人。老舍让牛天赐做出了无意义的反抗，一种软弱的对官本位教育思想的反抗，以此来批判小市民阶级的软弱，讽刺漫长的封建专制对人们才智与自由精神世界的禁锢，迎合了"五四"新文化运动中对人的解放的口号，最终对带有普遍意义的社会病态现状做出了批判。

---

① 何峰：《世界名著文学形象比较论》，安徽教育出版社，2008，第1页。

在《艰难时世》中，人们生活在一个叫作焦煤镇的地方，这里到处冒着浓烟，镇上的河流也是黑色的，有着难闻的气味。露意莎是这个镇上现国会议员葛雷硬先生的女儿。露意莎从小受到父亲关于事实哲学的教育，这种教育要求露意莎和所有孩子讲实际、会计算。奉行事实，即除掉幻想、锻炼理性，把所有的事情变成金钱的交易。在这种教育下，露意莎本该用理性去接受一切，却偏偏以感性战胜了葛雷硬，这是对事实教育的极大讽刺。露意莎选择了积极的反抗，希望用温情、感性战胜冷漠、理性。感性与温情让露意莎的人生态度充满诗意："任何事情又有什么关系呢？"[①] 露意莎的感性让她对待所有事情都不会进行激烈的反抗，她即使不愿与庞得贝同桌吃饭，也仍然会出现。露意莎在偷看马戏表演时被葛雷硬发现，被揪回家了。"她的女儿偷偷瞟了他一眼，眼光锐利的惊人，他可一点也没注意到，因为在他看她之前，她的眼皮又垂了下去[②]。"露意莎做出了反抗，虽然柔和且微不足道，她却十分积极地反抗着。她的感性让她选择了一种不被葛雷硬察觉的反抗。作者在小说最后让露意莎从庞得贝住所逃回了家，让葛雷硬听到了露意莎对他的批判话语。这一次，露意莎用感性的反抗获得了胜利，狄更斯让软弱、妥协的露意莎用情感战胜了葛雷硬的理性。狄更斯生活在边沁功利主义备受推崇的维多利亚时代，他通过露意莎的反抗讽刺功利主义的道德标准，揭示功利主义事实哲学教育必然以失败告终。同时，露意莎用积极的反抗所获得的胜利也宣扬了情感和爱的力量，重新唤起了人们对人性的正确认识。

在《艰难时世》中，西丝更是积极反抗的胜利者。西丝受事实哲学教育弊端的影响最小。西丝因为不能给马下出准确的定义而被葛雷硬要求退学。就在这时，她的父亲——一个连日遭受马戏表演失败的男人也抛弃了她。西丝积极反抗着命运的不公，她想着父亲并不是抛弃她，而是迫不得已要离开她。不幸的事情接连发生在她身上，但结果还不算糟糕，葛雷硬收留了她。西丝的温情给葛雷硬冰冷的石屋带来了温暖，她在石屋中用真心细心照顾生病的葛雷硬太太，同时也陪伴着珍成长，她积极地面对生

---

① 〔英〕狄更斯：《艰难时世》，全增嘏、胡文淑译，上海译文出版社，1978，第202页。
② 〔英〕狄更斯：《艰难时世》，全增嘏、胡文淑译，上海译文出版社，1978，第18页。

活、用爱浸润着珍，让珍免予受到功利主义教育的消极影响。当然，西丝积极的感性反抗主要体现在她对露意莎的救赎上。当露意莎经受不住生活的压迫，回到家里，向葛雷硬宣泄出自己被压抑许久的情感之后，她激动地昏睡过去。书中这样说："那只手放在那儿，使她（露意莎）那许许多多的柔情受了温暖而恢复了生命，她（露意莎）也得到了休息……那个人（西丝）的脸靠近了她（露意莎）的脸，她（露意莎）也就知道那个人（西丝）的脸上也是泪珠点点，而那个人（西丝）也就是为了她（露意莎）而流泪的。"① 西丝用她内心的善良与仁爱关注着露意莎，最终帮助她恢复了对生活的希望，恢复了人性中美好的品质。在露意莎与西丝身上我们看不见激烈的反抗，她们用温柔与诗意的态度，努力克服自己人生中的困难。西丝积极地做出努力去追求一种更加符合人性的生活方式。她在帮助汤姆逃跑时，有机会看见了马戏团的场景，她感动地流下了泪水，这是对她生活过的环境的追忆。狄更斯希望看到儿童的天性被解放，希望他们顺着自己本身的品性朝着积极的方向发展。

（二）善良实质之异——以善感化他人与以善重塑国民精神

老舍与狄更斯都是怀着怜悯之心在写儿童。他们共同认为儿童是最接近人的本性的存在，他们都希望儿童的美好品质能够得以彰显。狄更斯与老舍都有过不平淡的童年，他们经历过生活的变故，品尝过生活的艰辛。狄更斯幼时家庭破产，在父亲债台高筑被关入债务人监狱后，他一人在外屈辱地做童工，饱尝生活之苦。更重要的是他也有过被苛刻严厉的父亲控制命运的时候。老舍同样在童年时经历过贫穷并且遭受过别人的白眼，被社会打压。两人屈辱的童年遭遇使得他们天然地对儿童具有敏锐的观察力。作品中的儿童形象都源自他们的生活体验以及童年回忆。老舍在英国期间阅读了狄更斯以儿童形象反映英国下层社会劳苦人民生活状况的作品，勾起了他想要通过儿童反映中国当时社会现状的愿望，老舍与狄更斯因为生活的相似经历，在情感上一致走向了人道主义。狄更斯主张用和平的手段解决问题，他用儿童的善去感化他人，以达到人人向善的目的。老

---

① 〔英〕狄更斯：《艰难时世》，全增嘏、胡文淑译，上海译文出版社，1978，第274页。

舍也一样把儿童当作爱与善的化身，希望用儿童的善批判国民的劣根性，以重塑健康的国民精神。对于儿童精神品质中美好的一面，尤其是儿童善良的品质，作者都没有抹杀掉。

狄更斯希望通过改良来化解矛盾，以善良、仁爱、温情感化他人。西丝用她的善良唤醒露意莎心中的感性思维，赋予露意莎反抗的精神动力。西丝为了露意莎可以去找赫德豪士先生理论，揭露赫德豪士先生丑恶的面貌，她的善良帮助露意莎摆脱了事实的束缚，帮助露意莎过上了一种更符合人的本真的生活。西丝的善良是以善感化他人，让露意莎找到了真我。西丝对露意莎的救赎也是对在经济强盛、政治开明的维多利亚全盛时代存在的诸多社会矛盾、阶级矛盾的揭露。露意莎一直试图用自己的善去感化汤姆。露意莎极其不愿意嫁给庞得贝，但是因为父亲和弟弟汤姆的原因，她妥协了。善良的露意莎为了弟弟能够进银行选择牺牲自己而嫁给庞得贝。在汤姆欠了一堆债务时，露意莎帮助汤姆四处筹钱。露意莎不愿和庞得贝亲近，但是为了弟弟汤姆，露意莎一次次地讨好庞得贝。露意莎的善良是因为她对弟弟汤姆的爱。当汤姆犯罪时，露意莎也是四处奔波。在汤姆开始逃亡时，露意莎连一个拥抱都被汤姆拒绝了，但是露意莎仍然没有放弃对汤姆的救赎，在西丝的帮助下，汤姆跟随马戏团逃走了。汤姆在去世前，对自己的一生进行了深刻忏悔。露意莎的善最终感化了汤姆，冰冷的事实哲学教育并没有让汤姆过上理想的好日子，反而是露意莎的善让他在生命尽头忏悔。狄更斯用露意莎为他人着想的善良来批判功利主义金钱至上的病态。善良最终感化了自私的汤姆，这是狄更斯对功利主义弊端下人性的探索。功利主义扼杀了儿童的天性，使儿童变得冷酷且麻木，但是狄更斯讲求的是天性的解放而不是理性的束缚，选择用善良去照亮人性中的阴暗面。狄更斯生活在维多利亚时期，当时的英国处于鼎盛时期，这使得狄更斯小说的批判性不那么强烈，他选择用善良的品质消除功利主义思想的弊端以及事实哲学教育给儿童生活带来的诸多不合理之处。因此，人道主义的美好品质应该得到积极发扬，使之对维多利亚时期的社会所体现出来的弊端起到改良作用，而不是助长人性之恶肆意蔓延。

老舍希望以未被腐化、未被泯灭的儿童的善来驱除浓得化不开的社会之黑暗与人性之恶。老舍赋予牛天赐善是为了重塑国民精神。牛天赐在母亲去世之后，跟着纪妈去了乡下。在乡下牛天赐听爷爷说家里穷时，虽然他的状态是茫然的，但是会把口袋里的钱拿出来给爷爷。牛天赐的善揭露了下层人民艰苦的生活环境。牛天赐善良的一面不仅表现在他对穷人的同情上，还表现在对人们极其渴望金钱而失去精神追求的批判上。在小说结尾，牛天赐跟着虎爷住在大杂院里，他看着院里的人为了生活变得脏乱，为了钱甚至可以打起来，自己的孩子没有人管，用手抓着东西往嘴里送。人性的丑恶在纯真的牛天赐面前展露无遗。在《牛天赐传》中，老舍赋予牛天赐善良的品质不仅是为了展示孩子的美好品质，更想做到的是通过牛天赐的善驱除社会中的黑暗面。老舍一方面批判国民的利己主义、痛恨国民的愚昧麻木，另一方面又努力发掘人性中善的一面。老舍以善揭恶，对中国传统封建伦理道德进行反思，希望通过牛天赐在恶劣环境下表现出来的善，积极重塑国民健康的理想人格。

二 幽默手法的异同及成因——以汤姆、毕周和牛天赐为例

老舍的创作灵感以及创作动机大多源于他在英国的留学生活和对狄更斯作品创作方法的借鉴。两位作家在小说创作对象的选择上以及小说主题思想、艺术特征、表现手法上都有着相似之处。最值得一提的是，老舍与狄更斯作品都使用了幽默手法。两位作家怀着对儿童的同情与怜悯来写儿童，却各自使用着不同的方法。老舍采取铺张的方法来写幽默，狄更斯采用夸张的手法来写幽默。《艰难时世》与《牛天赐传》两部作品中儿童形象的塑造，很好地向我们展示了狄更斯与老舍的幽默艺术。

（一）幽默基调之同——同情、怜悯

老舍塑造儿童形象时体现出来的幽默效果是让人乐中生悲，让读者在因为儿童的滑稽行为发笑时，对儿童产生同情与怜悯。在《牛天赐传》中，老舍调侃着牛天赐种痘时居然被要求种六颗。老舍也幽默地把牛天赐

小时候捆着他的那根绳子叫作"捆仙绳"①。在牛老太太采取种种方式约束牛天赐的行为时，作者的描写尽管逗趣，却充斥着儿童个体被束缚的悲剧。当牛老太也去世时，雷公奶奶带人把牛天赐家给搬了个空。书中这样描写牛天赐："天赐一看见她（雷公奶奶）就木住了，好像蛤蟆见了蛇。②"在牛天赐呆呆地看着雷公奶奶搬东西时，他微笑着脸默默看着。老舍用幽默的表现方式叙述着牛天赐一步一步地走向悲剧的命运结局。牛天赐的悲剧不只体现在他的命运悲剧上，老舍也通过幽默笔调表达了牛天赐灵魂上的空虚，牛天赐从来不知道自己为什么活着。在父亲去世之后，牛天赐只能依靠虎爷，牛天赐被虎爷嘲笑应验了抓周时爱玩的结果，虎爷嘲笑无能的牛天赐。牛天赐从未想过为自己的悲惨生活做出反抗，精神上没有追求的牛天赐滑稽可笑，更显悲伤。

狄更斯的幽默让读者在笑中反思儿童的悲惨生活现状，从而对儿童产生怜悯与同情。在《艰难时世》中，毕周追逐西丝被葛雷硬先生撞见，"那个男孩（毕周）的眼皮立刻停止了眨动，又用指节摸了一下额头，瞟了一眼西丝，转身跑开了"③，他连忙解释他在督促西丝学会给马下准确的定义，就这样用如此荒诞的理由蒙混了过去。毕周通过自己极尽可笑的嘴脸获得了在庞得贝银行工作的机会。狄更斯把毕周比喻成斯巴塞太太的臣民，毕周总是在行动和言语上全力奉承斯巴塞太太。毕周越是做着这些丑陋的令人发笑的事情，就越显得可悲。在事实教育的指导下，毕周完完全全失去了儿童的真性情，成为一个阿谀奉承、视钱如命的小人。毕周的悲剧是因为他心灵上的空虚、精神追求的匮乏。毕周的最大悲剧是他完全奉行着边沁功利主义中把利益和功利作为唯一追求的道德准则。作者用这种苦涩的笑表达功利主义对儿童命运的戕害。

狄更斯与老舍同样选择用幽默的外壳包裹儿童命运的悲剧性，用幽默来抚慰儿童心灵上的哀伤和痛苦。老舍自己幼年悲惨的生活经历以及当时所处的中国社会半殖民地半封建的尴尬境地让他对儿童生命悲剧性的一面

---

① 老舍：《牛天赐传》，译林出版社，2012，第39页。
② 老舍：《牛天赐传》，译林出版社，2012，第210页。
③ 〔英〕狄更斯：《艰难时世》，全增嘏、胡文淑译，上海译文出版社，1978，第33页。

看得更为透彻。然而，当时西方新思想与中国旧思想的冲突日趋激烈，"五四"新文学运动强烈呼吁作家对人道主义思想进行吸收，提升对人的自由发展的关注，狄更斯生活在维多利亚的全盛时期，"上升"是当时人们喜闻乐见的一个词，在大的社会背景下，狄更斯以乐观为基调赋予儿童的悲剧性。老舍的批判更加尖锐，这与老舍在北平的所见所闻有关，他看到了旧的伦理道德以及思想观念对儿童生存的迫害。同时，老舍满族人的身份又让他拥有了满族文化中的幽默艺术，所以老舍选择用幽默诉说悲剧。当然，两人都是通过富含同情与怜悯的幽默来写儿童，宣扬人道主义思想中的爱与善。两位作者共同希望人们在嬉笑之余反思儿童的悲剧，以此批判现实、呼吁人们做出改变。

（二）幽默手法之异——夸张与铺张

老舍与狄更斯共同选择用同情和怜悯来幽默地传达儿童身上的悲剧色彩，但是两人在幽默的表现手法上有所不同。老舍选择用中国传统小说常用的表现手法——铺张来写幽默，狄更斯选择采用夸张手法来写幽默。

老舍的民间生活经历和所处的生存年代，赋予了他不同于狄更斯的幽默表现手法。受老北京文化中特有的茶馆、戏园熏陶，老舍对古典白话小说中较常见到的铺张手法独有青睐。老舍把这种铺张的手法用在了对儿童形象的幽默书写上。在《牛天赐传》中，有一个王宝斋与牛天赐的教与学片段极尽完美地展现了老舍铺张的幽默："'老师！我记住了，狗咬猪！'天赐心里非常的痛快：我告诉四虎子去吧！人之初，狗咬猪，人一出来，一瞧，喝，狗咬着一个大母猪！"① 这一段铺张描写让人看了津津有味，笑从中来。牛天赐的天真、可爱跃然纸上。细腻的心理描写与外貌描写也使这一段铺陈引人入胜，满足了读者的心理文化需求。老舍不仅用铺张来写人物的笑料，还用铺张展示世态人情，表达对儿童的强烈社会关怀。在牛天赐给去世的母亲守灵时，有这样一段描写："大锡茶壶……不同的颜色，不同的味道，不同的声音，组成最复杂的玩耍。天赐跪在灵旁，听着，看

---

① 老舍：《牛天赐传》，译林出版社，2012，第88页。

着，闻着，他不能再想妈妈，不能再伤心，他要笑了，这太好玩。"① 这一段是牛天赐不愿接受妈妈去世的事实，可笑地幻想着妈妈去世这件事和眼前的景象都是在闹着玩儿。他沉溺在幻想中，竟把幻想当真了。这段铺张的描写在语言结构上短小简练，节奏上有韵律且一气呵成。人物的心理状态被表现得淋漓尽致，把牛天赐的无能与无助以及作者对他的同情一并表达了出来。牛天赐的无能更是老舍对"五四"新文化运动所要求的对人自由的解放、解放人的思想的反思。所以说，老舍的铺张手法尽显笑料，这种铺张既可以让人开怀大笑，也可以让人从笑中反思，反省儿童的生存现状。老舍用铺张手法来写幽默，赋予了幽默极强的艺术感染力。老舍津津有味地诉说着儿童的可笑生存状况，铺张出新旧思想的冲突，讽刺了国民的劣根性。

狄更斯善于用矛盾制造夸张的效果，从而形成滑稽的喜剧风格。在《艰难时世》中，狄更斯擅长用人物语言与行动之间的不和谐来表现夸张。当葛雷硬在学校里炫耀他的事实哲学时，教室里的孩子总是一半回答对，一半回答错。滑稽的对答形式很好地制造了幽默，也极好地展现了功利主义教育对孩子天性的扼杀，最终孩子们成了会算计的人。毕周追着西丝跑的一幕被葛雷硬撞见。面对葛雷硬的责问，毕周竭尽全力地丑化着马戏团的人，竭尽全力地美化着自己的行为，给自己错误的可笑行为冠上能够打动葛雷硬的完美解释。他告诉葛雷硬他是为了教会西丝如何给马下定义才对西丝穷追不舍。实际上，西丝是因为毕周对她做鬼脸才会跑开。毕周如此夸张滑稽的解释让人发笑，也让人反思儿童的纯真竟已被卑鄙丑陋侵吞。狄更斯在运用人物不和谐的言行制造幽默的同时，也在使用夸张的修辞手法制造幽默。在同一缕阳光的照射下，西丝与毕周呈现的状态完全不一样，尤其是对毕周的描写："看起来，他（毕周）的皮肤是不健康的，缺少了自然的色素，如果他被刀割了以后，可能连流出来的血也是白的。"② 这种夸张得近乎滑稽的幽默完美地展现了在维多利亚时期受边沁功利主义影响而培养出来的虚伪与狭隘的儿童形象，阳光且积极向上的儿童

---

① 老舍：《牛天赐传》，译林出版社，2012，第144页。
② 〔英〕狄更斯：《艰难时世》，全增嘏、胡文淑译，上海译文出版社，1978，第7页。

233

在功利主义的浸染下变得让人无法接受。

三 结语

《艰难时世》与《牛天赐传》中的露意莎、西丝和牛天赐都具有反抗精神。维多利亚时期上升的社会状态以及狄更斯要对当时盛行的功利主义进行批判的需求，使得露意莎与西丝具有积极的反抗精神，这是一种以温情、感性对抗冷漠、理性的积极反抗。老舍赋予牛天赐消极的反抗精神，封建传统道德思想以及国民性官本位教育思想对牛天赐的压制与束缚使得牛天赐只能做出因循守旧、随遇而安的消极反抗。

老舍与狄更斯赋予儿童善良的品质是对人道主义美好品质的展示。露意莎与西丝以善感化他人，达到化解社会中存在的种种矛盾的目的。天真且富有童心的牛天赐所拥有的善是老舍抨击社会黑暗面的武器。老舍通过牛天赐的善揭露社会的黑暗，批判封建等级观念和自私自利、愚昧麻木、守旧、奴性等国民劣根性，呼唤人的解放，希冀重塑健康的国民精神。

《艰难时世》与《牛天赐传》中对儿童形象的塑造采用了幽默手法。狄更斯偏爱用夸张的手法以达到幽默的效果，老舍则继承与发展了中国民间说唱艺术及古代白话小说中常用的铺张手法，二人各具民族特色，各臻其妙。这种比照和对话的结果正是使各民族文学的特点更加得到彰显，各个不同文化体系的文化特色也将得到更深的发掘而更显出其真面目、真价值和真精神。①

---

① 乐黛云：《比较文学与比较文化十讲》，复旦大学出版社，2004，第 3 页。

"怎么写"与"写什么"

——《妻妾成群》与 *Raise the Red Lantern* 对照解读

王　莹[*]

摘　要：苏童的中篇小说《妻妾成群》因被张艺谋搬上银屏而受到西方读者关注，其英译本 *Raise the Red Lantern* 借电影热度随后出版。这既是苏童最早的英译作品之一，也是苏童作品中最受西方关注的一部。译者杜迈可在翻译时基本做到了还原中文版风貌，整体上保持了故事叙事的完整流畅性，基本传递出原文本的深厚意境及人物形象塑造背后的情绪氛围，可谓苏童作品英译本的经典。但在具体细节上，通过中英文本的对照细读，我们还是可以看出在文化与语言习惯差异主导下作者与译者叙事语言风格的不同，尤其是在处理苏童经典长句这一问题上，杜迈可显然对"写什么"更为关注，原作中先锋作家苏童对于"怎么写"的探索在英译本中被消解。而这种消解，是以《妻妾成群》为代表的经典当代文本海外传播的必然折中之选，当"翻译即重写"成为现实，以杜迈可为代表的译者，选择了为不同民族语境的读者提供一种浅简而又细腻理解原文本的方式。

关键词：杜迈可　女性　苏童　《妻妾成群》　先锋文学

苏童代表作《妻妾成群》，因据其改编的电影《大红灯笼高高挂》在欧美大热而在西方读者中获得关注。其英译本由著名汉学家杜迈可执笔，虽动笔较早，但因种种原因一直未交稿。直到电影热映，英译本才紧随出

---

* 王莹，辽宁师范大学博士研究生在读，研究方向为中国现当代文学传播。

版，其书名却改成电影同名而非小说同名，译为 *Raise the Red Lantern*：
Three Novellas（《大红灯笼高高挂》）。除书名做了明显改动外，英译本在
文本叙事内容上还是大体遵照《妻妾成群》的。换言之，虽然英译本的初
版封面使用了同名电影的海报以做宣传，内容基于的还是苏童小说文本而
非电影脚本，只是"搭了顺风车出笼，书名自然也被改成了《大红灯笼高
高挂》"。① 这部译作是苏童作品英译本中在海外销量较好的一部，也是苏
童本人评价"较为成功的"② 一部。

具体到文本细读，我们还是可以发现英译本与原文本的些微差异。
译者杜迈可是一位汉语功底较好的海外汉学家，他本人甚至能够进行中
文创作。所以，与对原作亦步亦趋的译介心态不同，杜迈可在翻译过程
中整体做到了遵照原文、还原故事，叙事情节上没有大的增删处理。但
因为汉语毕竟不是译者的母语，所以但凡涉及不符合传统汉语规范的语
言，杜迈可均做出明显的调整。而通过具体对照解读中英文本这些细微
差异，我们可以管窥译者与原作者语言书写习惯的不同与审美机制的
差异。

一　长句子的零散化处理

Raise the Red Lantern：*Three Novellas* 在语言风格上与《妻妾成群》最
为直观的区别就是杜迈可将苏童颇具特色的长句及个别没有标点的一气呵
成的对白句，进行断句切分，语言相对零散，甚至颇有散文化倾向。这一
翻译策略的目的在于打碎原文本的非常规化书写模式，注重回归语言的规
范性，并通过拆分的短句来突出人物情绪或者环境氛围，尤其是修饰语被
单独提出，人物特定动作与心理被放大处理，整个文本基本保持在统一的
神秘哀伤的情绪中。

如小说开篇之首的前半句，"四太太颂莲被抬进陈家花园的时候是十

---

① 这一现象在很多他译和自译作品中均存在，甚至名家作品也难逃此运。如张爱玲对自己
作品的英译、金庸作品的他译，都因过度遵循原著而造成西方读者对英译本中"不中不
西"的语言产生阅读障碍，原作的审美被削弱，读者争议不小。

② 高方、苏童：《偏见、误解与相遇的缘分——作家苏童访谈录》，《中国翻译》2013 年第 2 期。

九岁"① 对应在英译本中，则被改成 "When Fourth Mistress, Lotus, was car-
ried into the Chen family garden, she was nineteen"② （当四姨太，颂莲，被
抬进陈家花园的时候，她十九岁。——引者译）。

显然，两个文本在开篇首句即立现语言风格差异。苏童此处重点在于
冷静客观陈述作为事件的十九岁颂莲入陈府，而杜迈可英译本将原句拆分
成四小句，将颂莲的年龄（19 岁）、身份（四姨太）都加以放大强调，从
而开篇定基调：这是一个妙龄少女嫁入封建旧宅为妾的悲剧故事。类似这
样的改写贯穿了整个英译本，在一定程度上改变了原文本的语言风格。同
时，杜迈可改写后的短句组、句子之间的内部顺序排列，也值得我们关
注。尤其是当涉及人物心理与情绪描写时，形容词与副词等修饰语被单独
提出并放在突出位置。这样一来，叙述者的情绪被带入读者体验中，叙述
语言往往与人物情绪相贴合。

（1）这天早晨窗外飘过来几声悠长清亮的唱腔，把颂莲从梦中
惊醒。③

…that morning she was awakened from her dreams by a few crisp,
clear, long, drawn-out words sung in opera style.④ （这天早晨，颂莲从
梦中惊醒，扰醒她的是几声清脆的、清亮的、悠长的、绵延的京剧唱
词。——引者译）

（2）树叶也纷纷在清晨和深夜飘落在地，枯黄的一片覆盖了花园。⑤

…early in the morning and in the depth of night, the leaves fell all
around, converting the garden into a single patch of dry brown.⑥ （清晨与

---

① 苏童:《妻妾成群》，上海文艺出版社，2004，第 1 页。
② Su Tong, *Raise the Red Lantern*: *Three Novellas*, Translated by Michael S. Duke（New York:
William Morrow and Company, 1993），p. 3.
③ 苏童:《妻妾成群》，上海文艺出版社，2004，第 13 页。
④ Su Tong, *Raise the Red Lantern*: *Three Novellas*, Translated by Michael S. Duke（New York:
William Morrow and Company, 1993），p. 30.
⑤ 苏童:《妻妾成群》，上海文艺出版社，2004，第 22 页。
⑥ Su Tong, *Raise the Red Lantern*: *Three Novellas*, Translated by Michael S. Duke（New York:
William Morrow and Company, 1993），p. 45.

夜半，树叶纷纷落下，将花园覆盖成一整片枯黄。——引者译）

上述第一个例子，通过颂莲的耳朵，三太太梅珊第一次亮相。在这场经典的"未见其人先闻其声"中，译者需要借声音传递出人物形象，所以，对这个声音的描述便显得格外重要。杜迈可连用多个形容词描述梅珊的嗓音，营造出一种悠远绵长之感，并呈现出神秘人物三太太梅珊爽快明朗的性格。第二例，作为情景类描写句，深秋的寂寥与人物悲秋情绪相一致，从苏童相对冷静的叙述语变成了寓情于景的叙述语言。这种翻译方式注重整体情绪流的一致，情景贴切人物心理。当然，虽然杜迈可的翻译保持了行文过程中叙事者情绪与叙事对象的统一，但是以弱化苏童作为当代先锋作家的语言特色为代价。

除了长句被拆解散化处理外，杜迈可也将苏童习惯性的大段落分割成多个小段落。尤其是涉及人物对白时，《妻妾成群》中从未出现过对白标点符号，人物对话都是以叙述语形式呈现的，而在 Raise the Red Lantern 中则是将所有的对话分割成每句对白各自成段。如颂莲与侍女雁儿第一次产生大的正面冲突时，颂莲怀疑雁儿偷篆，去其房中搜查后竟发现雁儿扎小人儿诅咒自己，并逼问出幕后指使是二太太卓云。中文本在这整段故事的处理上，以一大段一气呵成，占据了整整两页篇幅，① 在对应的英译本中，则分成了 19 个自然段，尤其是对话部分，主仆问答一句一段，苏童有意建构的语言游戏被弱化，这场风波被译者重塑成一场统一于行文叙事中的小故事。②

此外，中文本中大段没有标点的段落，在英译本中也被拆分成人物对白，并保持在行文整体叙事的完整性与规范性中。比如梅珊与医生私通被卓云捉奸在床并押回陈府，中文本中梅珊"她骂卓云说我活着要把你一道一道削了死了也要挖你的心喂狗吃"③ 对应的英文则是 "She cursed Cloud, 'If I live, I'll skin you alive, and if I die, I'll still cut your heart out and feed it

---

① 苏童：《妻妾成群》，上海文艺出版社，2004，第 18 ~ 19 页。
② Su Tong, *Raise the Red Lantern*: *Three Novellas*, Translated by Michael S. Duke（New York: William Morrow and Company, 1993）, pp. 38 ~ 40.
③ 苏童：《妻妾成群》，上海文艺出版社，2004，第 55 页。

to the dogs'"① （她诅咒卓云道："如果我活着，我要剥了你的皮，如果我死了，我要削了你的肉拿去喂狗。"——引者译）。

应该说，苏童在《妻妾成群》中类似的几处一气呵成的长句处理，主要集中在梅珊的语言上，是颇具深意的。这里包括三次梅珊形象刻画：第一次是梅珊讲述与卓云早年产子前后的争宠故事，她差点被卓云害到流产；第二次是梅珊怒骂卓云谄媚侍奉丧失性能力的陈佐千；第三次是上文引述的这段梅珊偷情被卓云发现并押回陈府，她诅咒卓云。应该说，苏童在这几个凸显梅珊性格与其命运转折处采用的反高潮策略颇吸人眼球。他将本该达到高潮的情节冲突弱化，带给读者一种反转的破除惊喜之感，作者保持了叙述情绪的平静与疏离，这种叙述表面的平静与叙述内容的尖锐形成一种鲜明的反差。而译者恰恰打破这种反差，将这几处高潮还原到人物对白中，将梅珊的故事与颂莲的故事并线叙述，以此呈现陈府女性的两种相反的性格却终究殊途同归的命运。

从这个意义上，我们可以说，杜迈可对语言传统规范性的恪守与回归，一方面源于他精通汉语，对"等因奉此是的中文"② 抱有相当的遵从态度；但另一方面又因汉语毕竟非其母语，所以在某种程度上他受汉语书写习惯的束缚，在面对作为当代先锋作家的苏童在语言上的革新时，杜迈可的处理显得过于谨慎规矩，并最终在作者习惯与正统语言习惯中倾向于后者。

二 细节处的增述与删改

虽然杜迈可在长句式的改动上颇与原文本《妻妾成群》风格不符，但在个别细节的增述处理上，确实可见杜迈可译本之精。为便于西方读者的接受理解，杜迈可注意到故事人物之间的暗流关系，被苏童有意客观化、淡化处理的人物潜在矛盾冲突在英译本中被加以强调，杜迈可对于细节的把握颇为用心。尤其是几处看似简单却很见功力的增补，体现了译者的细

---

① Su Tong, *Raise the Red Lantern*: *Three Novellas*, Translated by Michael S. Duke (New York: William Morrow and Company, 1993), p. 94.

② 刘绍铭：《什么人撒什么野》，载刘绍铭《文字岂是东西》，辽宁教育出版社，1999，第178 页。

腻心理与严谨态度。比如颂莲剪到了卓云的耳朵，"梅珊房里的人都跑出来看"①，杜迈可则补充一笔，具体解释了都有谁，既呼应了下文，也保持了文本故事内在逻辑一致的缜密性。

整体来说，杜迈可译本增述补充的几处，主要围绕女主人公颂莲与其他几位女性人物的关系，一个是颂莲与雁儿的关系，另一个是颂莲与卓云的关系。

（1）颂莲与侍奉丫头雁儿这对主仆，彼此互相憎恶情绪贯穿始终。丫头雁儿恃宠而骄，对姨太太嫉恨不已，阳奉阴违；姨太太颂莲一边对其恼怒不已，一边却又无可奈何，原因在于其亲眼目睹过陈佐千调戏雁儿，在雁儿胸上随手抹了一把。"颂莲也不得不节制一点，要不然雁儿不会那么张狂。"②

英译本在将上述语句翻译出的同时，增加了一笔解释，"……if it were not for her master's fondling, Swallow would not dare act so insolently toward her."③（如果不是因为她主人的揩油，雁儿不会有胆敢对颂莲如此傲慢。——引者译）

这笔解释在于雁儿恃宠而骄的资本是陈佐千的调戏，或者说这种调戏对于丫环雁儿来说是一种荣耀，标志着主人的宠爱，并给了雁儿早晚有一天会做成姨太太的幻想。被调戏的丫头不是恼怒竟是骄傲，也是中国封建宗法社会中女性卑微地位的一个佐证，这与年轻的女大学生颂莲被继母卖到陈家做妾，成为一顶轿子抬来入府的姨太太，可谓互为衬托。

（2）颂莲与雁儿第一次产生正面冲突，颂莲怀疑雁儿偷箫，去雁儿房中翻找，"颂莲看雁儿的神色心中越来越有底"④。

对应到英译本中，"Looking at Swallow's frightened expression, Lotus

---

① 苏童：《妻妾成群》，上海文艺出版社，2004，第21页。
② 苏童：《妻妾成群》，上海文艺出版社，2004，第10页。
③ Su Tong, *Raise the Red Lantern: Three Novellas*, Translated by Michael S. Duke（New York: William Morrow and Company, 1993）, p. 26.
④ 苏童：《妻妾成群》，上海文艺出版社，2004，第19页。

was even more sure of herself. "① （看到雁儿惊恐的表情，颂莲心中更有底了。——引者译）

此处增加了一个简单的形容词"惊恐"，使读者意识到颂莲察言观色的能力，为下文故事走向做出了铺垫，且表明颂莲并不是在借机无理取闹，或者说颂莲在陈府经历的几场与其他女性的明争暗斗，多有被动成分。

（3）大少爷陈飞浦到颂莲房里聊天，雁儿端来红枣银耳羹并先送到飞浦手里而不是女主人颂莲手里。颂莲借此调侃雁儿后，"雁儿的脸羞得通红，把另外一碗往桌上一放就逃出去了"②。

"Embarrassed, Swallow blushed a deep red, put the other bowl down on the table, and ran out. "③ （尴尬着，雁儿的脸羞得通红，她把另外一碗放到桌上，然后逃了出去。——引者译）

这里在将长句断成几个短句时，首先增加了一个修饰语"尴尬"，言简意赅地点明颂莲的调侃并非善意而是嘲讽。她当着雁儿的面揶揄对方，毫不留情毫不客气，也可见主仆之间的关系并不和谐。

（4）飞浦因到颂莲房里聊天，被其母亲毓如训斥，母子产生冲突。卓云第一时间把这个消息告诉颂莲，并挑拨颂莲去劝架，"卓云风风火火闯进来，说飞浦和大太太吵起来了"④。

"Cloud came bursting in, shouting excitedly that Feipu and Joy had started to quarrel. "⑤ （卓云闯了进来，兴奋地嚷嚷说飞浦与毓如吵了

① Su Tong, *Raise the Red Lantern: Three Novellas*, Translated by Michael S. Duke (New York: William Morrow and Company, 1993), p. 39.
② 苏童：《妻妾成群》，上海文艺出版社，2004，第25页。
③ Su Tong, *Raise the Red Lantern: Three Novellas*, Translated by Michael S. Duke (New York: William Morrow and Company, 1993), p. 49.
④ 苏童：《妻妾成群》，上海文艺出版社，2004，第34页。
⑤ Su Tong, *Raise the Red Lantern: Three Novellas*, Translated by Michael S. Duke (New York: William Morrow and Company, 1993), p. 63.

起来。——引者译）

同一道理，英译本中简单增加"兴奋"一词，便揭穿卓云唯恐天下不乱的看客心态。她看似是对颂莲的热切关心，实则是在旁观大房与四房吵闹的笑话，甚至抱有"坐山观虎斗"之意。

上述的几处细微增加有利于帮助读者相对快速地厘清人物形象与人物间的明争暗斗关系，是较为成功的点睛之笔，但杜迈可的几处删改，则颇显无甚必要。

（1）颂莲入陈府后初次拜见大太太毓如，却受漠视。"颂莲问陈佐千：她有一百岁了吧，这么老？"陈佐千没说话。①

这一段短小的对话在英译本中被删去。此处如此处理，从上下文的叙述来看，不太可能是杜迈可在对文字进行精炼，更像是在凸显作为姨太太的颂莲对封建传统大家庭长妻的尊敬，不背后妄论人非，呈现的是颂莲对传统礼教的恭谨。这种形象显然迎合了西方读者对中国封建旧宅女性形象的理解，尤其当颂莲这个接受了新文化教育的女性也恪守尊卑之礼，更显得有整个故事中出现的女性形象被统一东方化之嫌。

（2）颂莲逼雁儿吃草纸导致后者第二天生病被送医院，陈佐千让人把雁儿抬进了医院。他对管家说："尽量给她治，花费全由我来，不要让人骂我们不管下人死活。"②

英译本中删去了陈佐千的这段嘱咐，个中意味不言而喻。陈佐千相对温情道义的一面被删改，其形象保持了全文单一的一面：好色冷酷的封建旧家庭男主人形象。这一点，显然与电影中陈佐千形象相符合，也与西方意识中的古老东方男权社会中冷酷自私的男性大家长形象一致。当然，这

① 苏童：《妻妾成群》，上海文艺出版社，2004，第3页。
② 苏童：《妻妾成群》，上海文艺出版社，2004，第45页。

种主观认知的背后，决定译者这一翻译行为的是西方思维主导下对中国封建社会遥远的集体想象，以及从西方人权观和女性解放观出发对中国女性问题的诠释。① 这一集体无意识的东方化认知偏见，纵使对汉语再为熟稔、对汉文化再为热爱的杜迈可也难逃其中。

三　个别改译与俚俗语的翻译

除了上述细节外，*Raise the Red Lantern: Three Novellas* 在人名的翻译上也很有特色且较成功。杜迈可在人物名字翻译上，采用了半直译半异译的方式，即只有四位太太加侍女雁儿这五位女性人物名字异译，其他人物均直接取其中文名的拼音直译，尤其是老爷陈佐千与大少爷陈飞浦保持直译，这一翻译策略与电影中陈佐千始终没有露脸颇有异曲同工之妙。女性角色的名字与其形象对应，名字暗示人物性格与命运，而男性形象则被有意淡化处理。

女性人物名字的翻译大体与原名中的文字相符。唯一例外的是大太太毓如，名字被异译为"Joy（快乐）"，这是五个名字中与原名最不符合的一个，也是杜迈可最寄予讽刺意味的一个。毓如虽是陈佐千正统的妻子，但因年老色衰而失宠，终日吃斋念佛，面对流水般进府的年轻妾室们，她何曾会有快乐。二太太卓云，"Cloud（云彩）"，看似云淡风轻，却最是"慈善面孔蛇蝎心肠"。三太太梅珊，"Coral（珊瑚）"，是四位太太中最具美貌者，看似是贵重的具有装饰功能的珍品，但没有什么实用价值，正如梅珊有一副好嗓音，可是嫁入陈府后再也没有登台的荣耀，成为被圈养的金丝雀，结局也是为了追求性的自由而把性命搭了进去。四太太颂莲，"Lotus（莲花）"，高洁品性，与传统端庄的中国女性气质相符合，可颇有讽刺意味的是，颂莲看似出淤泥而不染，最终还是不由自主地陷入了妻妾相争的生活。侍女雁儿，"Swallow（燕子）"，徒劳一场奔波，最终还是命不由己。

---

① 杭零、许钧：《翻译与中国当代文学的接受——从两部苏童小说法译本谈起》，《文艺争鸣》2010 年第 11 期。

但英译本也存在个别词语翻译不够精准地道的问题，尤其是一些偏口语的表达出现了误译。

(1) 陈佐千评价梅珊时，"陈佐千……又说，她想爬到我头上来。……女人永远爬不到男人的头上来"①。

对应在英译本中，"She wants to be important than I am"……"Women can never be important than man."②（她想比我重要……女人永远不可能比男人重要。——引者译）

这里，杜迈可将"爬到头上"译成"比……更重要"，这一浅化处理显然没有译出原著的味道。中国俗语中"爬到某人头上作威作福"，显然指的是在关系上处于主动与掌控地位。这里原文隐喻的是梅珊在两性生活中不甘于男权主导的叛逆性，尤其是她对于正常两性关系的渴求，是对陈佐千男权的彻底反叛。单靠"important（重要）"一词很难传达，哪怕换成简单的"control（控制）"效果也许会更好些。

(2) 一日清晨，在颂莲房里过夜的陈佐千隔着窗户喊梅珊给他唱曲，梅珊回喊："老娘不愿意！"③

对应在英译本中，则为"This old lady doesn't care to!"④（这个老太太不愿意！——引者译）

这一处显然不对，梅珊自称"老娘"并非说自己人老珠黄，这反而是汉语中女性一种含自负意的自称，使用场景颇有点骂街的味道。这里是译者杜迈可对这习俗语言的不熟悉造成的误译，若换成"I don't give it a

① 苏童：《妻妾成群》，上海文艺出版社，2004，第4页。
② Su Tong, *Raise the Red Lantern*: *Three Novellas*, Translated by Michael S. Duke（New York: William Morrow and Company, 1993），p. 16.
③ 苏童：《妻妾成群》，上海文艺出版社，2004，第14页。
④ Su Tong, *Raise the Red Lantern*: *Three Novellas*, Translated by Michael S. Duke（New York: William Morrow and Company, 1993），p. 32.

damn care! (我他妈的一点也不在乎)"或者类似的稍加一点英语中的泼辣骂人话,也许会有语言意义传达上的相通。

这里的两处误译,归根在于非母语下译者产生的误解,尤其是后者,"国骂真是一种不足为外人道的艺术"①,跨语际翻译确实很难精准传神达意。

此外,在几处俚俗语的翻译上,杜迈可在不影响读者理解故事情节的前提下,基本没有多做解释,保持了语言的东方味道。如"走马灯似的""破点小财消灾灭祸""慈善面孔蝎子心""借花献佛""做了婊子还立什么贞节牌坊""占着茅坑不拉屎""鸡飞蛋打""瑞雪兆丰年"等,基本如实翻译。唯一一处增有解释的成语,是全文快结尾处,梅珊被投井后颂莲疯了,陈府中下人评论她是"兔死狐悲罢了"②。英文对此成语稍微做了解释:"'The fox mourns the death of the hare'. Creatures of the same kind grieve for one another, that's all."③("狐狸为野兔的死亡而感悼念",同一种生物总会为彼此而感哀伤,仅此而已。——引者译)这里是对颂莲与梅珊同样悲剧命运的统一交代,这两位颇具个性的新时代女性,最终还是最先葬送于这所封建旧宅中。

整体来说,杜迈可英译本 *Raise the Red Lantern: Three Novellas* 基本遵从了苏童《妻妾成群》故事叙事的完整性,重视对小说叙事内容的忠实传达,在人物心理与形象塑造上较为细腻。而苏童的先锋语言习惯基本被弱化,译者杜迈可对作品的首要关注在于呈现了苏童擅长书写的"女性"这个话题,而非作为"当代先锋作家"的苏童的一次语言革新。当然,译本与原文本的差异存在具有必然性,正如苏童本人坦言,翻译的过程是原作者与译者共同展示的过程,除了作者的那片天地,译者也不可避免地会在译本中泄露母语的天机。④

---

① 刘绍铭:《什么人撒什么野》,载刘绍铭《文字岂是东西》,辽宁教育出版社,1999,第181页。

② 苏童:《妻妾成群》,上海文艺出版社,2004,第58页。

③ Su Tong, *Raise the Red Lantern: Three Novellas*, Translated by Michael S. Duke (New York: William Morrow and Company, 1993), p. 98.

④ 高方、苏童:《偏见、误解与相遇的缘分——作家苏童访谈录》,《中国翻译》2013年第2期。

征稿启事

《中华文化海外传播研究》是以中国文化的海外传播为研究对象，面向全球学界的社会科学类中文刊物，创刊于 2017 年，由大连外国语大学中华文化海外传播研究中心和社会科学文献出版社联合编辑出版发行，是我国中华文化海外传播领域唯一的学术集刊。

本刊紧密贴近中华文化海外传播工作实际，着力解决中华文化海外传播中的理论和实践问题，推动构建中国风格、中国气派、中国精神和时代面貌的文化传播理论，促进中华文化海外传播实现国家战略和外交政策目标。从 2018 年起，《中华文化海外传播研究》已被中国知网（CNKI）中国期刊全文数据库全文收录。

《中华文化海外传播研究》每年出版两辑，出版时间为每年 6 月和 12 月；每期容量为 30 万字左右，本刊设"本刊特稿""名家对话""研究发布""传播战略与策略""海外汉学""汉语传播""孔子学院传播""跨文化传播""学术动态""书评"等相关栏目。论文一般以 1.5 万字左右为宜；书评一般不超过 8000 字。

一 投稿说明：

1. 稿件应为中华文化海外传播相关领域，不仅涵盖社会、历史、文化、经济等学科范畴，更着重将思想的触角延伸至人类科学的各个门类。

2. 稿件应为尚未公开发表的原创性学术作品。本刊以质取稿，特别优秀的文章字数不限。

3. 请尊重学术规范，勿一稿二投。本刊实行匿名评审和三审定稿制度，审稿周期大约 1 个月，作者可随时致电咨询。

4. 本刊不收取审稿费、版面费等任何费用，实行优稿重酬。

5. 投稿邮箱：ccoc@ dlufl. edu. cn，邮件主题格式请用"投稿工作单位姓名职称论文名"，如"投稿××大学××教授海外汉学研究"。

《中华文化海外传播研究》真诚地欢迎来自全球中华文化传播学界的赐稿和监督批评。

二 联系方式：

联系电话：0411 – 86111821

联系邮箱：ccoc@ dlufl. edu. cn

联 系 人：芦思宏

联系地址：大连市旅顺南路西段 6 号大连外国语大学中华文化海外传播研究中心《中华文化海外传播研究》编辑部

邮政编码：116044

三 格式规范：

（一）论文内容基本要求

论文为尚未公开发表的原创论文。主题与内容不限，与中华文化海外传播相关研究均可。论文字数范围以 7000～12000 字为佳。所有投稿论文必须包含以下内容模块：题目（中文、英文）、摘要（中文、英文）、关键词（中文、英文）、作者简介、正文、参考文献或注释。获得科研基金资助的文章须注明基金项目名称及项目编号。论文以课题组署名须注明课题组主要成员姓名及工作单位。

（二）摘要、关键词、作者简介要求

1. 摘要：五号，宋体，字数为 200 字左右，简明扼要地陈述研究目的和结论。

2. 关键词：3～5 个词条，用逗号隔开；英文关键词词组首字母大写。

3. 作者简介：应包括姓名、出生年月、性别、民族、职称或学位、工作单位等内容，请一并附上作者的通信地址、邮政编码、E – mail、联系电话等，并列于文末。

（三）图表规范

1. 图表的标题中需加单位；图标题放在图的下方，表标题放在表的上方；图名称不需要"XX 图"，但是表格中的名称可加"XX 表"。

2. 注意图表数据和文中数据的统一。

3. 全文图表数据，统一保留小数点后一位。

4. 图表形状的选择：当图表中百分比大于100%，需要注明是多选题，或者造成该结果的原因，同时建议使用柱状图，而非饼状图。

5. 自动生成图表数据，可能会造成数据总量的出入，需要慎用，或者使用后手动检查。

（四）其他

论文中出现的英文作者或英文书名等，需翻译成中文，并在第一次出现时用括号标示英文。

例如：乌尔里希·贝克（Ulrich Beck）

图书在版编目（CIP）数据

中华文化海外传播研究. 2020：全两卷／刘宏，张
恒军，唐润华主编. -- 北京：社会科学文献出版社，
2021.12

ISBN 978-7-5201-9328-3

Ⅰ.①中… Ⅱ.①刘…②张…③唐… Ⅲ.①中华文
化-文化传播-研究 Ⅳ.①G125

中国版本图书馆 CIP 数据核字（2021）第 221765 号

中华文化海外传播研究 2020（全两卷）

主　　编／刘　宏　张恒军　唐润华

出　版　人／王利民
责任编辑／周　琼
文稿编辑／朱　月
责任印制／王京美

出　　　版／社会科学文献出版社·政法传媒分社（010）59367156
　　　　　　地址：北京市北三环中路甲 29 号院华龙大厦　邮编：100029
　　　　　　网址：www.ssap.com.cn
发　　　行／市场营销中心（010）59367081　59367083
印　　　装／三河市尚艺印装有限公司

规　　　格／开　本：787mm×1092mm　1/16
　　　　　　印　张：28.75　字　数：443 千字
版　　　次／2021 年 12 月第 1 版　2021 年 12 月第 1 次印刷
书　　　号／ISBN 978-7-5201-9328-3
定　　　价／158.00 元（全两卷）

本书如有印装质量问题，请与读者服务中心（010-59367028）联系